# ŒUVRES
COMPLÈTES
# DE THOMAS.

TOME V.

*Se trouve aussi chez*

LADRANGE, quai des Augustins, n° 19.
GUIBERT, rue Gît-le-Cœur, n° 10.

IMPRIMERIE DE FIRMIN DIDOT.
RUE JACOB, N° 24.

# OEUVRES
## COMPLÈTES
# DE THOMAS,
### DE L'ACADÉMIE FRANÇAISE;

PRÉCÉDÉES

D'UNE NOTICE SUR LA VIE ET LES OUVRAGES DE L'AUTEUR,

PAR M. SAINT-SURIN.

## TOME CINQUIÈME.

## A PARIS,
### CHEZ VERDIÈRE, LIBRAIRE,
QUAI DES AUGUSTINS, N° 25.

M DCCC XXV.

# OEUVRES

COMPLÈTES

# DE THOMAS.

TOME V.

## A PARIS,

Chez
- VERDIÈRE, quai des Augustins, n° 25;
- LHEUREUX, même quai, n° 37;
- LADRANGE, même quai, n° 19;
- GUIBERT; rue Gît-le-Cœur, n° 10.

# OEUVRES
## COMPLÈTES
# DE THOMAS,
### DE L'ACADÉMIE FRANÇAISE;

PRÉCÉDÉES

D'UNE NOTICE SUR LA VIE ET LES OUVRAGES DE L'AUTEUR,

PAR M. GARAT.

## TOME CINQUIÈME.

## PARIS,
### DE L'IMPRIMERIE DE FIRMIN DIDOT
IMPRIMEUR DU ROI ET DE L'INSTITUT, RUE JACOB, N° 24.

M DCCC XXII.

# JUMONVILLE,
## POÈME.

# PRÉFACE

## DU POÈME DE JUMONVILLE.

Le sujet de ce poème est l'assassinat de M. de Jumonville en Amérique, et la vengeance de ce meurtre. Comme les événements sur lesquels cet ouvrage est fondé pourraient n'être pas connus de tout le monde, je vais d'abord en retracer une légère idée. On y verra, pour ainsi dire, le fond du tableau, et par là on sera mieux en état de distinguer les traits étrangers que l'imagination a ajoutés à l'histoire.

La paix d'Aix-la-Chapelle, faite en 1748, semblait avoir pacifié l'Europe; mais le germe de toutes les guerres, l'ambition et l'intérêt, subsistait encore. Cette nation politique, ambitieuse et hautaine, ennemie de la France autant par haine que par système, aussi avide de s'agrandir qu'indifférente sur le choix des moyens, cherchait, dans l'exécution même du traité de paix, de nouvelles semences de guerre. Les limites des colonies causèrent, entre la France et l'Angleterre, de très-grandes discussions, pour lesquelles on nomma respectivement des commissaires. Mais, tandis que les Anglais faisaient semblant de négocier avec la France pour terminer ces restes de divisions, déjà la guerre était résolue dans le Conseil. Maîtres des plus riches contrées dans l'Amérique septentrionale, leur ambition dévorait encore les forêts du Canada. Enlever ce pays à la France, agrandir leur commerce, et se frayer un passage dans nos îles, dont le Canada est le plus fort boulevard, c'étaient pour eux trois puissants motifs qui les excitaient à l'invasion. La justice et les traités s'y opposaient; mais, parmi les hommes, le sort de la justice, c'est d'être toujours écrasée par l'intérêt; et les traités n'ont jamais été un frein pour l'ambition.

En 1753, les Anglais, sans aucun prétexte, et dans le temps qu'on était en pleine paix, franchissent les monts Apalaches, qui séparent leurs colonies d'avec les nôtres : ils s'avancent en corps d'armée sur les terres de la domination de France, et conduisent avec eux plusieurs pièces de canon. M. de Contrecœur, officier français, commandait un corps de troupes, qui avait été posté sur les bords de l'Ohio, pour éclairer la conduite des Sauvages voisins. Il apprend que les Anglais s'étaient avancés jusqu'à la rivière de Malenguélé, et qu'ils s'y fortifiaient. Il crut que son devoir l'obligeait de s'y opposer. Mais, avant d'employer la force, cet officier qui craignait de rallumer la guerre, voulut tenter les voies juridiques. Il envoya au commandant anglais un officier distingué, avec une lettre, dans laquelle il le sommait de retirer ses troupes de dessus les terres de la domination française. Les Anglais feignirent d'abord de satisfaire à cette sommation, mais en effet, craignant d'être bientôt attaqués, ils se hâtèrent d'achever le fort qu'ils avaient commencé à bâtir; ils l'appelèrent le fort *de la Nécessité.*

M. de Contrecœur était incertain si les Anglais s'étaient retirés. Pour s'en assurer, il fit partir, le 29 mai, M. de Jumonville, officier français plein de mérite, et lui donna une escorte de trente hommes pour l'accompagner. Il avait ordre de découvrir si les Anglais étaient encore sur les terres de France; et, s'il les rencontrait, de notifier à leur commandant une seconde sommation de se retirer. Cet officier part avec son escorte. Il était encore à une certaine distance du fort; tout-à-coup il est environné d'Anglais, qui font sur lui un feu terrible. Il fait signe de la main au commandant; il montre ses dépêches; il demande à être entendu; le feu cesse, on l'entoure: il annonce son caractère et sa qualité d'envoyé ; il lit la sommation dont il est porteur : il n'était encore qu'à la moitié de sa lecture, les Anglais l'assassinent. Telle est la réponse qu'une nation, prétendue philosophe, a faite au discours d'un envoyé français, dont la personne était consacrée par un titre regardé, dans tous les siècles et dans tous les pays, comme inviolable. La troupe qui escortait Jumonville est enveloppée. Huit hommes de cette escorte sont tués, et tombent à côté du corps sanglant de leur chef. Le reste, forcé de se rendre, est fait prisonnier. Un seul Canadien se sauve, et vient porter l'horrible nouvelle. M. de Contrecœur crut alors qu'il ne devait point différer à venger l'outrage fait à la France. Les Sauvages, indignés de l'horreur d'un tel crime, qui, peut-être, est inconnu chez eux, viennent en foule, la massue en main, pour lui offrir leurs services. Tous respirent la vengeance. Tous veulent punir les assassins des Français, leurs bienfaiteurs. Ce détachement part du fort du Quesne ; il est commandé par M. de Villiers, frère de M. de Jumonville. Cet officier, qu'animaient en même temps et la nature et l'amour de la patrie, avait à venger et le meurtre d'un frère et l'insulte faite à la France. Les Sauvages lui servent de guides. Il arrive le 3 juillet, au lieu où s'était commis l'assassinat. Il le trouve encore teint du sang de son frère ; il voit les corps des Français encore étendus. Quel spectacle ! Bientôt le fort des Anglais est investi et attaqué ; le feu dure avec la plus grande violence pendant trois heures de suite. Le fort s'ébranle, et la garnison n'a plus de défense.

Les ordres de M. de Villiers portaient expressément de ne faire des actes d'hostilité, qu'autant qu'il en faudrait pour chasser les Anglais du fort qu'ils avaient bâti, et pour leur faire évacuer les terres de France. On voulait éviter tout ce qui pourrait causer une rupture entre les deux nations ; et, tandis que les Anglais, par le plus grand de tous les crimes, se teignaient du sang d'un envoyé français, les Français respectaient le sang même de ces assassins. M. de Villiers, fidèle à ce plan de modération et d'humanité, fait crier aux assiégés que, s'ils veulent parler, il fera cesser le feu. Aussitôt il se présente un capitaine anglais pour capituler. Les articles furent bientôt signés. On permit aux Anglais de sortir du fort avec les honneurs de la guerre et une pièce de canon. Les Français se rendirent même les défenseurs de leurs ennemis contre les Sauvages, qui cherchaient à les déchirer. On finit par détruire le fort, monument affreux et de l'injuste usurpation des Anglais, et du crime qu'ils avaient commis pour s'en assurer la possession.

Telle est l'histoire des événements sur lesquels ce poëme est fondé. Je dois maintenant rendre compte des légers changements que j'y ai faits.

Un poëme ne doit être ni une froide gazette, ni un ouvrage purement d'imagination. Il faut qu'il soit appuyé sur des faits réels, pour exciter un véritable intérêt : mais il ne faut point qu'il suive trop scrupuleusement le fil de l'histoire, de peur que l'imagination, qui doit être échauffée par la lecture d'un poëme, ne se refroidisse et ne se glace. L'art du poëte consiste donc à choisir dans l'histoire quelque grand événement qui puisse intéresser par lui-même. C'est le bloc de marbre qui est entre les mains du sculpteur, et dont il doit faire une belle statue, selon la nature et les règles de son art. Mais comme il est permis au statuaire de prendre les dimensions qu'il veut, et de retrancher de cette pièce de marbre tout ce qu'il juge à propos ; de même le poëte peut écarter tous les petits événements dont le détail serait inutile ou contraire à son plan, et appesantirait la marche de son poëme. Ainsi l'a pratiqué Corneille, dans *Rodogune*, et dans *Cinna*; Racine, dans *Britannicus* et dans *Mithridate* ; M. de Voltaire, dans sa Henriade et dans les belles tragédies de *Brutus* et de *Rome sauvée*.

Les principaux changements qu'on s'est ici permis, regardent surtout le dénouement. Selon l'histoire, les Français sont entrés dans le fort par capitulation; ils ont même traité les Anglais avec les plus grands égards, comme s'ils eussent été encore en paix avec eux. Dans le poème, au contraire, ils ne sont animés que des mouvements de la vengeance; ils combattent avec autant de fureur que d'intrépidité pour punir les assassins de Jumonville; et, après en avoir fait périr un bon nombre, par le fer et la flamme, ils chargent les autres de chaînes sur les débris de leurs murailles. Il est aisé de justifier ces changements. Le sujet du poème, comme je l'ai déjà dit, est l'assassinat de Jumonville, et la vengeance qui en est tirée. Or, si la vengeance se bornait à faire sortir les Anglais du fort, elle ne serait ni assez complète, ni assez éclatante. D'ailleurs, comme dans tout le cours du poème, on représente les Français et l'officier qui les commande, comme occupés du soin de cette vengeance, ils ne rempliraient plus leur caractère à la fin du poème, si on leur faisait tenir la conduite qu'ils tinrent en effet, forcés par des ordres supérieurs. Le poète a dû les faire agir, comme ils auraient agi sans doute, s'ils avaient été les maîtres de se régler sur leurs propres sentiments. La poésie suit la nature pour règle, et non les ménagements de la politique.

C'est pour la même raison qu'on a ajouté à la fin un tableau général de toutes les disgraces que les Anglais ont essuyées depuis le commencement de cette guerre, sur terre ou sur mer, dans l'Europe ou dans l'Amérique, dans l'Afrique ou dans les Indes. On les présente comme une punition de cet assassinat, contraire à toutes les lois des nations, afin que ce crime paraisse assez vengé ; et par là ce morceau rentre dans le plan général du poème.

Quoique Jumonville ne fût qu'un simple officier français, et que son nom ne fût point connu avant cette tragique aventure, qui ne l'a rendu que trop célèbre, on a cru que sa mort pouvait être assez intéressante pour former le sujet d'un poème. Ce n'est plus ici un simple particulier, c'est un homme revêtu d'un caractère sacré, et qui, en sa qualité d'envoyé, représente l'auguste corps de sa nation. Son assassinat n'est point un de ces meurtres qui doivent être confondus dans la liste des crimes obscurs et vulgaires ; c'est un crime qui doit exciter l'indignation de tous les peuples, qui attaque les lois primitives des nations, qui renverse tous les fondements du droit politique établi entre les hommes. J'ose le dire, cette mort doit intéresser, non-seulement la nation française, mais même toutes les nations du monde, excepté celle qui a pu commettre un tel crime. Eh quoi! pour mériter notre attention, faudra-t-il toujours des titres et des grandeurs? Quelle malheureuse faiblesse de l'esprit humain, de ne s'intéresser qu'au sort de ceux que la fortune a élevés au-dessus de nos têtes! Ne suffit-il pas d'être homme et d'être notre égal, pour avoir droit de nous attendrir? Parmi nous, on ne fait les éloges funèbres que de ceux qui, pendant leur vie, ont porté des titres pompeux. Mais à Athènes et dans Rome, tous ceux qui avaient servi la patrie, ou qui étaient morts pour elle, avaient droit aux éloges de leurs concitoyens : et les orateurs ou les poètes, qui jetaient des fleurs sur leurs tombeaux, excitaient toute l'attention publique.

D'ailleurs, tous les arts doivent se rapporter au bien de l'humanité; ils doivent avoir pour but d'inspirer aux hommes l'amour de la justice et l'horreur du crime. Eh! que sont les talents, s'ils ne doivent point servir à rendre les hommes meilleurs? La poésie surtout, qui, dans les premiers siècles, n'était autre chose que l'histoire des événements célèbres, doit se ressouvenir de son ancienne origine. Elle est chargée de transmettre à la postérité le dépôt des vertus et des crimes, pour instruire les hommes. L'assassinat de Jumonville est un monument de perfidie qui doit indigner tous les siècles. On doit employer tous les moments pour en perpétuer le souvenir; et, puisque, pour le malheur du genre humain, il n'y a point de tribunal où l'on puisse citer les nations coupables, du moins que la postérité en tienne lieu, qu'elle les flétrisse et que la crainte de l'infamie soit au moins un frein qui les retienne.

Je ne dirai plus qu'un mot sur ce poëme. L'auteur l'a travaillé autant que la faiblesse de son génie le lui a pu permettre. Il n'ignore point combien l'art d'écrire en vers est difficile. Il est surtout effrayé par le dégoût du public, qui, rassasié de tant de chefs-d'œuvres en ce genre, rendu superbe et difficile par la lecture continuelle de Boileau, de Racine, de Rousseau, et de Voltaire, fatigué même de la poésie, qui commence à tomber parmi nous, juge avec beaucoup de sévérité ces sortes d'ouvrages, quand il daigne les lire.

# JUMONVILLE,
## POÈME.

## CHANT PREMIER.

La paix a disparu : de nouvelles tempêtes,
Dans un ciel orageux, éclatent sur nos têtes.
La Tamise en fureur mugit dans ses roseaux ;
Pour combattre la Seine elle arme tous ses flots.
La Sprée a, sur ses bords, appelé la victoire ;
Et ce fleuve autrefois, qui, sans nom et sans gloire,
Sur un sable inconnu rampait obscurément,
Redoutable aujourd'hui par son débordement,
Dans sa course orgueilleuse entraîne des couronnes,
Veut rouler, en grondant, sur les débris des trônes,
Au Danube asservi prétend donner des fers,
Et du bruit de son cours remplir tout l'univers.
Excité par le choc de ce commun orage,
Sur les bords espagnols j'entends frémir le Tage.
Je vois son urne d'or sous sa main s'agiter ;
Et son courroux naissant, déjà près d'éclater.

O malheureux mortels, votre aveugle furie,

De meurtres, de combats, n'est donc point assouvie?
Vous verra-t-on toujours, prêts à vous égorger,
Accroître vos malheurs, en voulant les venger,
Et, sans cesse aiguisant de criminelles armes,
Vivre sur des débris arrosés de vos larmes?
Quoi! la guerre est encore où triomphent les arts!
Quand ce flambeau sacré qui luit à vos regards,
Éclaire vos esprits de ses divines flammes,
Le flambeau de la haine embrase encor vos âmes!
Les sages de la terre en sont les oppresseurs!
Des tigres et des loups nous conservons les mœurs!
Par les arts éclairés, sommes-nous moins barbares
Que le Huron sauvage, ou les hordes tartares?

Fiers Anglais, de la France implacables rivaux,
C'est vous dont la fureur a creusé ces tombeaux;
Vous, de qui la raison, en son orgueil extrême,
Se croit un rayon pur de l'essence suprême;
Vous, ces êtres pensants, ces sages révérés,
Par qui tous les mortels devaient être éclairés.

C'est peu d'avoir forgé le glaive de la guerre,
De prodiguer votre or pour les maux de la terre;
Vos sacriléges mains ont commis des forfaits
Que les voiles du temps ne couvriront jamais.
Pirates, assassins, usurpateurs, parjures,
Quel horrible tableau pour les races futures!

La muse qui préside à l'immortalité,
Et qui grave, en airain, l'austère vérité,

Dérobe également à l'oubli des ténèbres,
Et les grandes vertus et les crimes célèbres.
J'ose donc retracer un de ces attentats,
Dont la honte à jamais doit flétrir vos États.
Puissé-je, ô Jumonville! éternisant ta gloire,
Dans des chants immortels consacrer ta mémoire,
Et, de tes assassins dépeignant la fureur,
Imprimer à leurs noms une éternelle horreur!

Et vous, dont la valeur et le zèle intrépide
Vengea sur ces brigands ce barbare homicide,
Permettez que ma main, attachant vos lauriers,
Du prix de la victoire orne vos fronts guerriers.

Pour verser dans mon sein les flammes du génie,
Je n'invoquerai point les dieux de l'harmonie.
J'abandonne le Pinde et ses sacrés vallons;
Ma patrie et mon roi, voilà mes Apollons.
Sensible aux longs malheurs qui désolaient la terre,
Louis avait fermé les portes de la guerre.
Le soldat désarmé, cultivant les guérets,
Moissonnait, dans son champ, les trésors de Cérès.
La rouille dévorante émoussait les épées,
Que du sang des humains Bellone avait trempées;
Et du dieu des combats les redoutables traits
Dormaient dans le silence, entassés par la paix.

Mais la paix vainement suspendait les alarmes;
L'Anglais, toujours féroce, est rebelle à ses charmes.
Ce peuple impérieux, fier ennemi des lois,

Esclave sous Cromwel, et tyran sous ses rois,
Qui, tout couvert du sang des plus nobles victimes,
N'a dû sa liberté qu'à deux cents ans de crimes,
Prétend forger des fers aux autres nations,
Respire encor le meurtre et les divisions.
Son génie indigné voit l'heureuse abondance
Enrichir de ses dons et couronner la France ;
Tout l'or des nations, par cent canaux divers,
Couler dans nos cités, des bouts de l'univers ;
Nos lis qui, transplantés au sein du nouveau monde,
Fleurissent à l'envi sur leur tige féconde ;
Les arides déserts, du Sauvage habités,
Changés, par nos travaux, en superbes cités ;
Et des climats brûlants jusqu'aux glaces de l'ourse,
Le commerce français agrandi dans sa course.

Un autre objet encor vient aigrir ses douleurs,
Et réveille en son sein ses jalouses fureurs.
Nos triomphes passés et notre antique gloire,
Des champs de Fontenoy l'importune mémoire,
Les palmes de Raucoux, et les sanglants affronts
Que Laufelt imprima sur leurs superbes fronts,
De ces affreux objets les lugubres images
Tourmentent, jour et nuit, ces féroces courages.
La sombre jalousie, aveuglant leur raison,
Verse dans tous les cœurs son funeste poison ;
Et la haine, attisant ces feux illégitimes,
Leur souffle la vengeance, et les excite aux crimes.

Dans ces vastes climats, si long-temps ignorés

Du reste des humains, par les flots séparés,
Que ce fameux Génois, fier vainqueur des orages,
Découvrit le premier à travers les naufrages,
Les Français, secondés par Neptune et les vents,
Ont, d'un empire heureux, jeté les fondements.
Une France nouvelle, en ces lieux florissante,
Remplit cet univers de sa grandeur naissante,
Et, croissant à l'abri du trône de nos rois,
Fleurit paisiblement sous d'équitables lois.
Cent fleuves fortunés, descendus des montagnes,
De leurs fécondes eaux arrosent ces campagnes :
La main de la nature, utile avec grandeur,
Y creusa de cent lacs la vaste profondeur.
La terre si long-temps au repos condamnée,
Sous de sauvages mains flétrie, abandonnée,
Sous la main des Français, ranimant sa beauté,
Reprend son premier charme et sa fécondité.
Des troupeaux mugissants les vallons retentissent,
Sous les épis dorés les campagnes jaunissent;
Et les arts, de l'Europe enfants industrieux,
De leur brillante aurore embellissent ces lieux.

Les grossiers habitants de ces lointains rivages,
Formés par nos leçons, instruits, par nos usages,
Dans l'école des arts et de l'humanité,
De leurs sauvages mœurs corrigent l'âpreté.
Sous leurs toits de roseaux ils bravent la mollesse,
Leurs arcs et leurs carquois sont leur seule richesse;
Leur cœur simple et naïf dans sa férocité,
Respecte du Français la sage autorité:

Le Français bienfaisant console leur misère,
Les aime en citoyen, et les gouverne en père.

Des tours, des boulevarts et des forts menaçants,
D'un art fier et terrible étranges monuments,
Étonnent ces climats par leurs pompeux ouvrages,
Et des peuples jaloux répriment les ravages.
Leur redoutable enceinte enferme des soldats
Que la France a formés au grand art des combats ;
Et Neptune y porta ces foudres de la terre,
Ouvrages de l'Europe et rivaux du tonnerre.

L'Anglais, dont le génie embrasse l'univers,
Presse encor les Français, même au-delà des mers.
Il règne, ainsi que nous, sur de vastes contrées,
Qu'à ses fiers léopards la fortune a livrées.
Cent monts audacieux, l'un à l'autre enchaînés,
Hérissés de forêts, de neiges couronnés,
Des deux peuples voisins redoutables frontières,
Élèvent jusqu'aux cieux leurs superbes barrières.

Des Anglais tout-à-coup les nombreux bataillons
Du Canada surpris inondent les sillons ;
Le concert belliqueux des clairons et des armes
De la guerre orageuse annonce les alarmes ;
Leurs drapeaux déployés, qui flottent dans les airs,
Appellent les combats sur ce triste univers.

L'Ohio qui reposait dans ses grottes profondes,
Tout-à-coup, sous son urne, entend frémir ses ondes.

CHANT I.

A ce trouble imprévu dans le sein de la paix,
Il quitte avec effroi son humide palais,
Et, levant sur les flots sa tête blanchissante,
De son corps azuré presse l'onde écumante.
Il voit des fiers Anglais les torrents débordés
Couvrir de bataillons tous ses bords inondés ;
De crainte, à cet aspect, ses regards se troublèrent,
Sur son front pâlissant ses roseaux s'ébranlèrent :
Ses flots épouvantés, pleins de trouble et d'horreur,
A Neptune, en grondant, vont porter leur terreur.

Cependant, enivrés d'une folle espérance,
Les Anglais sur ces bords marchaient en assurance.
La terreur devançait leurs redoutables flots,
La fière ambition volait sur leurs drapeaux ;
Devant leurs bataillons, la discorde fatale
Secouait dans ses mains une torche infernale ;
Et, cachant avec soin un fer ensanglanté,
La sombre trahison marchait à leur côté.

Mais c'est peu d'envahir : ces brigands homicides,
De nos champs désolés usurpateurs perfides,
Déjà, pour assurer leurs sinistres projets,
Construisent en ces lieux un asyle aux forfaits :
Tel un fleuve fougueux, surmontant son rivage,
Se creuse un lit nouveau dans les champs qu'il ravage.

O citadelle impie ! ô lieux infortunés !
De quel crime inoui vous serez étonnés !
Témoin de ce forfait qui va bientôt éclore,

Le jour luit à regret sur vos murs qu'il abhorre;
Et, frémissant d'horreur sous un peuple assassin,
La terre avec effroi vous porte sur son sein.

Et vous, fastes des temps, ô siècles! ô mémoire!
Conservez à jamais cette effroyable histoire.
De la vertu trahie il faut venger les droits,
Et l'artisan du crime en doit porter le poids.
Que l'univers m'entende, et que l'Anglais frémisse;
La honte du coupable est son premier supplice.

Ce monstre à mille voix, plus prompt que les éclairs,
Écho tumultueux des bruits de l'univers,
L'agile Renommée, en parcourant le monde,
Suspend chez les Français sa course vagabonde;
Leur apprend que l'Anglais, d'un pas audacieux,
A franchi ces rochers qui s'élèvent aux cieux,
Ces remparts éternels, bâtis par la nature;
Qu'il traîne sur ses pas le meurtre et le parjure.

Couronnés de l'olive, au sein de leurs remparts,
Les Français occupés du commerce et des arts,
Sur la foi des traités, sans craindre les alarmes,
D'une profonde paix goûtaient alors les charmes.
Chacun veut à l'instant signaler ses transports,
Réprimer des Anglais les insolents efforts,
D'une guerre naissante étouffer l'incendie,
Et dans leur sang impur laver leur perfidie.
Leur chef, sans condamner leur noble activité,
Modère les accès d'un courage emporté.

Il voit que de ce feu la première étincelle
Peut être le flambeau d'une guerre cruelle,
Peut trouver dans sa course un funeste aliment,
Et causer dans l'Europe un vaste embrasement.
Il voudrait épargner, en écartant la guerre,
Des crimes aux Anglais, des larmes à la terre.

Avant d'armer la France, et de souiller ses mains
Du sang trop prodigué des malheureux humains,
Il veut que, revêtu d'un sacré ministère,
De la foi des traités sage dépositaire,
Un Envoyé prudent, organe de la paix,
Porte aux usurpateurs la plainte des Français.

Parmi les combattants dont l'errante fortune
Fut, sur ces bords lointains, conduite par Neptune,
Et qui, dans ces déserts, témoins de leur valeur,
De l'empire des lis soutenaient la grandeur;
Deux illustres mortels, de Villiers, Jumonville,
Arrosaient de leur sang cette rive stérile.
Sages dans les conseils, hardis dans les combats,
Le bruit de leurs exploits volait dans ces climats.
Issus du même sang, nés de la même mère,
Leur bouche s'appelait du tendre nom de frère;
Leurs cœurs étaient unis: ils ressentaient tous deux
De la vive amitié les transports vertueux;
Et ces nœuds qui formaient la chaîne la plus pure,
Avaient encor serré les nœuds de la nature.
Dans le même berceau, sous les mêmes lambris,
Tous deux, dans leur enfance, avaient été nourris.

Lorsqu'ensuite le temps et l'ardente jeunesse
De leurs membres nerveux eut formé la souplesse,
Ces deux héros, unis dans leurs amusements,
S'occupaient à dompter des coursiers écumants :
Aux hôtes des forêts leurs bras faisaient la guerre,
Ils apprenaient ensemble à lancer le tonnerre.
Tous deux, briguant l'honneur d'affronter les hasards,
S'étaient, le même jour, consacrés au dieu Mars;
Et, sous de nouveaux cieux, sur des rives nouvelles,
Jaloux de moissonner des palmes immortelles,
Tous deux, fuyant ensemble un indigne repos,
De la mer orageuse avaient franchi les flots.

Leur mère, languissante au sein de sa patrie,
Traînait encor, loin d'eux, une mourante vie.
Hélas! le seul espoir de revoir ses enfants,
La soutenait encor sous le fardeau des ans.

Le jour, ce triste jour où la voile flottante
Emporta ses deux fils sur la mer écumante,
Jusqu'au funeste port elle suivit leurs pas,
Tour-à-tour, mille fois, les serra dans ses bras;
Et mouillant de ses pleurs les sables du rivage,
Levant au ciel ses mains qu'appesantissait l'âge :
« O Dieu! s'écria-t-elle, arbitre des humains,
« Toi qui, du haut des cieux, gouvernes nos destins,
« Sois sensible à mes cris, aux larmes d'une mère!
« Veille sur mes enfants dans cet autre hémisphère;
« De leurs jours menacés, sur ces bords étrangers,
« Que ta main protectrice écarte les dangers!

« Si tu permets qu'un jour la France les revoie,
« Dieu puissant à mon cœur réserve cette joie,
« Ne m'ouvre point encor les portes du tombeau,
« De mes jours presque éteints conserve le flambeau.
« Mais, si le sort cruel, outrageant ma vieillesse,
« D'un sinistre avenir menace ma tendresse,
« O Dieu! que mes douleurs te puissent attendrir;
« Que j'obtienne aujourd'hui la faveur de mourir,
« Tandis que, jouissant d'une heureuse ignorance,
« Mon cœur nourrit encor la flatteuse espérance;
« Tandis que, ô mes chers fils! je vous vois, je vous sens,
« Que je vous serre encor dans mes embrassements! »

Hélas! des vents jaloux les haleines légères,
Dans les airs agités, dispersaient ses prières.

Le rang d'ambassadeur, ce titre révéré,
Demandait un héros, un ministre éclairé,
Prudent avec grandeur, et ferme avec sagesse,
Courageux sans orgueil, et souple sans bassesse.
Jumonville est nommé d'une commune voix.
Semblable à ce Nestor que l'on vit autrefois,
Par les charmes flatteurs d'une éloquente adresse,
Des farouches guerriers adoucir la rudesse,
Ce héros unissait la valeur et les arts,
Les palmes de Minerve et les lauriers de Mars.

De Villiers, tout-à-coup, en embrassant son frère,
Sentit son cœur ému d'un trouble involontaire;
Il mêla des soupirs à ses tendres adieux,

Et long-temps dans la plaine, il le suivit des yeux.

Jumonville s'éloigne; et sa mâle assurance
Annonce d'un grand cœur la noble confiance;
Ministre pacifique, il ne soupçonnait pas
Que la paix pût cacher un piége sous ses pas.
Du vertueux Français tel est le caractère :
De l'honneur et des lois adorateur sévère,
Ignorant l'art affreux de tramer les forfaits,
Terrible dans la guerre, aimable dans la paix,
Ami juste et sincère, ennemi magnanime,
Le Français est trop grand pour soupçonner un crime.

# CHANT SECOND.

Cependant il s'avance; et déjà ses regards
Découvrent des Anglais les coupables remparts.
Soudain, de mille coups, l'orageuse tempête
Annonce le trépas qui siffle sur sa tête.
Jumonville s'arrête : il instruit les Anglais
Qu'il vient leur apporter des paroles de paix ;
Il montre cet écrit, ce gage tutélaire,
Interprète muet de son saint ministère.
Le feu cesse à l'instant; et l'airain enflammé
Arrête le trépas, dans son sein renfermé.
On l'entoure, on s'empresse; un bruit plus favorable
Succède, en un moment, à ce bruit formidable.
Ainsi sur l'Océan qu'un orage a troublé,
Quand sur les flots émus le calme est rappelé,
On n'entend qu'un bruit sourd de la vague écumante,
Qui s'apaise en grondant, et retombe mourante.
Des farouches Anglais tels paraissaient les flots,
Quand le sage Envoyé leur adressa ces mots :

« Illustres ennemis, appuis de l'Angleterre,
« Citoyens dans la paix, héros pendant la guerre,

« Que le ciel, avec nous, fit rois de ces climats,
« Je ne viens point ici, ministre des combats,
« Dans un sang généreux tremper mes mains cruelles,
« Et vider, par le fer, nos discordes nouvelles.
« D'un ministère saint revêtu par les lois,
« Des augustes traités je réclame les droits.
« Chaque État, en naissant, eut ses bornes prescrites.
« La nature a pris soin de fixer nos limites :
« Ces sauvages rochers, entassés jusqu'aux cieux,
« Ont servi de barrière à nos communs aïeux ;
« Et de tous les traités l'uniforme langage,
« Des mains de la nature a confirmé l'ouvrage.
« Cependant votre audace a franchi ces remparts ;
« L'Ohio voit, sur ses bords, flotter vos étendards.
« De ce triste univers troublant la paix profonde,
« Faut-il toujours combattre et ravager le monde ?
« De nos divisions l'humanité frémit,
« L'Amérique les pleure, et l'Europe en gémit.
« Le droit, ce droit affreux d'exterminer les hommes,
« A régné trop long-temps sur la terre où nous sommes.
« De l'aurore au couchant, et du nord au midi,
« De nos derniers combats le bruit a retenti.
« Ah ! craignons d'exciter de nouvelles injures,
« De rouvrir, de nos mains, ces sanglantes blessures.
« Les nouveaux mouvements qui troublent nos déserts,
« Pourraient, par leur secousse, ébranler l'univers.
« Égaux par la nature, égaux par nos misères,
« Vivons tous en amis, en citoyens, en frères.
« Que les nœuds des serments soient toujours respectés ;
« Que la vertu nous lie, et non pas les traités ;

« Que, dans le calme heureux d'une paix éternelle,
« Chaque peuple.... » A ces mots, que lui dictait son zèle,
Par un plomb homicide indignement percé,
Aux pieds de ses bourreaux il tombe renversé.
Trois fois il souleva sa pesante paupière,
Trois fois son œil éteint se ferme à la lumière.
De la France, en mourant, le tendre souvenir
Vient charmer sa grande ame à son dernier soupir.
Il meurt : foulés aux pieds d'une troupe inhumaine,
Ses membres déchirés palpitent sur l'arène.

O vous, de cette terre antiques habitants,
Citoyens des forêts, dans les antres errants,
Dont l'Europe orgueilleuse, au sein de la mollesse,
Contemple avec dédain la sauvage rudesse,
Parlez : l'astre du jour, qui luit sur vos forêts,
A-t-il vu, parmi vous, de semblables forfaits?
Du moins votre grossière et farouche droiture
Suit les premières lois de la simple nature.
L'Anglais, nouveau barbare, a traversé les mers
Pour apporter ce crime au fond de vos déserts.
Allez, du fer tranchant d'une hache sanglante,
Graver sur vos rochers cette image effrayante.
Et vous, de l'univers agiles messagers,
O vents, portez ce crime aux climats étrangers,
Et dans le monde entier semez, de ville en ville,
Les soupirs qu'en mourant exhala Jumonville.
Que les cris de son sang, dont l'impuissante voix
Se perd dans les déserts, en réclamant les lois,
Que ces cris, enlevés sur vos rapides ailes,

Percent des vastes cieux les voûtes éternelles.

Par un premier forfait, dans le crime affermi,
L'Anglais n'est ni cruel ni parjure à demi.
Dans ses coupables mains la foudre se rallume,
Sous un noir tourbillon tout le rivage fume.
Huit Français sans défense, au même instant frappés,
Des ombres de la mort tombent enveloppés;
De leur sang répandu les ruisseaux se confondent;
A leurs soupirs mourants les cavernes répondent.
L'Anglais, ivre de sang, pousse un cri dans les cieux,
Et sa barbare joie étincelle en ses yeux.

Des lois des nations le suprême génie
S'envole, en frémissant, de cette terre impie;
Il craint de respirer un air si criminel,
Il maudit à jamais ce rivage cruel.

Des Français désarmés le déplorable reste
Survit pour éprouver un destin plus funeste.
Ces guerriers généreux, jouets de leurs tyrans,
De climats en climats traînent des jours errants.
Sous un ciel étranger, sans appui, sans fortune,
Réduits à fatiguer, d'une plainte importune,
De leurs fiers ennemis l'insolente pitié,
Courbant, sous la misère, un front humilié,
Leurs mains, ces mêmes mains, ministres de Bellone,
L'effroi de leurs tyrans et les soutiens du trône,
Tremblantes aujourd'hui, pour conserver leurs jours,
De quelques aliments implorent le secours.

Quel sort pour des héros! ô France! ô ma patrie!
Arme-toi pour venger ta majesté flétrie.

Tandis que les Anglais, sur cet infame bord,
Portent, de toutes parts, l'esclavage ou la mort,
Un seul Américain, emporté par la fuite,
Trompe quelques instants leur ardente poursuite;
Sa course eût prévenu la chûte des torrents,
L'oiseau qui fend les airs, et le souffle des vents.
Son corps, souple et léger, touche à peine la terre.
Mais qui peut devancer les ailes du tonnerre?
Tout-à-coup, élancé du cylindre brûlant,
Sur ses pas fugitifs le plomb vole en sifflant;
Et, secondant trop bien une rage cruelle,
Lui porte dans le flanc une atteinte mortelle.
Par le plomb meurtrier le Sauvage blessé
Pousse un cri dans les airs, mais n'est point terrassé.
Le désir d'échapper à ces tigres féroces,
D'instruire les Français de ces crimes atroces,
Sa robuste jeunesse, et sa mâle vigueur,
Que n'a point de l'Europe énervé la langueur;
Son sang, qui bouillonnait dans ses veines brûlantes,
Tout ranime et soutient ses forces défaillantes;
Et, quoique dans son sein il porte le trépas,
Il a, loin des Anglais, précipité ses pas.
Tel, dans les champs déserts du vagabond Numide,
Un cerf, déjà frappé d'une flèche rapide,
Des piéges de la mort lorsqu'il est entouré,
Des chasseurs attentifs trompe l'œil égaré:
Il fuit; mais dans les bois, tandis qu'il se retire,

Il emporte avec lui le trait qui le déchire.

Des végétaux puissants, dans les forêts éclos,
De son sang qui coulait ont arrêté les flots.
Il pénètre les bois, il franchit les abymes,
Des rochers escarpés il assiége les cimes.
Ses hurlements plaintifs, ses cris remplis d'horreur,
Partout, sur son passage, impriment la terreur.
Il arrive, couvert de sang et de poussière,
Ses yeux ne voyaient plus qu'un reste de lumière.
Sur son front éperdu ses cheveux hérissés,
Les farouches accents, de sa bouche élancés,
Son souffle haletant, et sa bruyante haleine,
Qui, de ses flancs pressés, s'échappait avec peine,
Ses membres demi-nus, et d'effroi palpitants,
Sous son corps affaibli ses genoux tremblotants,
La pâleur de la mort sur son visage empreinte,
Portent dans tous les cœurs la tristesse et la crainte.

Les Français, pour l'entendre, autour de lui pressés,
Ont la tête immobile, et les regards fixés.
Mais à peine on l'approche, à peine on l'environne,
Épuisé tout-à-coup sa force l'abandonne.
Le sang qu'il a versé, sa course, ses efforts,
De son corps défaillant ont usé les ressorts.
De revoir les Français le plaisir trop funeste,
De ses faibles esprits a dissipé le reste.
Trois fois il veut parler, et sa langue, trois fois,
Pour le récit fatal ne trouve point de voix.
Les noms d'Anglais, de crime, et d'assassin farouche,

En sons entrecoupés s'échappent de sa bouche.
Enfin son œil mourant, fixé sur ces guerriers,
Aperçoit près de lui le triste de Villiers.
Il lui tend une main déjà presque glacée,
Et soulevant encor sa poitrine oppressée,
« O mon père ! dit-il avec de longs sanglots,
« Jumonville.... » Il expire, en prononçant ces mots.

Des Français replongés dans leur incertitude,
Sa mort a redoublé la sombre inquiétude.
Ses discours, ses sanglots, son regard effaré,
L'effroi qui se peignait sur son front égaré,
Leur apprend que l'Anglais, que ce peuple parjure,
A, par quelque grand crime, outragé la nature.
Mais tous de Jumonville ignorent les destins ;
S'ils ont chargé de fers ses généreuses mains,
Ou si, foulant aux pieds les plus saints priviléges,
Ils ont teint de son sang leurs armes sacriléges ;
Et de mille soupçons leurs esprits dévorés,
Par un jour plus affreux, craignent d'être éclairés.

De Villiers, à-la-fois et citoyen et frère,
Tremble sur le destin d'une tête aussi chère.
De noirs pressentiments viennent glacer son cœur,
Et sa tendre amitié redouble sa terreur.

Les Français, cependant, excitent leur audace
A chercher Jumonville, à voler sur sa trace.
On se rassemble, on court à flots impétueux ;
Tout le fort retentit de cris tumultueux ;

Et les drapeaux de Mars, cachés à la lumière,
Noircis, pendant la paix, d'une oisive poussière,
Déployés tout-à-coup aux regards du soleil,
Annoncent des combats le fatal appareil.
De l'airain menaçant, précurseur des batailles,
Les sifflements aigus remplissent les murailles;
Dans les antres obscurs des arsenaux poudreux,
Des foudres assoupis on réveille les feux.
Le soldat, en fureur, se couvrant de ses armes,
Embrasse ses enfants et son épouse en larmes.
Dans un lâche repos long-temps enseveli,
Le superbe coursier, par la paix amolli,
Aux accents de l'airain qui frappe son oreille,
Lève ses crins mouvants, s'enflamme et se réveille.

Instruits, dans leurs déserts, de l'horrible attentat,
Les farouches humains, enfants de ce climat,
Viennent, de toute part, pour hâter la vengeance,
Pour joindre leur massue aux foudres de la France.
On les voit, à grands flots, accourir dans nos murs;
Et ceux qui des rochers creusent les flancs obscurs,
Et ceux qui, cultivant les humides rivages,
Ont dressé, près des lacs, leurs cabanes sauvages,
Ou qui, sans cesse armés d'inévitables traits,
Disputent leur pâture aux tigres des forêts.
L'amour pour les Français, l'horreur pour l'Angleterre,
Enflamme également tous ces fils de la terre.

Pour guider au combat ces féroces guerriers,
C'est toi qui fus choisi, généreux de Villiers,

Toi, dans qui la valeur, unie à la sagesse,
N'est point ce fol instinct, cette farouche ivresse,
Dont les fougueux accès, fruit de l'emportement,
Ne cherchent que le meurtre et le saccagement;
Mais cette fermeté courageuse et tranquille,
Qui voit tous les dangers d'un regard immobile,
Les cherche par devoir, les brave sans fureur,
Active avec prudence, et sage sans lenteur.

Le chef à qui Louis, de ses mains souveraines,
De cet État naissant a confié les rênes,
Embrasse ce héros, de ses larmes baigné.
« O guerrier vertueux, ô frère infortuné,
« Dit-il, va, dans le sang d'un peuple de parjures,
« De ton roi, qu'on outrage, effacer les injures.
« Ton bras que l'Amérique a vu toujours vainqueur,
« Doit un exemple au monde, à la France un vengeur.
« Que dis-je? as-tu besoin d'une voix étrangère?
« Écoute la nature, et la voix de ton frère;
« Son sort est incertain, ton malheur ne l'est pas;
« Tu dois briser ses fers, ou venger son trépas.
« Mais vous, ô noms sacrés que l'univers adore!
« O nature! ô justice! ô vertu que j'implore!
« Vous, passion du sage, amour du genre humain!
« Je puis lever au ciel une innocente main.
« Je n'ai point, le premier, ensanglanté la terre,
« Je n'ai point rallumé le flambeau de la guerre.
« Si le sang des humains recommence à couler,
« Si l'Europe, à ce choc, doit encor s'ébranler,
« Si ces divisions en meurtres trop fécondes,

« Doivent franchir les mers et troubler les deux mondes,
« L'Anglais, qui le premier a rompu les traités,
« L'Anglais seul est l'auteur de ces calamités.
« Puissent les cris plaintifs de la terre éplorée
« Porter le désespoir dans son ame égarée !
« Et puissent tous les maux qui vont être soufferts,
« Retomber sur sa tête et venger l'univers ! »

# CHANT TROISIÈME.

Mais, déjà tout est prêt ; nos ardentes cohortes
S'élancent hors des murs, et franchissent les portes.
Déjà, sous les coursiers, la campagne gémit :
Du bruit des bataillons l'air s'agite et frémit ;
La poussière, en volant, forme un nuage immense :
Les tonnerres d'airain, que conduit la vengeance,
Traînés dans les forêts, d'un pas pénible et lent,
Roulent avec effort sur leur essieu tremblant.

Déjà, le front couvert de ses voiles funèbres,
La nuit, sur l'univers, ramenait les ténèbres ;
Et de l'astre du jour les regards expirants
Ne lançaient qu'un feu pâle et des rayons mourants.
Sous la noire épaisseur d'une forêt antique,
S'avançaient ces héros, vengeurs de l'Amérique.
La nuit, qui s'approchait, augmentant la terreur,
En redoublait encor la ténébreuse horreur ;
Et le profond silence, et la noirceur de l'ombre,
Imprimaient à ces lieux une majesté sombre.
Tout-à-coup, ô prodige ! une lugubre voix,
D'un long gémissement fait retentir ces bois.

De mille accents plaintifs la nature est troublée,
Par de longs tremblements la terre est ébranlée,
Ses abymes profonds s'ouvrent en mugissant,
Le soldat, éperdu, s'écrie en pâlissant,
Quand, du sein de la terre, un fantôme effroyable
S'élève, et dans les cieux pousse un cri lamentable.
Son front cicatrisé, blanchi par la pâleur,
Semble des pins altiers égaler la hauteur;
De ses flancs, déchirés d'une large blessure,
Le sang coule à grands flots, et pousse un long murmure;
Des vêtements affreux, dépouille des tombeaux,
Couvrent son corps sanglant de leurs tristes lambeaux;
Dans ses mains étincelle une torche funèbre:
Tel parut de Laïus le fantôme célèbre,
Lorsqu'il vint révéler de tragiques horreurs,
Et d'un fils parricide accuser les fureurs.

Le soldat reconnaît l'ombre de Jumonville;
Surpris, glacé d'horreur, il demeure immobile.
Il jette sur cette ombre un regard effrayé,
Et frémit à-la-fois de rage et de pitié.

De Villiers, éperdu, tend les bras à son frère:
« O toi, s'écria-t-il, ombre terrible et chère,
« Triste et fatal objet de tendresse et d'effroi,
« Hélas! c'est donc ainsi que tu t'offres à moi!
« O funeste départ! déplorable voyage!
« O de mon cœur troublé trop sinistre présage!
« Ce peuple parricide a donc percé ton flanc!
« Je n'en puis plus douter, je vois couler ton sang. »

## CHANT III.

Alors, de ces forêts perçant l'affreux silence,
Le spectre désolé cria trois fois : Vengeance !
Les rochers attendris, les antres gémissants,
Répétèrent, au loin, ces funèbres accents ;
L'enfer s'émeut au bruit de ce triste murmure,
Et répond, par ses cris, aux cris de la nature.
Le spectre, au même instant, disparut et s'enfuit,
Et rentra dans le sein de l'éternelle nuit.

Les Français éperdus, et courbés vers la terre,
Restent comme frappés des flèches du tonnerre :
Une muette horreur semble les glacer tous ;
L'excès de leurs douleurs enchaîne leur courroux.
Mais bientôt, dans leur sang, la fureur allumée
Éclate, et fait briller leur prunelle enflammée ;
De leurs yeux pétillants jaillissent mille éclairs ;
Mille cris élancés font retentir les airs ;
Sous leurs pieds tremble, au loin, ce sauvage hémisphère ;
Leur bouche frémissante écume de colère ;
Le fer même, altéré du sang des assassins,
S'agite de fureur dans leurs tremblantes mains.

Le démon des combats, affamé de carnage,
Aux cris de la vengeance accourt sur ce rivage.
Du sommet d'un rocher, dont le front sourcilleux
Semble, à l'œil étonné, porter le poids des cieux,
Il donne le signal, et sa voix infernale
Fait mugir, dans les airs, sa trompette fatale :
Les montagnes, les mers, les rochers et les bois,
Tremblèrent aux accents de sa funeste voix.

Des Français égorgés les mânes l'entendirent,
Leurs cadavres sanglants, de joie en tressaillirent.
Les mères, qu'effrayaient ces redoutables sons,
Sur leur sein palpitant pressent leurs nourrissons.

Les ombres, cependant, éclipsaient la lumière :
Le dieu qui des humains vient fermer la paupière
Versait sur l'univers ses humides pavots ;
Nul soldat ne se livre aux douceurs du repos.
Cette image terrible, à leurs yeux retracée,
Dans l'horreur du silence, occupe leur pensée ;
Et leurs cœurs, enflammés d'une bouillante ardeur,
De la tardive aurore accusent la lenteur.

De Villiers, tout en proie à sa douleur mortelle,
Invoque Jumonville ; à grands cris il l'appelle,
Et ses errantes mains le cherchent dans les lieux,
Où son ombre, une fois, s'est offerte à ses yeux.

Enfin l'astre du jour, sortant du sein de l'onde,
Vient chasser de la nuit l'obscurité profonde ;
Et des premiers rayons l'Olympe blanchissant,
Sur l'univers charmé répand un jour naissant.
Mille cris sont lancés vers la céleste voûte.
A travers les forêts le soldat suit sa route.
De ces tristes climats les sauvages enfants,
Des Français incertains guident les pas errants.

Ils arrivent enfin dans la fatale plaine,
Monument éternel de vengeance et de haine,

Où des héros français, lâchement égorgés,
Erraient en gémissant les mânes outragés.
Leurs corps, cicatrisés par les traits de la foudre,
Dans ces champs malheureux, allaient tomber en poudre.
A travers ces lambeaux, ces cadavres sanglants,
De Villiers, attendri, s'avançait à pas lents.
Il voit, il reconnaît, quel spectacle funeste !
De son frère étendu le déplorable reste.
Il pousse un cri perçant: de douleurs enivré,
Il serre entre ses bras ce corps défiguré.
« C'est donc toi que je vois, que j'embrasse, ô mon frère !
« Ainsi t'offre à mes yeux cette terre étrangère !
« Le trépas sur ton front étale ses horreurs !
« Ta voix ne peut répondre aux cris de mes douleurs !
« C'est pour ce sort affreux, que, quittant ta patrie,
« Tu t'arrachas des bras d'une mère attendrie,
« Et cherchant, sur les flots, ce fatal univers,
« De l'immense Océan tu franchis les déserts !
« Hélas ! tandis qu'ici, couché sur la poussière,
« Tes yeux sont pour jamais fermés à la lumière,
« Peut-être, prosternée aux pieds des Immortels,
« Ta mère, de ses cris, fatigue les autels,
« Et redemande aux cieux, que sa tendresse implore,
« La faveur de revoir ses deux fils qu'elle adore.
« C'en est fait ! sa douleur, ses cris sont superflus,
« Et ses yeux maternels ne te reverront plus.
« Mais moi, dans le tombeau, si je ne peux te suivre,
« Si le destin cruel me force à te survivre ;
« Si de Mars et des flots évitant les dangers,
« Je dois revoir un jour nos antiques foyers,

« Sans toi, comment paraître aux regards d'une mère ?
« Comment porter mes pas sous son toit solitaire ?
« Déjà j'entends ses pleurs, ses lamentables cris,
« Me demander mon frère, et réclamer son fils.
« Hélas ! ton corps sanglant, privé de sépulture,
« Des vautours affamés est l'indigne pâture !
« Et j'étais loin de toi dans ces moments affreux !
« Et ma mourante main n'a point fermé tes yeux !
« Je n'ai pu t'embrasser ! sur ta bouche plaintive
« Je n'ai pu recueillir ton ame fugitive !
« Ah! pourquoi, de nos murs quand je t'ai vu partir,
« Mon frère, à te quitter ai-je pu consentir ?
« J'aurais suivi tes pas sur ce rivage impie,
« Aux dépens de mes jours j'aurais sauvé ta vie ;
« Ou, si je n'avais pu prévenir ton trépas,
« Au sein des meurtriers j'eusse enfoncé mon bras,
« Dans leurs rangs confondus semé les funérailles,
« De ma sanglante main déchiré leurs entrailles,
« Et moi-même immolé, pour te prouver ma foi,
« J'aurais, en t'embrassant, expiré près de toi. »

A ce discours succède un lugubre silence.
La tristesse, l'horreur, la pitié, la vengeance,
Dans son cœur déchiré dominent à-la-fois.
Immobile, éperdu, sans couleur et sans voix,
Sur ces restes affreux sa vue est attachée.
Tous les Français, l'œil morne et la tête penchée,
Rangés autour de lui, partagent ses douleurs :
Leurs visages guerriers sont humectés de pleurs ;
Que dis-je ? des forêts ces hôtes sanguinaires,

Qui des loups dévorants partagent les repaires,
Ces sauvages mortels, dont la férocité,
Avec le sang des ours suça leur cruauté,
Dont rien ne peut dompter l'inflexible rudesse,
Qui, sourds à la pitié, la prennent pour faiblesse,
Pour la première fois se sentent ébranler :
De leurs yeux attendris on voit des pleurs couler.

Tout-à-coup de Villiers : « Quoi ! nous versons des larmes !
« Nous Français ! nous guerriers ! nous qui portons des armes !
« Nous pleurons ! et l'Anglais, qui cause nos tourments,
« Insulte avec orgueil à nos gémissements.
« Nous pleurons ! N'avons-nous que des pleurs à répandre ?
« O mon frère, est-ce là ce qu'exige ta cendre ?
« Une oisive pitié doit encor t'irriter.
« C'est un tribut de sang qu'il te faut présenter.
« Allons, braves amis, héros vengeurs des crimes,
« Allons, sur ces remparts, immoler nos victimes.
« Jumonville vous guide ; et son ombre en courroux,
« Contre vos ennemis dirigera vos coups. »

Il dit, et vers ces murs en horreurs si fertiles,
De son coursier fougueux presse les flancs agiles ;
Deux fois en fait le tour, et, d'un œil curieux,
Mesure avidement ce fort audacieux.
Son regard étincelle, et son brillant courage
Voudrait, au même instant, s'y frayer un passage.
Ainsi, dans les déserts des sables africains,
Une lionne horrible, et l'effroi des humains,
A qui, dans son absence, une cruelle adresse

Ravit ses lionceaux, objet de sa tendresse,
Suit les pas du chasseur sur le sable imprimés,
Et vole jusqu'au lieu qui les tient renfermés.
Furieuse, écumante, et de sang altérée,
De ce coupable asyle elle assiége l'entrée ;
Et les crins hérissés, autour de ces remparts,
Promène, en rugissant, ses avides regards.

# CHANT QUATRIÈME.

Déjà nos bataillons, précédés par la crainte,
Ont renfermé le fort dans leur terrible enceinte.
Leur chef, d'un front serein, dispose le trépas
Et du soldat fougueux a réglé tous les pas.
Des Anglais investis la farouche insolence,
Du haut de leurs remparts, semble braver la France.
Mais en vain, par la haine et la rage animé,
D'un intrépide orgueil leur front paraît armé;
Une sourde terreur étonne leurs courages,
Et dément, en secret, ces superbes visages;
Du sang qu'ils ont versé les formidables cris,
D'un désordre vengeur tourmentent leurs esprits :
Jumonville les glace; et son ombre irritée
Fait siffler ses serpents dans leur ame agitée.

Ces favoris des arts et du dieu des combats,
Qui portent dans leurs mains l'épée et le compas,
Qui joignent l'art de vaincre avec l'art du génie,
Et consacrent à Mars les leçons d'Uranie,
Déjà contre les murs ont dirigé l'effort
De ces bouches d'airain qui vomissent la mort.

A l'aide du compas, leur main sûre et puissante,
Sait guider, à son gré, la foudre obéissante,
Lui montre les remparts qu'elle doit écraser,
Et lui prescrit les lieux qu'il lui faut embraser.

Dans un ordre effrayant, ces fatales machines,
Aux remparts menacés annoncent leurs ruines.
Dans le creux du cylindre, avec art entassé,
Par le soldat poudreux, le salpêtre est pressé;
Et les globes de fer, entourés de bitume,
Attendent le moment que le soufre s'allume.
Le signal est donné; les feux étincelants,
De l'amorce embrasée, ont passé dans les flancs;
La flamme resserrée, active, impatiente,
S'agite avec fureur dans sa prison brûlante;
De l'airain mugissant elle chasse à grand bruit
Ces globes, messagers de la mort qui les suit.
Soudain l'air s'obscurcit d'une épaisse fumée;
Un nuage de soufre enveloppe l'armée;
La terre, épouvantée, en frémit de terreur;
L'airain, qui les vomit, en recule d'horreur.
Ces tempêtes de fer, cette grêle homicide,
Divise l'air qui cède à sa course rapide;
Et, du fort ébranlé jusqu'en ses fondements,
Frappe, à coups redoublés, les boulevarts fumants.

L'Anglais audacieux, fier au sein des alarmes,
Fait, du haut de ses murs, tonner les mêmes armes.
Les éclairs enflammés répondent aux éclairs;
La foudre vient heurter la foudre dans les airs.

## CHANT IV.

De feux environné, le soldat dans la plaine
Ne reçoit dans ses flancs qu'une brûlante haleine.
Enfin, le fort s'entr'ouvre, et prêt à s'écrouler,
Son superbe rempart commence à chanceler.

Le Français, à grands cris, appelle la vengeance :
D'un cours impétueux, vers la brèche il s'avance.
Le fier Américain, les bras ensanglantés,
Le suit d'un pas égal, et marche à ses côtés.
Tel qu'un tigre en fureur, à l'aspect de sa proie,
En marchant il écume, et tressaille de joie.
Déjà, dans son esprit, des Anglais expirants
Il croit fouler aux pieds les membres palpitants.
Armé d'un plomb fatal et du fer homicide,
L'Anglais affecte encore un orgueil intrépide.
Son épais bataillon offre un rempart vivant,
De piques hérissé, de feux étincelant.

L'aspect des assassins, teints du sang de son frère,
Enflamme de Villiers, redouble sa colère.
Remplis de son courroux, ses superbes soldats
Dans les rangs ennemis ont volé sur ses pas.
La soif de se venger, l'emportement, la rage,
Frappent à coups pressés, et sèment le carnage.
La mort impitoyable, errant sur ces débris,
Remplit l'air d'alentour de ses lugubres cris :
Mille traits aiguisés arment ses mains cruelles ;
Dans des ruisseaux de sang elle trempe ses ailes.

Par la flamme et le fer les Anglais terrassés

Déjà couvrent les murs de leurs corps entassés ;
Et leurs mânes sanglants, dans les royaumes sombres,
Des Français égorgés vont apaiser les ombres.
Sur un épais nuage, assise dans les airs,
L'ardente Némésis fait briller ses éclairs.
Des forfaits des mortels vengeresse implacable,
Elle tient dans ses mains un glaive redoutable ;
Et son souffle puissant, ame de ces combats,
Dans le sein des Anglais dirige le trépas.

Ils cèdent : c'en est fait ; la terreur qui les glace
Étonne leur courage et dompte leur audace.
Vaincus, chargés de fers, ces monstres désarmés,
D'un reste de fureur sont encore enflammés ;
Et la férocité, que la valeur surmonte,
Sur leur front abattu se mêle avec la honte.

De Villiers, s'adressant à ses soldats vainqueurs :
« Héros qui m'écoutez, intrépides vengeurs,
« Que j'aime à voir vos bras tout fumants de carnage !
« Fiers soutiens de la France, achevez votre ouvrage.
« Assez et trop long-temps ces funestes remparts,
« De leur aspect impur ont souillé nos regards.
« Sous nos puissants efforts, que ces tours se renversent ;
« Que leurs débris épars, dans les champs se dispersent ;
« Qu'un jour dans ces déserts le voyageur conduit,
« Y cherche en vain la place où ce fort fut construit ;
« Et ne laissons enfin sur la terre où nous sommes,
« Que le courroux des cieux, et la haine des hommes. »

Il dit, et le soldat lui répond par ses cris.

## CHANT IV.

Une ardeur renaissante enflamme les esprits.
De ce fort odieux on brise les murailles ;
De la terre étonnée on perce les entrailles ;
Et dans ses flancs obscurs, les fondements cachés,
Par mille bras unis, sont bientôt arrachés.
On renverse ces toits, ces cabanes cruelles,
Des brigands assassins retraites criminelles.
A l'aide du salpêtre, élancés dans les airs,
Les murs, en retombant, font trembler ces déserts ;
L'Olympe retentit : une affreuse poussière,
De ses voiles épais, obscurcit la lumière.
A l'effort du soldat et du fer destructeur
Les feux joignent encor leur active fureur.
La flamme qui pétille, en consumant sa proie,
A replis ondoyants, dans les airs se déploie :
Et ces coupables lieux n'offrent plus aux regards
Que des monceaux de cendre, et des rochers épars.

O malheureux Anglais ! peuple faible et superbe !
Voilà donc vos remparts ensevelis sous l'herbe !
Impuissants dans la guerre, assassins dans la paix,
Lâches pour vous défendre, hardis pour les forfaits,
Où sont ces grands guerriers, ces héros magnanimes ?
N'êtes-vous courageux qu'à commettre des crimes ?
Tremblez : ces premiers coups, de nos justes fureurs,
De maux plus grands encor sont les avant-coureurs.
Je vois, dans ses projets, votre audace trompée,
Des flots de votre sang l'Amérique trempée.
Bradhoc, de vos complots sinistre exécuteur,
Des traités et des lois sacrilége infracteur,

Qui devait, en guidant vos troupes conjurées,
Au char de l'Angleterre enchaîner nos contrées,
Sur des monceaux de morts, percé de mille coups,
Exhale ses fureurs et son ame en courroux.

O triste Virginie! ô malheureux rivages!
Je vois vos champs en proie à des monstres sauvages;
Je vois, dans leurs berceaux, vos enfants massacrés,
De vos vieillards sanglants les membres déchirés,
Vos remparts et vos toits dévorés par les flammes,
La massue écraser vos filles et vos femmes,
Et, dans leurs flancs ouverts, leurs fruits infortunés,
Condamnés à périr avant que d'être nés.
Votre sang n'éteint pas l'ardeur qui les dévore:
Sur vos corps déchirés et palpitants encore,
Je les vois étendus, de carnage souillés,
Arracher vos cheveux de vos fronts dépouillés;
Et fiers de ce fardeau, dans leurs mains triomphantes,
Montrer à leurs enfants ces dépouilles fumantes.
Quels que soient les forfaits qui nous aient outragés,
Anglais, peut-être, hélas! sommes-nous trop vengés.

L'Amérique s'éloigne, et l'Europe m'appelle;
Là, je vous vois flétris d'une honte nouvelle.

Ces superbes remparts qui, captivant les mers,
A Neptune indigné semblaient donner des fers,
Et, dominant au loin sur ses plaines profondes,
Au joug de la Tamise asservissaient ses ondes,
De leurs fiers défenseurs devenus le cercueil,

Ont vu, par le Français, terrasser leur orgueil.
De Mahon écrasé je vois les murs en poudre,
Sur ses rochers brisés je vois fumer la foudre.

Ces errantes forêts (6), et ces nombreux vaisseaux,
Sous qui le dieu des mers semblait courber ses flots,
Et qui, du fol espoir d'un chimérique empire,
Nourrissaient de vos cœurs le superbe délire,
Démentant aujourd'hui cet espoir suborneur,
A Neptune vengé font voir leur déshonneur.
De leurs débris flottants je vois les mers couvertes;
L'Océan affranchi s'applaudit de vos pertes;
Vos pâles matelots gémissent dans nos fers,
Le sang de vos guerriers teint l'écume des mers.

Mon œil parcourt au loin ces immenses contrées (7),
Par le flambeau des cieux de plus près éclairées,
Ces lieux où le Niger, brûlé dans ses roseaux,
Sous les feux du midi voit bouillonner ses eaux;
Et ceux de l'Indien, qui, voisin de l'aurore,
Voit naître, le premier, l'astre qui le colore.
Par la voix du commerce, appelés sur ces bords,
Tous les peuples, en foule, y portaient leurs trésors;
Et vos avares mains, sur ces rives fécondes,
Amassaient, à loisir, les tributs des deux mondes.
Par le Français vainqueur, ravagés et détruits,
Ces temples de Plutus en cendres sont réduits.
Sur ces bords désolés votre commerce expire;
Cet arbre, dont les fruits nourrissaient votre empire,
Coupé dans sa racine, et couvert de débris,

Voit sa tige séchée, et ses rameaux flétris ;
Et l'or de ces climats, égaré dans sa source,
S'éloignant de vos bords, dirige ailleurs sa course.

C'est ainsi qu'aux forfaits égalant les revers,
Un dieu, de vos débris, remplit tout l'univers.
De l'ardent équateur aux deux pôles du monde,
Némésis vous poursuit sur la terre et sur l'onde.
De quoi vous ont servi tant de droits profanés,
Et cet affreux tissu de forfaits combinés,
Qui, sourdement tramés dans l'ombre et le silence,
Devaient, en éclatant, anéantir la France?
Tous ces traits, que vos mains aiguisaient contre nous,
Lancés par vos fureurs, sont retombés sur vous.

Ainsi des dieux vengeurs la justice éternelle
Terrasse des méchants l'audace criminelle.
Fléau de l'univers, ô peuple ambitieux,
Crains le bras des mortels, et la foudre des dieux.

# NOTES DU POÈME.

(1) Christophe Colomb, qui découvrit l'Amérique.

(2) Les Sauvages appellent les Français leurs pères.

(3) Bradhoc, général anglais, qui avait fait une invasion dans le Canada, avec un corps de troupes considérable, fut vaincu par une armée de Français et de Sauvages réunis. Il périt lui-même dans le combat.

(4) Ravages affreux des Sauvages dans les colonies anglaises.

(5) Conquête de Minorque, sur les Anglais.

(6) Bataille navale, gagnée par M. de La Galissonière, sur l'amiral Bing.

(7) Comptoirs des Anglais dans l'Afrique et dans les Indes, ruinés par les Français.

# LE CZAR PIERRE I<sup>er</sup>,

## POÈME.

# PLAN DU POÈME.[1]

Les premiers chants du poème sur le czar Pierre contiennent l'histoire de ses voyages. Ce prince ayant formé le projet de civiliser son peuple, veut commencer par s'éclairer lui-même. Il parcourt l'Europe pour y recueillir les arts et toutes les sciences qui contribuent à la grandeur des États. Dans le premier chant, le héros du poème est en Allemagne. Le second est son voyage en Hollande, où il apprend sur les chantiers la construction des vaisseaux; le troisième, son voyage en Angleterre; le quatrième, dont je vais avoir l'honneur de vous lire quelques morceaux, messieurs, son voyage en France. L'auteur a cru que, comme poète, il pouvait ne pas s'asservir entièrement à l'exactitude de l'historien; c'est pourquoi, au lieu de faire venir le Czar en France, sous le régent, il l'a amené sur

---

[1] Ce plan a été tracé par Thomas, pour servir d'introduction à une lecture, qu'il fit à l'Académie de Lyon, de quelques fragments de son poème.

la fin du règne de Louis XIV. Il a cru que la situation de la France était alors plus intéressante à peindre; que Louis XIV serait plus digne de donner des leçons au Czar; qu'un grand roi vieilli sur le trône, accablé d'années, de malheurs et de gloire, et instruisant le monarque du Nord, pouvait faire naître de plus grandes idées, et par conséquent plus dignes du poème épique. L'auteur a peint le caractère de Louis XIV tel qu'il était dans les dernières années de sa vie, instruit par ses malheurs, et tel qu'il s'est dépeint lui-même dans les dernières paroles qu'il prononça en mourant.

# LE CZAR PIERRE I<sup>ER</sup>,

## POÈME.

## CHANT DE LA HOLLANDE.

Sur les bords de l'Amstel s'élève une cité,
Le temple du commerce et de la liberté,
Où d'un peuple opulent l'économie austère,
De l'or du monde entier semble dépositaire;
Pour d'utiles travaux dédaigne les grandeurs,
Et parmi les trésors a conservé des mœurs.
Pierre y porte ses pas; partout, sur son passage,
De l'heureuse abondance il aperçoit l'image.
Mais nulle part les blés n'y dorent les sillons;
D'innombrables troupeaux ont couvert ces vallons.
La génisse erre en paix dans de gras pâturages;
Le taureau mugissant bondit sur ces rivages;
Le lait, en écumant, y coule à longs ruisseaux;
Les champs sont divisés par de nombreux canaux,
Qui, portant la fraîcheur sur leur rive féconde,
Promènent lentement les trésors de leur onde.
L'orme et le peuplier, qui croissent sans efforts,
De leurs rameaux penchés embellissent ces bords;

L'azur tremblant des flots répète leur verdure.
Partout un art modeste a paré la nature.
Le voyageur charmé laisse de toutes parts
Errer autour de lui ses tranquilles regards ;
Balancé mollement sur les barques flottantes,
Il fend, d'un cours heureux, ces campagnes riantes.

« Quelle est, dit le héros, en contemplant ces lieux,
« Quelle est cette nature étrangère à mes yeux ?
« Ces champs entrecoupés par des fleuves dociles,
« Et ces fleuves errant dans l'enceinte des villes,
« Ce mélange inconnu de la terre et des eaux,
« A l'humide élément creusant des lits nouveaux ?
« Ici, l'homme à ses lois a-t-il asservi l'onde ?
« Ou dans ses plans divers la nature féconde,
« De l'art industrieux prévenant tous les soins,
« Fit-elle un nouveau sol pour de nouveaux besoins ? »
Lefort lui répondit : « Prince, sur ce rivage,
« Tout appartient à l'homme, et tout est son ouvrage.
« Dans tes États, peut-être, ou dans ceux du Croissant,
« Ce pays ne serait qu'un limon croupissant,
« Une plage stérile, inculte, inhabitée,
« Désert contagieux, où la terre infectée
« N'offrirait que l'insecte errant sur des roseaux.
« Tu vois ce que peut l'homme et ses hardis travaux :
« D'un marécage immense il fait des champs fertiles ;
« Sur le limon flottant il affermit des villes ;
« Et les fleuves domptés, lui prêtant leur secours,
« Apprennent sous sa main à diriger leur cours.
« Ici, l'Escaut, la Meuse est soumise au Batave ;

« Ici, le Rhin superbe obéit en esclave :
« Ainsi ce peuple actif voit son sol affermi,
« Et fait à sa grandeur servir son ennemi ;
« Il l'enchaîne, il lui livre une éternelle guerre.
« Ailleurs, sur l'Océan, il a conquis sa terre ;
« Il sait la conserver. Tu verras ces remparts,
« Des bords de la Hollande antiques boulevards,
« Ces amas de rochers, de forêts et de sables,
« De joncs entrelacés, à l'onde impénétrables,
« Monuments qui de l'homme attestent la grandeur.
« Là, d'un peuple attentif la vigilante ardeur
« Réparant, visitant ces immenses ouvrages,
« Sans cesse à l'Océan dispute ses rivages.
« O terreur ! dans des lieux par ces digues enclos,
« Le terrain, quelquefois, est plus bas que les flots.
« Le voyageur troublé voit la mer sur sa tête ;
« Mais la mer, en grondant, roule, écume et s'arrête. »

« Trop heureux Hollandais, s'écria le héros,
« Les éléments vaincus cèdent à tes travaux.
« Tes mains ont façonné ton informe héritage,
« T'ont fait une patrie ; et les lieux où l'orage
« Roulait le noir limon et les flots écumants,
« De tes nobles cités portent les fondements.
« Ici l'homme a créé jusqu'à l'air qu'il respire. »
Il dit, et médita sur son sauvage empire.

Déjà Leyde et Harlem lui montrent leurs remparts ;
Leyde, séjour fameux des talents et des arts :
Là préside Boëhrave, et l'Europe l'écoute ;

Harlem, qui vit les mers, se frayant une route,
Creuser un vaste lit dans ses champs usurpés.
Par l'Océan encor ses champs sont occupés :
L'habitant attendri voit ses barques légères
Voguer sur les tombeaux où reposaient ses pères.

Le Czar poursuit sa route, et son œil incertain
A démêlé des tours dans un azur lointain.
Bientôt à ses regards Amsterdam se déploie ;
De ces murs renommés il approche avec joie ;
Il entre. Les chemins tracés en longs canaux,
Les citoyens en foule habitant sur les eaux,
Les barques, les maisons, les voiles ondoyantes,
Des arbres élevés les cimes verdoyantes,
Les tours et les palais, tout présente à-la-fois
Le spectacle des mers, des cités et des bois ;
On voit dans cette enceinte errer un peuple immense,
Partout l'activité, les soins, la vigilance.
Sur sa rame courbé, l'un fend le sein des eaux ;
L'autre, d'un bras nerveux, soulève les fardeaux
Que porta l'Océan des bords de l'hémisphère.
Ceux-là viennent chercher, d'une rive étrangère,
Les tissus de la Perse, et ces fruits précieux,
Trésors d'un sol ardent, mûris sous d'autres cieux.
On voit, parmi les flots de ce peuple innombrable,
Le commerce aux cent bras, actif, infatigable,
Sans cesse parcourant cette vaste cité ;
La richesse, à sa voix, naît de la liberté.
On le voit observer l'Asie et l'Amérique,
Joindre à l'or du Brésil les métaux du Mexique ;

Sa main, par cent canaux qu'il tient sans cesse ouverts,
Les verse, dans l'Europe, à trente États divers,
Et les fait refluer, par un nouvel échange,
Des bords européens vers les rives du Gange.
Tout se mêle, s'unit : par ses travaux constants,
Il rapproche les lieux, les peuples et les temps;
Pour les climats glacés rend les Indes fécondes,
Et de sa chaîne d'or embrasse les deux mondes.
Vers l'endroit de la mer où le flot vagabond
S'enfonce et se resserre en un golfe profond,
Et par ses longs replis forme le Zuiderzée,
Là, par les mains du Temps, une enceinte creusée
A l'heureux matelot présente un vaste port.
Jadis quelques pêcheurs, dispersés sur ce bord,
Y couronnaient de jonc leur cabane sauvage.
Le père à ses enfants laissait pour héritage
Ses filets suspendus sur des rochers déserts.
Ces lieux sont aujourd'hui peuplés par l'univers.

Le héros est frappé d'une pompe imprévue.
Jamais rien de si grand ne s'offrit à sa vue;
C'étaient mille vaisseaux qu'un immense bassin
Présentait à-la-fois rassemblés dans son sein,
Et qui des mers au loin ombrageaient la surface.
L'œil étonné ne voit dans un profond espace,
Qu'une ville flottante et des forêts de mâts.
Quelques-uns revenaient des plus lointains climats;
Ils avaient parcouru les bords du Nouveau-Monde,
Cherché le diamant aux rives de Golconde,
Visité le Bengale, erré près du Niger,

Vu bouillonner les flots sous les feux du Cancer,
Et dans un doux repos, après de longs orages,
De leur patrie enfin embrassaient les rivages ;
Le nocher s'acquittait de ses vœux solennels,
Et saluait le sol et les toits paternels.

Le Czar, à cet aspect, tressaillit et s'enflamme.
Déjà mille desseins ont passé dans son ame ;
Partout à ses côtés son empire est présent ;
Il dévore des yeux ce spectacle imposant,
Cette pompe des mers, ces vaisseaux, ces pilotes,
Cet Océan courbé sous de nombreuses flottes :
Il ne voit plus un port ; Amsterdam agrandi
Présente à ses regards le Nord et le Midi.

Le soleil achevait sa tranquille carrière ;
De son disque abaissé l'éclatante lumière,
Sur la cime des mâts dorait les pavillons,
De l'Océan rougi colorait les sillons,
Et peignait à-la-fois les mers et les nuages.
Le Czar, parmi des mâts, des ancres, des cordages,
Aperçoit un vieillard sur le rivage assis.
Il s'informe, il apprend, par de nombreux récits,
Que son bras sur les mers long-temps fut redoutable.
Le support d'un canon renversé sur le sable
Soutenait ce guerrier affaibli par les ans.
Les derniers feux du jour frappaient ses cheveux blancs,
Et leur douce lumière, éclairant son visage,
Semblait les ranimer sous les rides de l'âge.
Ses regards cependant, pleins de sérénité,

Erraient tranquillement sur ce port agité.
Pierre en l'interrogeant ne se fait point connaître :
Ignoré dans ces murs, il se plaisait à l'être ;
Tous deux ils se parlaient sans étude et sans art.
« Étranger, lui disait cet auguste vieillard,
« Un charme involontaire arrête ici ma vue.
« Ces rives, cette mer que j'ai long-temps connue,
« Tous ces grands mouvements intéressent mon cœur,
« Et de mes sens glacés raniment la langueur.
« J'aime à voir ces vaisseaux, soutiens de ma patrie.
« Ailleurs règne des arts la brillante industrie,
« On voit des mines d'or, on voit des champs féconds.
« Le ciel à nos climats refusa les moissons,
« Et l'or n'y germe point dans le sein des montagnes :
« Nos arts sont nos vaisseaux ; les mers sont nos campagnes ;
« Nos mines, nos guérets, nos blés sont dans nos ports :
« Notre indigence même a créé nos trésors. »

Tout-à-coup il parut oublier sa vieillesse ;
Son œil étincela du feu de la jeunesse,
Ses deux bras affaiblis s'étendaient vers les mers,
Et d'un accent plus fort sa voix frappa les airs.
« O navigation ! ame de la Hollande !
« C'est par toi qu'en cent lieux le Batave commande,
« C'est par toi qu'il est riche, industrieux, puissant ;
« Il te doit sa grandeur. Si ma tête, en naissant,
« Sous le joug espagnol n'a point été flétrie,
« Si je puis m'applaudir d'avoir une patrie,
« C'est un de tes bienfaits. Par toi devenus grands,
« Mes aïeux, de ces bords, ont chassé les tyrans,

« Ont épuré ce jour, cet air que je respire.
« Par toi de l'Angleterre ils ont bravé l'empire,
« Au Portugais vaincu disputé ses trésors,
« Et de l'ardent tropique assujéti les bords.
« Là, j'ai vu trente États fondés par le Batave ;
« Dans un autre Amsterdam j'ai vu l'Asie esclave
« Adorer nos drapeaux et respecter nos lois,
« Et de simples marchands commander à des rois.
« Oh ! si ma force encor secondait mon courage,
« Comme au temps où Louis désola ce rivage,
« Et crut sous son orgueil nous contraindre à fléchir !
« Pour la septième fois je venais de franchir
« Les mers qui, du Texel, s'étendent au Bengale ;
« Je vis à mon retour une ligue fatale,
« Nos remparts menacés, nos bataillons surpris,
« Et ce roi qui marchait à travers nos débris,
« Ivre de sa grandeur et de sa renommée,
« Traîner en conquérant les pompes d'une armée.
« Nos citoyens troublés fuyaient de toutes parts.
« Je leur dis : Citoyens, nos mers sont nos remparts.
« Contre ce fier Louis et ses puissantes ligues,
« Appelons l'Océan ; osons percer nos digues ;
« Que l'Océan nous prête un asyle nouveau ;
« S'il n'est notre vengeur, qu'il soit notre tombeau.
« Je dis, et l'on me crut. La liberté, plus fière,
« De nos champs inondés leva sa tête altière.
« Le vainqueur, à son tour, fut vaincu sur les mers,
« Et remporta chez lui l'esclavage et les fers.
« Ainsi, dans tous les temps, source de notre gloire,
« La mer devint pour nous le champ de la victoire.

« Sur ce même élément j'ai servi soixante ans ;
« Je servirais encor, si les glaces du temps
« N'avaient appesanti ce corps faible et débile.
« Mon bras à mon pays ne peut plus être utile ;
« Mais sa gloire du moins vit dans mon souvenir,
« Des triomphes passés j'aime à m'entretenir.
« Je ne vous verrai plus, heureux climats de l'Inde,
« Riche Batavia, Mosambique et Mélinde,
« Et toi, Cap fortuné, qui dans tes ports ouverts
« M'accueillis si souvent au bout de l'univers.
« Mais, pour charmer l'ennui de ma vieillesse oisive,
« Souvent je viens encore errer sur cette rive ;
« J'y viens voir ces vaisseaux, ces mers qui m'ont porté,
« Empire où ma jeunesse a long-temps habité. »
Il dit. Pierre admira son généreux courage.
« Héros en cheveux blancs, accepte mon hommage
« Pour toi, pour ton pays, pour ce peuple vainqueur.
« Ton noble enthousiasme a passé dans mon cœur ;
« Oui, je préférerais ta gloire au rang suprême.
« Souviens-toi du discours que, dans ce moment même,
« A l'aspect de ces mers, de ces mille vaisseaux,
« De cet astre qui fuit et s'éteint sous les eaux,
« A mon oreille ici tu viens de faire entendre.
« Un jour viendra peut-être où tu pourras apprendre
« Si je veux sur les mers imiter tes exploits.
« Magnanime vieillard, tu verras que ta voix
« N'a pas frappé du moins une oreille insensible.
« A qui veut tout pouvoir, si tout devient possible,
« Un empire bientôt te devra sa splendeur. »

Il dit; et le vieillard, frappé de sa grandeur,
Avec étonnement l'observe, l'envisage,
Le mesure, et des yeux le suit sur le rivage.
Il ignore le nom, le rang et le destin
De ce fier étranger qui parle en Souverain.

A peine le soleil, ramené par les heures,
Eut entr'ouvert du jour les brillantes demeures,
Pierre vole à Sardam. C'est là qu'un peuple entier
De ses travaux nombreux couvre un vaste chantier.
Là ces forêts du Nord, ces pins de la Norwége,
Enfants de ces climats qu'un long hiver assiége,
Pour chercher sur la mer des orages nouveaux,
Sous de savantes mains se courbent en vaisseaux.
Un art industrieux préside à leur structure;
Sous les lois du compas leur fière architecture
S'élève avec lenteur, croît avec majesté.
D'autres foulent déjà l'Océan irrité.
Dans de noirs arsenaux que la flamme environne
Le fer à longs torrents coule, écume, bouillonne.
L'enclume retentit. Un immense levier
S'allonge et se recourbe en deux branches d'acier,
Dont la dent immobile, au fort de la tempête,
Quand déjà le nocher voit la mort sur sa tête,
De son énorme poids luttant contre les eaux,
Mord le sable des mers, et fixe les vaisseaux.
Ici du sapin vert la branche résineuse
Distille à flots épais une gomme onctueuse.
Amolli par les eaux, par la pierre écrasé,
Sous des ongles de fer le chanvre est divisé;

Son duvet s'arrondit sous le fuseau mobile,
Se transforme en tissu sous la navette agile;
Bientôt, renfermant l'air dans ses replis mouvants,
Il flotte, et les vaisseaux ont les ailes des vents.
La tige du sapin que le temps a durcie,
Se divise en criant sous la dent de la scie.
O prodige! le vent, par des ressorts nouveaux,
Esclave industrieux, préside à ces travaux.
Il a broyé le grain, il façonne le chêne;
Il écrase à grand bruit la plante américaine
Dont la poussière active éveille la langueur;
De l'olive à longs flots exprime la liqueur;
Fait, des débris du lin, la feuille transparente
Où l'art écrit les sons, et peint la voix errante.
Ainsi l'homme à son joug asservit l'univers;
Aux éléments captifs l'homme a donné des fers:
Il ajoute à ses bras leur force réunie;
Puissant par son courage, et grand par son génie,
Armé des éléments, des arts environné,
Il marche en conquérant sur ce globe étonné.

Pierre admire ces arts, ces brillantes merveilles,
Trésors du genre humain, et fruit de tant de veilles.
Tout excite et nourrit sa dévorante ardeur.
Il veut de leurs secrets percer la profondeur;
En un instant il voit, il observe, il s'éclaire.
Tels ces coursiers divins, célébrés par Homère,
En trois pas ont franchi l'air, la terre, et les mers;
Leur dernier bond s'arrête où finit l'univers.

La nuit se précipite, un voile épais et sombre

5.

Sur les murs de Sardam a déployé son ombre.
Le calme par degrés succède aux mouvements;
Les habitants de l'air, l'homme, les éléments,
Tout s'endort. Pierre seul veille dans le silence.
Son cœur impatient vers l'avenir s'élance.
Sur lui, sur ses sujets il porte ses regards.
La marine, les lois, le commerce, les arts,
Les pompes de l'Europe à ses yeux retracées,
Le tourment du génie, et ces vastes pensées
Dont le poids en secret fatigue les héros,
Ont à son ame ardente interdit le repos.
Par cent projets divers son ame est suspendue.
Il se peint son empire et sa vaste étendue;
La mer qui, l'entourant de ses humides bras,
Se presse à longs replis autour de ses États,
Et semble lui livrer l'un et l'autre hémisphère.
Tel qu'un homme, au sommet d'un rocher solitaire,
Suit le cours des ruisseaux qui baignent un vallon,
Tel, de ses grands États parcourant l'horizon,
Il embrasse à-la-fois le golfe de Finlande,
Et la fière Baltique où la Suède commande,
Et la mer d'Astrakan, et la mer d'Archangel,
Et l'Euxin orageux, porte de l'Archipel,
Et l'océan du Nord, d'où son heureuse audace
Peut s'ouvrir un chemin dans des rochers de glace.
Son œil s'égare au loin, et s'étend sur ces mers;
Leurs flots inhabités sont d'immenses déserts.

Pendant qu'il méditait, du milieu d'une nue
Soudain il crut entendre une voix inconnue;

Soit que ce fût la voix du dieu qui le conduit,
Soit que, dans le silence et l'ombre de la nuit,
L'ame, d'un grand dessein tout entière occupée,
Et d'un vaste avenir profondément frappée,
A des illusions abandonne ses sens,
Et pense d'un dieu même entendre les accents,
Quand sa propre grandeur est le dieu qui l'inspire.
Pierre entendit ces mots : « La mer ceint ton empire;
« L'Océan, les métaux, les forêts sont à toi;
« Joins l'ouvrage de l'homme, achève, deviens roi.
« Touche par tes vaisseaux la Hollande et la Perse,
« Du midi, dans le nord, appelle le commerce;
« Embrasse l'univers. » Au son de cette voix
Le héros tressaillit : « O dieu, qui que tu sois,
« Dieu, génie, ou mortel, j'obéis; sois mon guide,
« Invisible à mes yeux, à mes destins préside.
« Tu parles, je te suis. » Il dit, et dans son sein
Sa grande ame aussitôt fait naître un grand dessein.

L'aurore se levait. Lefort le voit paraître,
Non plus avec l'éclat d'un despote et d'un maître;
Ce n'est plus le héros vainqueur de l'Ottoman :
Il cherchait un monarque, il voit un artisan;
Mais, sous les plis grossiers de cet habit rustique,
Sa démarche, son air, sa fierté despotique,
Et les muscles nerveux de son corps demi-nu
Lui montrent le héros qu'il avait méconnu.
Ses yeux semblaient briller d'une flamme nouvelle,
Et dans sa main robuste une hache étincelle.
« Que vois-je? dit Lefort, et quel est ton dessein? »

—« Celui qu'un dieu lui-même a versé dans mon sein,
« Celui de conquérir les mers de mon empire,
« De fonder sur les mers la grandeur où j'aspire,
« De transformer un jour mes forêts en vaisseaux,
« De façonner ma main à ces nobles travaux :
« Je veux être artisan pour devenir monarque.
« Quelle main dans mes ports sait construire une barque?
« Me faudra-t-il subir la honte et le danger
« D'implorer tous les jours le bras de l'étranger,
« Acheter à prix d'or sa vénale industrie,
« Et même, en la servant, avilir ma patrie?
« Non, pour former des bras prêts à me seconder,
« Je dois sur ces chantiers apprendre à commander.
« Il me faut tout créer, jusqu'aux artisans même :
« Les arts sont l'instrument de la grandeur suprême.
« Mais tu connais mon peuple, et son fier préjugé ;
« Son orgueil, par les arts, se croirait outragé :
« Opposons mon exemple à tant de barbarie.
« Je veux que ce respect et cette idolâtrie
« Que le Russe tremblant a pour ses Souverains,
« Me serve à corriger ses superbes dédains.
« Éclairons les mortels par leur propre faiblesse ;
« Aux arts flétris par eux imprimons la noblesse.
« La hache et le compas, par mes mains honorés,
« Aux yeux de mes sujets vont devenir sacrés.
« D'un tel abaissement que l'Europe me blâme,
« Les préjugés d'orgueil n'entrent point dans mon ame ;
« Je les laisse à ces rois ivres de leur splendeur,
« Enchaînés par faiblesse à leur propre grandeur,
« Pour qui l'art de régner n'est que cet art vulgaire

« D'étaler d'une cour la pompe héréditaire ;
« Fantômes adorés qui, placés sous un dais,
« Représentent un roi, mais sans l'être jamais.
« Mon orgueil est plus noble, et plus digne d'un prince ;
« J'aime mieux conquérir un art qu'une province :
« Être utile, voilà le faste de mon rang ;
« Et qui sert son pays est toujours assez grand. »
—« Va, je te reconnais à ce noble langage,
« Dit Lefort : tous les rois te devront leur hommage.
« Vainqueur des préjugés, monarque créateur,
« Peu de mortels sauront atteindre à ta hauteur.
« D'un imbécille orgueil brave la tyrannie ;
« Ta gloire est à toi seul, ainsi que ton génie. »

Il dit ; vers les chantiers Pierre marche à grands pas ;
Les instruments des arts avaient chargé son bras.
Déjà le jour renaît, et la foule s'empresse ;
Il fend les flots nombreux d'un peuple qui se presse,
Et sous un nom obscur déguisant un héros,
Au chef des constructeurs il adresse ces mots :

« Mon nom est Péterbas ; je viens sur ce rivage
« Faire d'un art fameux l'utile apprentissage.
« De tes nobles travaux assidu compagnon,
« Instruis-moi ; j'obéis. Daigne inscrire mon nom
« Parmi les artisans formés par ton exemple. »

Le Batave, étonné, se tait et le contemple.
Cet inconnu le frappe. Il sent à son aspect
Je ne sais quoi de grand qui le force au respect.

Tel, recevant les dieux sous son toit solitaire,
Philémon éprouvait un trouble involontaire.
Leur front voilait en vain son éclat éternel ;
Le dieu brillait encor sous les traits du mortel.
Pierre a dicté son nom. Le Batave, en silence,
D'un ascendant caché respecte la puissance.
Il se hâte d'écrire : il obéit. Sa main
Entre des artisans inscrit un Souverain.

Parmi ces troncs, du Nord dépouille encor sauvage,
A travers l'Océan conduits sur ce rivage,
Et qui sur les chantiers, confusément épars,
Devaient être à leur tour façonnés par les arts,
Était un chêne antique, immense, inébranlable,
Par son énorme poids enfoncé dans le sable.
Né sur des monts glacés, durci par les hivers,
Il avait de l'Islande ombragé les déserts,
Et de la majesté de ses rameaux antiques
Couronné deux cents ans des cavernes rustiques.
Ce tronc devait encor, sur l'humide élément,
A quelque grand vaisseau servir de fondement.
Vingt mortels réunis l'ébranleraient à peine ;
Mais le héros du Nord, se courbant sur l'arène,
Le soulève, soutient ce fardeau chancelant,
Et le roule à grand bruit sur le chantier tremblant.
Avec plus d'art encor, d'une main plus puissante,
Il balance dans l'air sa hache obéissante,
La dirige de l'œil. Le fer appesanti
Retombe ; sous le coup la terre a retenti.
Un peuple d'artisans s'étonne et s'intimide.

Moins robuste autrefois parut le bras d'Alcide,
Quand sur le mont OEta, troublant l'air par ses cris,
Des pins déracinés il semait les débris,
Ou lançait les rochers dans la mer de l'Eubée.
Sur cet énorme tronc la hache retombée
S'enfonce; l'air frémit; le bois cède en criant,
Et le tronc ébranlé rend un son effrayant.
Il se dépouille, il prend une forme nouvelle;
Le fer, à coups pressés, tonne, frappe, étincelle.
Sous le tranchant acier les flancs sont aplanis,
Les angles sont marqués, les contours sont unis;
Dans sa vaste longueur, la surface inclinée,
S'élève et redescend en courbe dessinée;
Et, dans un tronc sauvage avec art façonné,
La quille d'un vaisseau s'offre à l'œil étonné.

Mais la nuit à son tour vient déployer ses voiles,
Et, sur l'azur tremblant, sème l'or des étoiles.
Pierre est demeuré seul sur ce vaste chantier :
Cet art nouveau pour lui l'occupe tout entier;
Il apprit même au sein de la grandeur suprême
A dompter les besoins, la nature et lui-même.
Enfin, lorsqu'à regret suspendant ses travaux,
Il sent que le sommeil lui verse ses pavots,
Il ne va point chercher ces lits où la faiblesse,
Sur le duvet flottant, se roule avec mollesse;
Nourri loin des langueurs, et sous des cieux glacés,
Il se couche au hasard sur des troncs entassés.
Près de lui cependant sa hache étincelante
Répétait les lueurs de la lune tremblante.

Les astres en silence éclairaient son repos.
Les haleines des vents respectent le héros,
Et l'Océan, dormant dans ses grottes profondes,
Avec un bruit plus sourd fait murmurer ses ondes.

On dit qu'en ce moment, du rivage des morts,
L'ombre du grand Ruyter accourut sur ces bords.
Il menait tous ces chefs dont la valeur antique
Fonda sur l'Océan la liberté publique :
Obdam, roi sur les mers du tropique au Texel,
Et Tromp, qui, combattant l'Espagnol et Cromwel,
Fit trembler, tour-à-tour, la Tamise et le Tage;
Son fils, qui d'un grand nom sut porter l'héritage;
Hein, le fils d'un pêcheur, mais grand par ses exploits,
Né sous le chaume obscur pour triompher des rois.
Leur front semblait encor respirer la victoire;
Ils portaient un trident pour marque de leur gloire.
Tous autour du héros ils viennent se ranger.
Leur foule avidement contemple l'étranger
Qui, né parmi les rois, par sa noble industrie,
Honore également leur art et leur patrie.
Soudain de leur génie, éteint dans le tombeau,
Un rayon immortel ralluma le flambeau,
Et le transmit à Pierre en invisible flamme.
L'instinct de leur grandeur a passé dans son ame :
Lui-même il croit les voir au milieu du sommeil.
Cependant l'horizon devenait plus vermeil ;
Les artisans en foule accouraient sur la rive;
Pierre s'offre de loin à leur vue attentive,
Sur le chantier encore il était endormi;

Ils s'arrêtent : leurs yeux distinguent à demi,
Au mélange douteux du jour et des ténèbres,
Ces spectres pâlissants et ces ombres célèbres.
Une sainte terreur a frappé leurs esprits.
Soudain tout disparaît ; et leurs regards surpris
Doutent quelques instants s'ils ont vu ce prodige,
Ou de leurs sens trompés si c'est un vain prestige.

Déjà dans Amsterdam ce bruit est répandu.
Le monstre à mille voix, sentinelle assidu,
Écho tumultueux des bruits et des merveilles,
Du Batave en cent lieux va frapper les oreilles ;
Il dit qu'un étranger des plus lointains climats,
Aux rives de Sardam vient de porter ses pas ;
Que de profonds desseins paraissent l'y conduire ;
Que, dans d'obscurs travaux, attentif à s'instruire,
Il déploie un génie égal à son ardeur ;
Que ses traits, ses regards décèlent la grandeur ;
Que même on a cru voir, durant la nuit obscure,
S'interrompre pour lui les lois de la nature,
Et dans un cercle auguste, observant son repos,
Errer autour de lui les ombres des héros.
Ce bruit remplit déjà les villes étonnées.
Le vieux Vassenaër, courbé sous les années,
Ce chef que le héros, sans en être connu,
Jadis au bord des mers avait entretenu,
Prête aux récits du peuple une oreille attentive.
Il part, vole à Sardam, et descend sur la rive ;
De son plus jeune fils il marche accompagné.
Le fils, depuis un an, de son père éloigné,

Hardi navigateur, avait porté sa course
Jusques aux lieux glacés par les frimas de l'Ourse.
A côté de son père, il se hâte, il s'empresse.
Au peuple dispersé le vieux guerrier s'adresse.
« Citoyens, leur dit-il, aidez mes faibles yeux ;
« Je cherche l'inconnu qui, caché dans ces lieux,
« Semble d'un grand destin dérober le mystère.
« Le voilà, dit l'un d'eux, actif et solitaire,
« Qui poursuit ses travaux ; sa main tient un compas :
« Regarde. Jusqu'à lui je vais guider tes pas. »
Le fils le voit, s'élance, il approche, il espère,
Il craint ; son cœur palpite ; il s'écrie : « O mon père !
« C'est lui, ce sont ses traits. Peuples, cet artisan
« A dompté le Tartare, a vaincu l'Ottoman :
« Il commande en Europe, il fait trembler l'Asie ;
« C'est un roi : connaissez le Czar de la Russie. »

Ces mots, comme un éclair, volent sur le chantier,
Passent de bouche en bouche. On court. Le peuple entier,
A ce grand nom de roi, se rassemble, s'agite.
Les travaux sont cessés, chacun se précipite.
On murmure, on se tait. L'un sur l'autre entassés,
La foule croît, redouble et roule à flots pressés.
Leurs rangs, qu'intimidait la majesté royale,
Entre eux et le héros laissent un intervalle ;
Et déjà quelques-uns, d'une tremblante voix,
Lui prodiguent ces noms inventés pour les rois,
Ces noms que le pouvoir reçut de l'esclavage,
Adoptés par l'orgueil, consacrés par l'usage.
Le monarque s'étonne, il s'écrie : « Arrêtez !

« Oubliez devant moi ces titres respectés,
« D'une vaine grandeur importuns témoignages :
« Je cherche des leçons, et non pas des hommages.
« De vos nobles travaux j'ose être le rival,
« Et j'aspire à l'honneur d'être un jour votre égal.
« Qu'importe ici le nom, le rang de mes ancêtres ?
« Vous êtes mes amis, mes compagnons, mes maîtres.
« Une éternelle loi, que rien ne peut détruire,
« A soumis l'ignorant à qui daigne l'instruire :
« En m'enseignant vos arts, c'est vous qui m'honorez :
« Je vous dois du respect, puisque vous m'éclairez.
« C'est la main du hasard qui donne un diadême ;
« Mais votre dignité n'appartient qu'à vous-même.
« Que vos cœurs généreux daignent me seconder ;
« Pour m'élever à vous, sachez me commander.
« Et si des mers du Nord j'obtiens un jour l'empire,
« Si j'y règne à mon tour, alors on pourra dire :
« Ce sont ses compagnons, ses amis de Sardam
« Qui lui montrèrent l'art de dompter l'Océan.
« Sa gloire est leur ouvrage. A leurs leçons docile,
« Un despote ignorant fut un monarque utile. »

Il dit ; le peuple entier, le vieillard et son fils,
Frappés d'étonnement, demeurent interdits.
Cependant on supprime un respect qui l'offense ;
Son signe impérieux devient une défense ;
Jusque sur ces chantiers il est un roi puissant,
Et paraît commander même en obéissant.
Il n'est plus pour ce peuple un mortel ordinaire ;
Son front d'un sceau divin porte le caractère,

Et leur œil étonné suit tous ses mouvements.
Son bras a du vaisseau posé les fondements;
De la proue aiguisée il dessine la coupe,
En cercle qui s'allonge il arrondit la poupe,
Forme du gouvernail le mobile ressort
Qui, sur ses gonds de fer roulant avec effort,
Doit régir à son gré le flottant édifice :
Il saisit d'un coup-d'œil ce savant artifice.
Pour résister aux flots, recourbés avec art,
Les flancs sont affermis par un double rempart.

Aux travaux de la main il joint ceux du génie;
Il cherche dans les plans quelle heureuse harmonie,
Secondant le pilote et l'art des matelots,
Sait mieux assujétir le caprice des flots,
Rend au souffle de l'air ce fardeau plus docile,
A la proue écumante ouvre un sillon facile.
De l'air pressant la voile, il juge le ressort;
De l'onde qui résiste, il calcule l'effort;
Apprend, dans les dessins, quelle savante adresse
Peut, sans nuire à la masse, augmenter la vitesse;
Comment tout est fixé par des rapports constants,
Quelle loi veut surtout que, sur ces murs flottants,
Des angles inégaux la tranchante surface,
En courbe, par degrés, s'arrondisse et s'efface,
Pour que l'air et les flots, moins heurtés dans leur cours,
Glissent rapidement sur de légers contours.

Tels étaient le génie et les travaux de Pierre.
A peine le sommeil fuyait de sa paupière,

Infatigable, ardent, il venait tous les jours
De ses travaux divers recommencer le cours.
A cet art important tout entier il s'attache.
Un jour, où, maniant le compas et la hache,
Il façonnait un tronc à ses pieds étendu,
Son bras, déjà levé, demeura suspendu;
Son visage pâlit, ses regards se fixèrent,
D'une subite horreur ses cheveux se dressèrent,
Et la hache tremblante échappa de sa main.
On ignore d'où naît ce trouble si soudain :
Lui-même paraissait de terreur immobile.
Près de lui, cependant, tout est calme et tranquille.
Ses compagnons au loin promènent leur regard;
Rien ne s'offre à leurs yeux.... C'était le saint vieillard,
Prophète d'Archangel, dont l'effrayante idée
Frappait, dans ce moment, son ame intimidée.
Il le voit, il l'entend, il l'a devant les yeux.
D'un oracle importun le sens mystérieux,
Ce malheur inconnu, terrible, inévitable,
Que le temps couvre encor d'un voile impénétrable,
Mais dont tous ses travaux précipitent l'instant,
L'irrévocable loi du destin qui l'attend,
Malgré lui se retrace à sa triste mémoire;
Il se voit au malheur condamné par la gloire.
Un mouvement confus semble le retenir;
Il s'arrête en tremblant aux bords de l'avenir,
Recule épouvanté.... Dans ce désordre extrême,
Son ame, avec effort, lutte contre elle-même.
« Interprète fatal, pourquoi m'as-tu parlé ?
« Non, dit-il, non, mon cœur ne peut être ébranlé;

« Ainsi que le destin mon ame est inflexible :
« Il le faut. Avançons dans cette nuit terrible. »
Il dit; et tout-à-coup, non sans frémissement,
Il reprit ses travaux suspendus un moment.

Près des bords de la mer, sous un ombrage antique,
Une simple cabane offre son toit rustique,
Séjour de l'indigence, asyle de la paix.
Quand la nuit couvre l'air de ses voiles épais,
A l'heure où le sommeil, de sa main bienfaisante,
Penche sur l'univers son urne assoupissante,
Et verse sur des yeux, souvent baignés de pleurs,
L'oubli des longs travaux, et l'oubli des douleurs;
C'est là, c'est sous ce toit solitaire et tranquille,
Que Pierre allait chercher un agréable asyle.
De cet humble palais lui-même il a fait choix.
Là, ne brillaient ni l'or ni la pourpre des rois;
Là, d'un marbre poli la colonne azurée
Ne portait pas le poids d'une voûte dorée;
Les sens sur le duvet n'y sont point assoupis;
On n'y voit point l'émail de ces riches tapis
Qu'a tissus des Persans l'industrieuse adresse,
D'un pas voluptueux foulés par la mollesse :
Tout y peint le travail et la simplicité,
Tout semble y respirer l'austère pauvreté.
Une natte de jonc, quelques vases d'argile,
Un lit où l'indigent trouve un sommeil facile,
Des haches, des marteaux, de grossiers instruments :
De cet asyle obscur tels sont les ornements.
C'est là qu'habite un roi. Dans ce réduit champêtre,

Dédaignant les besoins que l'orgueil a fait naître,
Ses mains lui préparaient un rustique repas.
Il éprouve un bonheur qu'il ne connaissait pas.
« De ces lieux, disait-il, quel est sur moi l'empire!
« Ici, la paix se mêle à l'air que je respire;
« Ici, je crois sentir, pour la première fois,
« Ce repos désiré qui fuit si loin des rois.
« Dans le sein d'une cour ma grandeur arbitraire
« Des ennuis dévorants ne me pouvait distraire;
« Je me sentais en proie à des tourments secrets;
« Solitaire au milieu de cent mille sujets,
« De l'homme jusqu'à moi mesurant la distance,
« Je traînais le fardeau de ma toute-puissance.
« Mon cœur plus fortuné dans ces obscurs travaux
« Se calme et s'attendrit en trouvant des égaux.
« Ici, d'un doux sommeil je puis goûter les charmes;
« Je n'entends pas le bruit des complots et des armes.
« Cet astre de la nuit, dans son paisible cours,
« Me peint le calme pur où s'écoulent mes jours.
« Ah! j'étais moins heureux lorsque vers la Crimée
« Mes triomphantes mains conduisaient une armée,
« Ou que, vainqueur d'Azof, dans ses remparts fumants,
« Ce bras donnait des fers aux pâles Ottomans. »
Quelquefois de Sardam il quittait le rivage,
Monté sur une barque il affrontait l'orage;
Souverain exercé dans l'art des matelots,
Sa naissante industrie apprivoisait les flots.

Quelquefois son regard perçait la solitude
De ces sages mortels consacrés à l'étude.

Le Czar, accoutumé dans ses vastes États
A ne voir qu'un despote et des milliers de bras,
De l'active pensée ignorait la puissance.
Il connaissait la force, il voit l'intelligence;
Et, de l'esprit humain sondant la profondeur,
Apprend à juger l'homme, et connaît sa grandeur.

Parmi tous ces mortels fameux chez le Batave,
Il distingue les noms de Ruys et de Boëhrave;
Tous deux fameux dans l'art qui, de nos faibles corps
Entreprend d'affermir les fragiles ressorts;
Art utile et douteux, terrible et salutaire,
Dont l'homme est par son luxe esclave volontaire,
Qui, dans nos maux cruels, nous prêtant son flambeau,
Met du moins l'espérance entre eux et le tombeau,
Que la faiblesse implore, et qu'elle calomnie,
Flétri par l'ignorance, absous par le génie.
Boëhrave, reculant les bornes de cet art,
Avait su par des lois enchaîner le hasard.
Tel qu'autrefois le mage aux pieds du sanctuaire,
Gardait du feu sacré le dépôt tutélaire;
Tel son soin vigilant s'applique à prolonger
Cet éclair de la vie et ce feu passager
Dont la nature avare a fait présent à l'homme.
Son grand nom remplissait Londres, Paris et Rome.
Sa bienfaisante main suspend l'arrêt du sort.
Les noms presque échappés de l'urne de la mort
Y rentrent à sa voix; les Parques étonnées
Roulent sur le fuseau de nouvelles années.
Sa maison est un temple où le peuple incertain

Vient attendre, en tremblant, quel sera son destin.
L'Europe avec respect invoque son génie,
Et les rois suppliants lui demandent la vie.

Ruys, de l'anatomie empruntant les secours,
Interrogeait la mort pour conserver nos jours.
La mort, obéissant sous cette main savante,
Dévoilait à ses yeux la nature vivante,
Ces muscles, cet amas d'innombrables vaisseaux,
Du dédale des nerfs les mobiles faisceaux,
Organes où circule une invisible flamme,
Rapides messagers des volontés de l'ame.
Les corps inanimés, par ses heureux travaux,
Paraissaient se survivre, échappés des tombeaux.
O prodige de l'art! dans leurs veines flétries,
Lorsque d'un sang glacé les sources sont taries,
Du cylindre odorant qui le tient enfermé
Jaillit un sang plus pur, de parfums embaumé.
Par le souffle de l'air, la liqueur onctueuse
Poursuit en bouillonnant sa route tortueuse,
Se filtre, s'insinue, et coule, à longs ruisseaux,
De l'aride machine inonder les vaisseaux.
Soudain tout se ranime et la pâleur s'efface.
L'immobile beauté conserve encor sa grace;
Un nouvel incarnat a peint son front vermeil.
L'enfant paraît plongé dans le plus doux sommeil.
On voit, par le même art, les plantes ranimées
Déployer autour d'eux leurs tiges parfumées,
Et suspendre en festons leurs fleurs et leurs rameaux.
Tels on peint chez les morts ces tranquilles berceaux,

Ce riant élysée; et, sous des myrtes sombres,
Le silence éternel et le repos des ombres.
Pierre, dans cette enceinte où Ruys guide ses pas,
Voit ces êtres nouveaux dérobés au trépas;
Il les voit, il s'arrête, il contemple, il admire;
A son œil étonné la mort même respire.
Chaque pas, chaque objet ajoute à ses transports.
« Feu céleste, dit-il, descendez sur ces corps,
« Ils vivront. » Tout-à-coup, dans un touchant délire,
Il baise un jeune enfant qui semblait lui sourire.

De la religion les sacrés intérêts
Remplissaient quelquefois ses entretiens secrets.
Il aime à pénétrer dans ces demeures saintes,
Asyles révérés, redoutables enceintes,
Où Dieu semble à toute heure écouter les mortels,
Où le remords tremblant erre autour des autels.
O puissance d'un Dieu, sois toujours adorée!
Mais que rien n'empoisonne une source sacrée.
Pour de vains arguments le Batave autrefois
Égorgea des martyrs par le glaive des lois.
Il déteste aujourd'hui cette affreuse maxime;
L'erreur de la pensée a cessé d'être un crime.
Unitaires, Hébreux, Romains, Grecs, Anglicans,
Chacun à son autel fait fumer son encens.
Là, tous ces ennemis sont un peuple de frères:
L'État qui les soumet à des lois nécessaires,
En les réprimant tous, sait tous les protéger;
Il abandonne au ciel le soin de les juger.

« O Dieu, dit le héros prosterné dans un temple,

« Quand pourront tous les rois imiter cet exemple!
« Grand Dieu, ta vérité se cache à l'univers,
« Comme l'astre du jour dans mes climats déserts.
« Je vois que de l'erreur ce globe est le théâtre.
« Tu jetas sous mes lois le Calmouk idolâtre,
« Le Tartare soumis aux dogmes du Croissant,
« Des Lamas adorés l'esclave obéissant,
« L'humble sujet de Rome ; et le reste t'encense
« Selon les rits sacrés de l'antique Bysance.
« Croirai-je t'honorer par un zèle cruel?
« C'est au ciel à venger les outrages du ciel.
« T'adorer dans la nuit : voilà notre partage.
« Quiconque a des vertus, grand Dieu, te rend hommage;
« L'homme juste accomplit tes décrets immortels,
« Et les cœurs innocents sont tes premiers autels. »
Il dit, et vers le ciel ses vœux sacrés s'élèvent.

Cependant le temps vole, et ses travaux s'achèvent.
Ses nobles favoris, empressés courtisans,
Par amour des grandeurs devenus artisans,
Partagent les travaux d'un despote et d'un maître.
Aux arts qu'ils dédaignaient on les voit se soumettre.
Leurs bras, accoutumés à percer de leurs traits
Le renne bondissant dans leurs vastes forêts,
Ou l'ours enseveli dans son antre sauvage,
De leur naissante adresse étonnent ce rivage.
Le monarque applaudit à ces heureux essais ;
Un coup-d'œil a payé leur zèle et leurs succès.

Trois fois l'astre des nuits, parcourant sa carrière,
Avait vu dans les cieux décroître sa lumière;

Et, ramenant trois fois son disque renaissant,
Avait de nouveaux feux argenté son croissant.
Tout est prêt. Du vaisseau la structure immortelle
Semble d'un art divin présenter le modèle.
Déjà les ais serrés ont revêtu ses flancs;
Le bitume épaissi sur les fourneaux brûlants,
A la fureur des eaux le rend impénétrable.
Le rivage est couvert d'une foule innombrable.
Sous le regard de Pierre un prodige nouveau
Au sein des vastes mers va lancer ce fardeau.
Environné d'appuis, le colosse tranquille
Reste encor suspendu sur son centre immobile.
Le signal est donné. Le vaisseau chancelant
S'ébranle; on voit marcher ce colosse tremblant.
Sa pente s'accélère, et les cris retentissent.
Les câbles sont rompus, les madriers gémissent;
L'air siffle, le sol tremble. En sa course emporté,
Comme un bruyant tonnerre il est précipité.
Son chemin est brûlant, son lit fume et s'embrase;
La rive a disparu sous le poids qui l'écrase;
L'onde mugit, bouillonne, et s'ouvre en frémissant;
Le vaisseau dans son sein s'élance en bondissant.
Jusqu'en ses profondeurs la mer est ébranlée,
Le noir limon se mêle à la vague troublée,
Elle roule en fureur, et le flot écumant
Frappe à coups redoublés le rivage fumant.

Ce bruit a pénétré dans ces grottes profondes,
Où le vieil Océan, le Souverain des ondes,
Garde loin du tumulte une éternelle paix.

Il sort. Des branches d'algue et des roseaux épais
Ombragent de son front la vieillesse éternelle.
Une flamme azurée en son œil étincelle.
Il tenait dans la main ce sceptre redouté,
Qui frappe quelquefois le globe épouvanté;
Mais un nuage sombre, impénétrable, immense,
A tous les yeux mortels dérobait sa présence.
Il regarde : les flots tombent à son aspect;
La mer, devant son roi, s'incline avec respect;
Les vents impétueux retiennent leur haleine;
Tout se tait, l'air, les cieux, les bords, l'humide plaine.
La nature en silence a, dans le dieu des mers,
Connu l'antique roi de l'antique univers.
De sa main immortelle il toucha le navire,
Et dit : « Je te reçois au sein de mon empire,
« Vaisseau sacré, bâti de la main d'un héros.
« Que sous ton pavillon la mer courbe ses flots;
« Sois respecté des vents et commande à l'orage :
« De ma faveur pour toi la parole est le gage.
« Va; d'un peuple nouveau présageant la splendeur,
« Annonce à l'univers sa naissante grandeur.
« Bientôt de tous ses ports des flottes élancées
« Iront d'un cours heureux fendre les mers glacées,
« Vers des bords inconnus se frayer un chemin,
« Tonner sur la Baltique, épouvanter l'Euxin;
« Et, d'un peuple orgueilleux menaçant la puissance,
« Effrayer l'Ottoman aux portes de Byzance.
« Les jours sont arrivés. » L'Océan, à ces mots,
Rentre avec majesté sous la voûte des flots.
Mais sa voix roule encor dans le sein du nuage.

Le flot, en murmurant, la répète au rivage,
Et les ailes des vents la portent du Texel
Aux grottes de Finlande, aux grottes d'Archangel.

Le héros l'entendit : son superbe courage
Lui garantit encor la foi de ce présage.
Il sent qu'un jour, des mers il sera le vainqueur ;
L'oracle d'un grand homme est surtout dans son cœur.

A partir de ces lieux le Czar enfin s'apprête ;
Du plus noble des arts il a fait la conquête.
Son œil a contemplé les ports, les arsenaux,
Les sources du commerce, et les nombreux canaux
Qui font, dans ces climats, circuler la richesse.
Il a connu les mœurs d'un peuple sans mollesse,
Sous un flegme apparent toujours laborieux,
Qui, sur le globe entier sans cesse ouvrant les yeux,
Affamé de trésors qu'il possède en silence,
Entasse sourdement son avare opulence ;
Que le luxe enrichit sans pouvoir l'éblouir,
Qui trafique des arts sans daigner en jouir,
Peuple long-temps terrible aux despotes du Tage,
Lorsque le bruit des fers réveillait son courage ;
Mais qui préfère trop, dans sa tranquillité,
La paix à la grandeur, l'or à la liberté.
Ainsi les flots des mers, dormant sur ses rivages,
Pour ne pas se corrompre, ont besoin des orages.

De son départ enfin Pierre a fixé le jour ;
Il revoit, en partant, son tranquille séjour,

La cabane où, sans pompe, et dans la solitude,
Du commerce et des arts il faisait son étude.
Il ne peut la quitter d'un œil indifférent,
S'attendrit, la regarde, et part en soupirant.

O cabane! ô retraite! asyle d'un grand homme;
Monument plus sacré que les débris de Rome,
Le voyageur ému s'arrête à ton aspect;
Sous ton chaume rustique il entre avec respect;
Il y cherche un héros : il aime à reconnaître
Le bois simple et grossier de sa table champêtre,
Cette argile où sa main préparait ses repas,
Le foyer solitaire où s'imprimaient ses pas;
De ces pas révérés il cherche encor l'empreinte,
Et frémit, sous ces toits, de respect et de crainte.
Oh! résiste à jamais aux outrages du temps!
Ou, si tu dois périr sous les efforts des ans,
Si la mer doit un jour, franchissant son rivage,
Ensevelir ces lieux sous un vaste naufrage,
Puisse ton souvenir, conservé dans mes vers,
Instruire encor les rois et charmer l'univers!

# CHANT DE L'ANGLETERRE.

Lorsque à la voix d'un Dieu l'univers se forma,
Sous le feu créateur quand l'homme s'anima,
Et du globe naissant, monarque solitaire,
S'échappa du limon pour régner sur la terre,
Ce Dieu, jetant sur l'homme un regard de bonté,
Auprès de son berceau plaça la Liberté,
De cet être nouveau protectrice fidèle.
« Va, dit-il, va, préside à la race mortelle,
« Accompagne ses pas dans ces riants déserts,
« Embellis à ses yeux le nouvel univers.
« Mais, si ce front céleste, où j'ai peint mon image,
« Jamais d'un joug honteux doit éprouver l'outrage,
« Prends pitié de ses maux, parais; et qu'à ta voix
« Ce monarque avili se rappelle ses droits.
« Des chaînes des tyrans affranchis sa pensée:
« Qu'il venge tôt ou tard sa grandeur offensée.
« Va, sur ses jours heureux épanchant tes rayons,
« Sois, après la vertu, le plus cher de mes dons. »

Cette fille des cieux, sans armes, sans défense,
Long-temps du genre humain accompagna l'enfance,
S'égarait avec lui sur le bord des ruisseaux,

Ou des jeunes forêts habita les berceaux.
Aux arts trop tôt, hélas! formant ses mains novices,
L'homme acquit à-la-fois des besoins et des vices.
Avant que l'or brillât dans de coupables mains,
Le fer de la charrue asservit les humains ;
Et des champs divisés le dangereux partage
Fit germer à-la-fois les blés et l'esclavage.
Bientôt l'ambition arma le conquérant :
Du despotisme alors le monstre dévorant,
Timide et faible encor dans sa grandeur naissante,
Éleva par degrés sa tête menaçante ;
L'homme fut malheureux et fut vil à-la-fois ;
La Liberté pleurant s'enfuit devant les rois.

La Grèce la reçut. C'est là que son courage,
Aux champs de Marathon, sut venger son outrage ;
Elle inspira Solon, fit tonner Périclès,
Du saint aréopage éleva les palais,
Répandit sur les arts sa splendeur immortelle.
Les arts, les lois, les mœurs, tout s'agrandit par elle.
Dans Rome elle forma ces altiers conquérants,
Combattant à-la-fois le vice et les tyrans,
Sous un pied dédaigneux foulant les diadèmes,
Dans leurs libres foyers rois du monde et d'eux-mêmes.
Mais ce peuple, puni par un juste retour,
Quand il devint tyran, fut esclave à son tour.
Elle ennoblit encor la discorde civile,
Et l'ame de Caton fut son dernier asyle.

Sur sa tombe sacrée elle versa des pleurs,

Et courut dans le Nord pour venger ses douleurs.
Là, parmi les forêts, les rochers et les glaces,
Elle donna le jour à de nouvelles races ;
Tout-à-coup les lança du sein de leurs déserts,
Et du monde opprimé courut briser les fers.
Sur le globe, en tombant, ses chaînes retentirent.

Hélas! de nouveaux fers trop tôt s'appesantirent.
Par ses libérateurs le monde ravagé
Eut encor pour tyrans ceux qui l'avaient vengé.
Le monstre féodal, despote à mille têtes,
Sortit, le glaive en main, du sein de ses conquêtes.
Alors la Liberté remonta dans les cieux ;
Mais sur cet univers, long-temps cher à ses yeux,
Ses yeux avec douleur se retournaient encore.

Enfin, après mille ans, sa renaissante aurore
Fit briller ses rayons chez l'inconstant Génois ;
Venise l'adora sous son sénat de rois ;
Le servile héritier de la grandeur romaine,
Frappé de son aspect, s'agita dans sa chaîne ;
Mais Rome avait perdu ses antiques soutiens,
Elle eut des conjurés, et non des citoyens.
Dans Florence, étouffant les complots et les haines,
Elle sut ranimer les jours brillants d'Athènes.

Du sein voluptueux de ces riants climats
Elle court sur des monts hérissés de frimas,
Trouve un peuple pasteur fatigué des outrages,
Et suspend ses drapeaux sur leurs rochers sauvages.

A sa voix se forma ce peuple respecté,
Ami sûr et fidèle, ennemi redouté.

De là portant son vol aux marais du Batave :
« Deviens grand, lui dit-elle, en cessant d'être esclave! »
Soudain, par ses vaisseaux embrassant l'univers,
Il dompta ses tyrans comme il domptait les mers.

Mais, de tous les pays qu'habita la déesse,
Soit l'antique Orient, l'Italie ou la Grèce,
Soit ceux où le soleil, penché vers l'Occident,
Échauffe les esprits d'un rayon moins ardent,
Celui qu'elle préfère est l'heureuse Angleterre.
Là, son règne affermi par deux cents ans de guerre,
Du sein de la discorde a fait sortir ces lois
Protectrices du peuple et maîtresses des rois.
C'est là qu'avec respect l'Europe la contemple.
Là, l'Anglais, de sa main, lui construisit un temple
Où la reconnaissance, entourant ses autels,
Vient offrir pour encens le bonheur des mortels.

Sur les champs d'Albion planant d'un vol agile,
Elle avait parcouru l'enceinte de cette île,
Et, promenant partout des regards satisfaits,
Se plaisait à jouir de ses propres bienfaits.
Au rivage des mers elle était parvenue ;
Là, du sommet d'un roc qui se perd dans la nue,
Son regard vigilant errait de toute part
Sur le vaste Océan qui lui sert de rempart.

Pierre voguait alors vers cette île fameuse.

Des rives de l'Amstel, du Rhin et de la Meuse,
Il venait pour s'instruire en l'art profond des rois,
Observer d'autres mœurs, observer d'autres lois.
Déjà vers l'horizon il aperçoit la terre,
Déjà son vaisseau touche à l'heureuse Angleterre.
L'ancre d'un fer mordant l'a fixé dans le port;
On s'empresse, on descend. Le Czar avec transport
S'élance; il a foulé les sables du rivage.

La Liberté l'observe : à sa grandeur sauvage,
Aux honneurs qu'on lui rend, au servile respect
De tous ses compagnons tremblants à son aspect,
Elle voit un despote et frémit. La colère
De feux étincelants arma son œil sévère,
Et d'un cri formidable elle ébranla les cieux.
« Despote, cria-t-elle, arrête. Dans ces lieux
« Viens-tu troubler la paix et l'air que je respire?
« Va, fuis; crains de porter, au sein de mon empire,
« De l'absolu pouvoir le souffle empoisonné.
« Fuis! » A ces fiers accents le héros étonné
Lève ses yeux. Il voit une figure altière,
Debout sur les rochers en habit de guerrière.
Dans ses yeux éclatait une céleste ardeur;
Ses traits majestueux respiraient la grandeur;
Sa superbe beauté doit tout à la nature :
Mais une égide d'or lui servait de parure.
Sur l'Océan soumis elle étendait sa main,
Et son front, à-la-fois menaçant et serein,
Mêlait à son courroux une grace immortelle.

Le monarque attentif fixe les yeux sur elle.

Tout prêt à s'irriter, tel qu'un lion ardent,
Il frémit, il s'arrête, il s'apaise en grondant.
« O toi, dit-il, génie, ou mortelle adorée,
« Toi qui sembles garder cette enceinte sacrée,
« Ton nom m'est inconnu; mais je ne puis te voir
« Sans rendre, je l'avoue, hommage à ton pouvoir.
« Mon orgueil étonné s'abaisse et te respecte.
« Que ma présence ici ne te soit pas suspecte.
« Je ne viens pas en roi pour troubler ces climats;
« Pour apprendre à régner j'ai quitté mes États.
« Pardonne à des grandeurs, crime de ma naissance.
« Oui, je naquis despote; et, si ce nom t'offense,
« Je veux, par mes bienfaits, justifiant mes droits,
« Ennoblir ce grand titre et l'absoudre une fois. »

Il dit : dans ce moment la déesse inspirée,
Par un rayon divin se sentit éclairée.
Elle connut le Czar et ses vastes desseins;
Le ciel lui dévoila le livre des destins.
A l'aspect du héros la Liberté s'étonne;
Son regard s'adoucit : « Roi, dit-elle, pardonne;
« Je suis la Liberté; je règne dans ces lieux,
« Et l'aspect d'un despote a dû blesser mes yeux.
« Mais je vois que le ciel préside à ton génie.
« Monarque et tout-puissant, tu hais la tyrannie.
« Je vois le despotisme en tes heureuses mains,
« Étonné de servir au bonheur des humains,
« Soi-même se bornant par d'utiles entraves,
« A la dignité d'homme appeler tes esclaves.
« Ce sont là tes projets, je dois les seconder.

« En parcourant cette île, apprends à commander.
« Viens : je vais te servir d'interprète et de guide. »

Soudain paraît un char éclatant et rapide.
La déesse elle-même y grava de ses mains
Les aigles, les faisceaux, la pourpre des Romains,
Les étendards sacrés et de Sparte et d'Athènes,
Des dépouilles de rois, des tyrans dans les chaînes,
L'emblême des Nassau et celui du grand Tell.
Deux coursiers bondissaient sous ce char immortel;
Nul frein ne captivait leur noble impatience.
Sur son char aussitôt la déesse s'élance,
Y place le héros ; et, plus prompt que l'éclair,
Le char précipité vole, fuit, et fend l'air.

Partout sur son passage une aurore nouvelle
Rend les cieux plus sereins et la terre plus belle.
L'aspect de la déesse enchante ce séjour;
Son souffle pur s'y mêle aux doux rayons du jour,
Il anime les bois, les champs et les montagnes.

« Héros, dit la déesse, observe ces campagnes,
« Regarde. » Le héros, en contemplant ces bords,
De la riche nature y voit tous les trésors.
Ici, dans des guérets, sur des plaines riantes,
Roulaient à flots dorés des moissons ondoyantes;
Les épis jaunissants n'attendent que la faux,
Le laboureur charmé sourit à ses travaux.
Là, s'offraient des vallons et des rives fleuries.
Mille jeunes agneaux y foulent les prairies;

Ou, suspendus de loin à la cime des monts,
Sur les coteaux blanchis font briller leurs toisons.
Plus loin des fleuves purs, qui d'une eau transparente
Baignent l'ardent coursier et la génisse errante;
Des vergers où les fruits ont courbé les rameaux,
Des champs entrecoupés par de nombreux hameaux,
Leur faîte couronné par des arbres antiques,
Et des flots d'habitants autour des toits rustiques.

Sur ces champs cultivés il portait ses regards.
« Vois, dit la Liberté, vois le premier des arts,
« De trésors renaissants mine toujours féconde,
« Qui seul peut suppléer à l'or du Nouveau-Monde,
« Qui nourrit le commerce, anime les travaux,
« Donne au peuple des mœurs, donne un prix aux métaux,
« Et par qui seul à l'homme appartient la nature.
« C'est par moi que fleurit cette heureuse culture :
« Où je n'habite pas, tout demeure assoupi;
« Dans son germe en naissant on voit mourir l'épi;
« La ronce au loin s'étend sur le champ solitaire :
« L'esclavage à-la-fois flétrit l'homme et la terre.
« Elle semble, à regret nourrissant les humains,
« Fermer son sein avare à de serviles mains :
« Témoins les bords du Tage, et témoins ceux du Tibre.
« Mais la terre, le ciel sourit à l'homme libre.
« Ton œil s'est arrêté sur les trésors des champs;
« Suis-moi, viens contempler des objets plus touchants. »

Pierre a porté ses pas dans les riants asyles
Où le cultivateur coule ses jours tranquilles.

5 7

Il y voit un spectacle utile à tous les rois ;
Il y voit le bonheur affermi par les lois,
La richesse innocente et le luxe champêtre :
Le laboureur jouit des dons qu'il a fait naître ;
Ses greniers s'affaissaient du poids des gerbes d'or ;
La laine des troupeaux grossissait son trésor ;
Du fruit de ses vergers sa table se couronne,
Et de nombreux enfants un essaim l'environne.
Il voit du tendre hymen la pure volupté,
La paix, l'amour des lois, la sage égalité,
Ce calme intéressant que produit l'abondance,
Et sur les fronts sereins la noble indépendance.

« Est-ce là, disait-il, le peuple des hameaux ?
« Est-ce là cette classe en proie à tant de maux,
« Et partout opprimée, et partout avilie ? »
—« C'est elle qu'en cent lieux l'esclavage humilie,
« Reprit la Liberté ; rougis pour le Germain,
« Pour toi, pour le Sarmate. O spectacle inhumain !
« Là, le cultivateur languit dans les entraves.
« Celui qui nourrit l'homme est au rang des esclaves ;
« Du champ qui l'a vu naître il grossit les troupeaux ;
« Il appartient au sol, comme les végétaux,
« Ou l'inculte forêt qui croît sur sa surface.
« Il naît, il rampe, il souffre, il meurt dans cet espace.
« Rien n'est à lui ; son sang, ses travaux, et ses bras,
« Il doit tout en tribut à des maîtres ingrats.
« La terre qu'en mourant doit occuper sa cendre
« Est son seul héritage. Empressé d'y descendre,
« Il a béni le ciel de ses yeux expirants,

« Et lui rend grace enfin d'échapper aux tyrans.
« Mais non ; dans l'avenir quand son regard se plonge,
« Son malheur après lui s'étend et se prolonge ;
« De sa contagion son sang est infecté ;
« Sa servitude atteint à sa postérité.
« Pères, enfants, époux, tout est né pour des maîtres ;
« Leurs mains ont hérité des fers de leurs ancêtres,
« Ils légueront encor des fers à leurs neveux.
« L'hymen épouvanté fait d'homicides vœux
« Pour que le ciel refuse à leurs tristes compagnes
« Cette fécondité qu'ils donnent aux campagnes.
« L'homme plus libre ailleurs semble plus fortuné,
« A la glèbe du moins il n'est pas enchaîné.
« Hélas ! sa liberté n'est pour lui qu'un fantôme :
« Revêtu de lambeaux, relégué sous le chaume,
« Ses pleurs mouillent les champs qu'il a rendus féconds ;
« La famine en hurlant erre autour des moissons. »

Cependant le héros suit son céleste guide.
Le char vole ; et bientôt, d'une course rapide,
Il atteint les remparts d'une antique cité.
« Arrêtons-nous ici, lui dit la Liberté,
« Un spectacle nouveau va s'offrir à ta vue.
« Suis-moi. » Tous deux, perçant une foule inconnue,
S'avancent aussitôt vers un lieu révéré,
Majestueux séjour à Thémis consacré.
La Liberté commande ; à sa voix douce et fière
Du temple redoutable on ouvre la barrière ;
Les portes en grondant sur leurs gonds ont roulé.
On accourt, on s'empresse ; et le peuple assemblé,

A flots respectueux inonde ces portiques.
Là, près des tribunaux, sous des voûtes antiques,
Les simulacres saints des plus sages des rois
Semblent encor veiller sur le dépôt des lois,
Et leur bronze muet avertit d'être juste.

Pierre a porté ses pas dans cette enceinte auguste;
Il entre, et de respect tous ses sens sont saisis.
Sur le trône des lois les juges sont assis;
Devant eux est ouvert le code vénérable,
Des droits des citoyens garant inviolable.
Près d'eux il aperçoit de simples artisans;
Mais leurs fronts respectés et blanchis par les ans
Montrent l'austère honneur sans éclat et sans titres,
Et d'un grand intérêt ils semblent les arbitres.
Bientôt il vit un homme avancer à pas lents :
Ses yeux étaient baissés et ses genoux tremblants;
A ses côtés marchaient les haches redoutables,
Emblême du pouvoir qui punit les coupables :
Tandis qu'il avançait, leur éclair menaçant
Trois fois se réfléchit sur son front pâlissant.

« O toi, dit le héros, qui daignes me conduire,
« Sur tout ce que je vois achève de m'instruire.
« Quel est cet appareil terrible et solennel? »

—«Tu vois un accusé, peut-être un criminel,
« Lui dit la Liberté; mais, malgré son offense,
« Tant qu'il peut être absous, j'embrasse sa défense.
« Ici tout jugement est rendu sous mes yeux.

« Connais dans ce climat favorisé des cieux,
« Connais comment les lois exercent leur empire,
« Et le respect sacré qu'un homme leur inspire.
« Dans de vastes États, peut-être dans les tiens,
« La liberté, l'honneur, le sang des citoyens
« Dépendent d'un coup-d'œil et souvent d'un caprice.
« Où le despote règne, il n'est plus de justice :
« Nulle loi ne combat son horrible pouvoir ;
« Dès qu'il a commandé, la mort est un devoir.
« Chaque esclave à son tour peut devenir victime :
« S'il punit, sa justice elle-même est un crime ;
« C'est lui qu'il venge alors, non la loi, ni l'État ;
« Et la mort du coupable est un assassinat.
« Là, contre les tyrans, il n'est point de refuges.

« Ailleurs, il est des lois, des tribunaux, des juges.
« Quels juges ! quelles lois ! leur glaive menaçant,
« Comme le criminel fait pâlir l'innocent.
« Leur sourde cruauté s'enveloppe dans l'ombre.
« Ces codes meurtriers, dans un dédale sombre,
« De l'accusé tremblant embarrassant les pas,
« On tend autour de lui les piéges du trépas.
« Avide de punir, farouche, inexorable,
« La loi semble aspirer à trouver un coupable.
« Elle met à profit son trouble et ses douleurs,
« Épiant ses discours, interprétant ses pleurs.
« Que dis-je ? on lui ravit jusques à sa défense.
« De la religion invoquant la puissance,
« On lui dit : Dans ton sein enfonce le couteau ;
« Choisis d'être parjure, ou d'être ton bourreau.

« Il est, il est encore un plus barbare usage,
« Né parmi les tyrans au sein de l'esclavage.
« Vérité, l'on te cherche au milieu des tourments,
« Au bruit des cris plaintifs et des longs hurlements,
« Des membres qu'on meurtrit et des os qui se brisent.
« Exécrable attentat que les lois autorisent,
« Où le bourreau, du juge observant le regard,
« Déchire avec lenteur et tourmente avec art;
« Où le hasard condamne et marque les victimes;
« Où le méchant robuste est absous de ses crimes;
« Où le faible innocent, fatigué de souffrir,
« Devient son délateur dans l'espoir de mourir!
« Dieu qui protége l'homme et console la terre,
« Écarte ces horreurs du sein de l'Angleterre.
« Ici, jamais la loi ne soupçonne un forfait;
« La loi compatissante est toujours un bienfait;
« Elle sert l'accusé. La patrie attentive
« Environne d'appuis sa faiblesse craintive.
« Hélas! son cœur troublé sans doute en a besoin.
« — Mais qui sont ces mortels que j'aperçois plus loin,
« Dont l'État.... — Je t'entends, répliqua le génie,
« Ce sont ses défenseurs contre la tyrannie.
« Obscur par sa naissance, avili par son rang,
« Il ne redoute pas un juge indifférent
« Qui prononce au hasard sur des jours qu'il dédaigne;
« Nul sang n'est jamais vil où la liberté règne.
« J'ai, pour le garantir de ce nouveau danger,
« Commis à ses égaux le droit de le juger.
« Regarde; ils vont remplir leur sacré ministère:
« Un serment les attache à ce devoir austère:

« Juges de leur égal, et son plus sûr appui,
« Ils prononcent sur eux, en prononçant sur lui. »

On se tait, on écoute. Un voile de tristesse
Obscurcit tout-à-coup le front de la déesse ;
Une larme échappa de son œil attendri.
« Ah ! tu vois par le crime un citoyen flétri,
« Dit-elle ; son arrêt devient irrévocable ;
« La patrie est en deuil, elle trouve un coupable ;
« Mais sa pitié pour lui surpasse son courroux,
« Et le crime d'un seul est la douleur de tous.
« Du moins, en prononçant, leur voix est unanime ;
« Il faut que tous ensemble ils livrent la victime.

« Ici du magistrat le redoutable emploi
« Commence ; et sur la peine il consulte la loi.
« A toute opinion le juge inaccessible
« De la loi souveraine est l'organe impassible.
« A la lettre en esclave il doit s'assujétir ;
« Interpréter la loi serait l'anéantir :
« Ce secret des tyrans est l'instrument du crime.
« Czar, celui que la loi prend ici pour victime,
« Pour apaiser la loi prêt à perdre le jour,
« Est plus libre en mourant qu'un visir dans ta cour,
« Qui, partageant l'éclat de ta grandeur suprême,
« Fait trembler ton empire, et tremble pour lui-même,
« Exerce, en pâlissant, un pouvoir dangereux,
« Et ne doit respirer qu'autant que tu le veux. »

Le Czar fut étonné. Sa justice sévère,

Ardente, ainsi que lui, portait son caractère ;
Souvent de la rigueur il se fit un devoir,
Et toujours la lenteur fatigue le pouvoir.
« O déesse ! à tes lois, dit-il, je rends hommage :
« Mais si, dans nos climats, un ciel âpre et sauvage,
« Força nos mœurs peut-être à la sévérité ;
« Si le glaive, conduit par un maître irrité,
« Dans sa marche rapide a besoin qu'on l'arrête,
« Ici trop d'indulgence est peut-être indiscrète :
« L'impunité du crime est un crime de plus.
« Faut-il que, renonçant à ses droits absolus,
« Avec le criminel la loi d'intelligence
« Puisse l'aider souvent à tromper sa vengeance ? »

— « Czar, dit la Liberté d'un ton plus menaçant,
« Faut-il qu'elle ait le droit d'égorger l'innocent?
« Choisis. » Plongé long-temps dans un profond silence,
Le Czar s'épouvantait de sa propre puissance.
Il s'étonnait du jour qui frappait ses esprits,
Et roi, du sang d'un homme il connaissait le prix.

Mais le char l'a porté sur ces rives fécondes
Que la fière Tamise arrose de ses ondes.
Il s'arrête ; il la voit dans son cours tortueux,
Roulant à plein canal ses flots majestueux,
Sur ces bords embellis d'une fraîcheur nouvelle,
Épancher les trésors de son urne immortelle.
Cependant les gazons qui paraient ses coteaux
Semblaient s'unir de loin au vert tremblant des eaux ;
Les cieux dans son cristal répétaient leur image ;

Les chênes au hasard semés sur le rivage,
De leurs pompeux rameaux suspendus dans les airs,
Paraissaient couronner cette reine des mers.
C'est dans cet appareil, que vers l'humide plaine
La Tamise s'avance et roule en Souveraine.
L'Océan à son tour l'enrichit de ses flots,
Mais craint en s'y mêlant de troubler son repos ;
Entre ces bords fleuris devenu plus paisible
Il semble y déposer sa majesté terrible,
Et d'un rivage heureux, si cher à son amour,
Ses flots plus caressants embrassent le contour.

Partout des pavillons, des voiles ondoyantes
Se mêlent à l'aspect des campagnes riantes.
L'œil y voit tour-à-tour et le vaisseau léger
Du rapide commerce agile messager,
Il va de l'univers échanger les richesses ;
Et ces palais guerriers, flottantes forteresses,
Qui, portant dans leur sein les vengeances des rois,
Courbent les flots tremblants sous leur énorme poids.
A travers ces vaisseaux la barque vagabonde
Fuit, remonte, descend et voltige sur l'onde.

Pierre laissait errer son regard enchanté.
Soudain il aperçoit une immense cité,
Et le sommet des tours qui se perd dans les nues.
Il vole, il a franchi de vastes avenues ;
Dans le lointain obscur l'espace resserré,
De plus près se déploie et s'étend par degré.
Londres paraît enfin. Ce n'est plus cette ville

Que désola long-temps la discorde civile,
Lorsque les Édouards, combattant les Henris,
D'un trône ensanglanté disputaient les débris;
Qu'on voyait les drapeaux flotter sur ses murailles,
Les échafauds dressés sur les champs de batailles,
Un sénat, avili dans ses lâches rigueurs,
Égorger les vaincus pour flatter les vainqueurs,
La loi guidant le fer dans le sein des victimes,
Esclave d'un tyran, l'absoudre de ses crimes;
Ou quand, sous les Stuarts, ce peuple tourmenté
Et par sa servitude et par sa liberté,
Joignait, dans les reflux d'un éternel orage,
Les maux de l'anarchie aux maux de l'esclavage.

Aujourd'hui le bonheur, l'ordre, l'activité,
Des grands soumis aux lois, un peuple respecté,
Une vaste industrie, une terre féconde,
Les trésors de l'Europe et ceux du Nouveau-Monde,
Et du luxe et des arts la pompe et la splendeur,
Tout annonce à-la-fois la paix et la grandeur.

A côté du héros la Liberté s'avance :
Londres la reconnaît, et tout sent sa présence.
Le ciel de rayons d'or a paru s'embellir;
La Tamise en roulant semble s'enorgueillir;
Le commerce s'anime, et ses mains plus actives,
D'un bruit tumultueux ont agité ses rives.

Pierre marche; en cent lieux il porte ses regards;
De ce peuple célèbre il contemple les arts,

Ses travaux, ses chantiers, le berceau de sa gloire,
Ce port d'où tant de fois s'élança la victoire.
Il voit un peuple immense, actif, indépendant,
Humain, quoique emporté par son génie ardent,
Qui, sûr de son bonheur, et fier de sa richesse,
Des esclaves polis dédaigne la souplesse;
Qui ne sait ni flatter, ni craindre, ni servir,
Instruit que la loi seule a droit de l'asservir;
Qui, superbe héritier des droits de ses ancêtres,
Ose sur les abus interroger ses maîtres,
De l'État dans sa marche observe les ressorts.
Fier comme l'Océan qui gronde sur ses bords,
Comme lui quelquefois il s'élance et s'irrite,
Mais comme lui toujours reste dans sa limite,
En bravant le pouvoir, par les mœurs réprimé,
Qui, dans un magistrat tranquille et désarmé,
Respecte de la loi le caractère auguste,
Et cède sans terreur au besoin d'être juste.

Tout ce peuple, à son tour, contemple un Souverain,
Dont jamais le pouvoir n'a reconnu de frein.
Malgré lui sa grandeur l'intéresse et l'attire,
Et le respect se mêle à l'effroi qu'elle inspire.
On veut le voir, l'entendre, et l'observer de près.
Ainsi l'heureux Batave, au bord de ses marais,
Du sommet d'une digue aux flots inaccessible,
Se plaît à contempler la mer vaste et terrible
Et des flots menaçants qu'il ne redoute pas.

Le Czar à Westminster a dirigé ses pas.

Là, depuis sept cents ans, échappé des ravages,
S'élève un monument consacré par les âges.
Le silence habitait sous ces dômes obscurs,
Et le souffle du temps avait noirci ses murs.
C'est là que trente rois, montant au rang suprême,
Sont venus, tour-à-tour, ceindre le diadême;
Et du trône au cercueil, c'est là que, descendus,
Par les mains de la mort unis et confondus,
Ils reposent ensemble au bout de leur carrière;
Souverains d'un moment, éternelle poussière!
Ce séjour formidable est peuplé de tombeaux.

Là, dorment près des rois les cendres des héros;
Là, tous les citoyens dont la noble industrie
Sut défendre les lois, sut venger la patrie;
Ceux qui, s'éternisant par un long souvenir,
Ont légué leur génie aux siècles à venir.
Tous, dans ce temple saint, retrouvent des hommages:
Les arts reconnaissants ont tracé leurs images.
Partout, l'œil attendri voit des marbres en deuil,
Voit le bronze pleurant courbé sur un cercueil.
Plus loin, des noms gravés, de pieux caractères
Distinguent sans orgueil des tombes solitaires.

Cependant le héros, d'un jour faible éclairé,
Perce la sainte horreur de ce séjour sacré.
Auprès de lui marchait sa divine interprète;
Il parcourt à pas lents cette vaste retraite.
« Tu vois ces monuments, lui dit la Liberté,
« Vain et fragile honneur! triste immortalité!

« Mais la gloire du moins s'attache aux noms célèbres,
« Elle vient reposer sur ces urnes funèbres.
« Ici pour le grand homme il n'est plus de rivaux :
« Si l'importune envie a troublé ses travaux,
« Elle n'ose approcher de sa tombe sacrée ;
« Sa tombe est un autel. Sa grandeur épurée
« Reçoit de la patrie un culte aux mêmes lieux
« Où l'encens des mortels vient fumer pour les dieux.
« Sur son urne on respire une flamme céleste,
« De son génie errant on recueille le reste ;
« Le talent ranimé fuit un lâche repos,
« Et la cendre des morts reproduit des héros.

« Mais, approche et regarde ; il est temps de t'instruire
« Comment dans ces climats j'ai fondé mon empire,
« J'ai détruit les tyrans, et quels ressorts secrets
« De cet heureux ouvrage ont hâté les progrès.
« Tu vas voir leur destin, leur crime et leurs disgraces.
« Le temps va revenir sur ses antiques traces ;
« Pour le bonheur d'un peuple et la leçon d'un roi,
« La nature interrompt son éternelle loi. »

Dans ce moment la nuit, obscurcissant la terre,
Rembrunissait l'horreur du temple solitaire.
De quelques lampes d'or les tremblantes clartés,
Seules brillaient encor sous ces toits redoutés ;
Leurs feux silencieux venaient, des voûtes sombres,
Se perdre et s'enfoncer dans l'épaisseur des ombres.
Sur les obscurs tombeaux ces feux sont réfléchis,
Et de pâles rayons leurs marbres sont blanchis.

Le Czar seul et son guide erraient dans cette enceinte;
Un mélange confus de respect et de crainte
L'agitait malgré lui d'un saint frémissement.
La Liberté s'arrête aux pieds d'un monument,
Le frappe : au même instant les marbres tressaillirent;
Du cercueil ébranlé les voûtes s'entr'ouvrirent.
Alors du sein de l'ombre un spectre ensanglanté
S'éleva. De son front l'horrible majesté,
Sous les traits de la mort, semblait encor vivante;
Son œil farouche et sombre inspirait l'épouvante.
Et ses mains paraissaient dégouttantes de sang.

« Ce monstre fut assis dans le suprême rang;
« Du dernier des Henris tu vois l'ombre terrible,
« Cria la Liberté. Ce monarque inflexible,
« Assassin couronné, profana tour-à-tour
« Et le trône et l'autel, la nature et l'amour.
« Le barbare! il voulut, dans sa rage insensée,
« Des fers du despotisme enchaîner la pensée;
« Il enseignait le dogme aux pieds des échafauds.
« Je rends grace, tyran, aux fers de tes bourreaux.
« L'homme se lasse enfin du malheur qui l'obsède,
« Et l'excès des fureurs en devient le remède.
« De la postérité, tyran, entends les cris;
« Vois l'horreur qui s'attache à tes mânes flétris,
« Et poursuit en cent lieux ton ombre criminelle.
« Mais, pour mieux te punir dans la nuit éternelle,
« Avant que d'y rentrer, regarde et connais-moi;
« Je suis la Liberté. » L'ombre pâlit d'effroi.
D'un feu plus sombre encor ses regards s'allumèrent,

Et sur elle, à grand bruit, les marbres se fermèrent.

Tout-à-coup la déesse adoucit son regard.
« Tu vois le monument du sixième Édouard,
« Dit-elle; le destin, le frappant jeune encore,
« Éclipsa ses vertus à leur naissante aurore.
« Mais son règne du moins a respecté mes droits;
« De son père barbare il adoucit les lois.
« Ah! que pour ce bienfait, ma main officieuse
« Épanche des parfums sur son urne pieuse!
« Nymphes de la Tamise, arrosez-la de pleurs,
« Et que chaque printemps la couronne de fleurs. »

Soudain parmi des feux, des poignards et des chaînes,
On crut voir s'élever des victimes humaines;
Le Czar à cet aspect parut s'épouvanter.
« Quel horrible tableau tu viens me présenter!
« Je vois dans des brasiers, et sur des lits de flammes,
« Se débattre et rouler des vieillards et des femmes,
« Des épouses.... Grand Dieu! sur les bûchers fumants,
« Un enfant vient de naître au milieu des tourments.
« Ciel! arrachez des feux cette tendre victime.
« Un bourreau l'y replonge. O désespoir! ô crime!
« Je vois la mère en proie à des tourments affreux,
« De ses errantes mains le chercher dans les feux,
« Fixer encor sur lui ses regards lamentables.
« Cache, cache à mes yeux ces maux épouvantables,
« Déesse, je ne puis en soutenir l'horreur.
« —Connais le fanatisme et toute sa fureur. »

Les bûchers dévorants, réfléchis vers le dôme,

Jetaient un jour affreux sur un pâle fantôme.
Le spectre, indifférent dans sa férocité,
Semblait jouir du meurtre avec tranquillité.
Paisible, il écoutait les cris de ses victimes.
C'était Marie. « O monstre! auteur de tant de crimes,
« Monstre, que tes tourments dans la nuit des enfers
« Puissent venger les maux que ce peuple a soufferts!
« Que sans cesse à tes yeux traçant tes barbaries,
« Chacun de tes forfaits te serve de furies!
« De tant d'infortunés dont tu fus l'assassin,
« Que les mânes vengeurs habitent dans ton sein!
« Que leurs plaintes, leurs cris, leurs hurlements funèbres
« Retentissent sur toi dans l'horreur des ténèbres!
« Dieux! des crimes des rois vengez les nations. »
— « Je joins, dit le héros, mes imprécations
« A celles de ta haine; et je fais plus : je jure,
« Sur cet affreux tombeau de réparer l'injure
« Qu'ont faite au genre humain ces sacrés attentats.
« Je jure d'écarter de mes vastes États
« Du zèle intolérant l'absurde tyrannie. »
— « J'accepte ton serment, s'écria le génie.
« Serment, sois répété par chaque Souverain
« Du Volga jusqu'au Tage, et des Alpes au Rhin. »
L'ombre parut frémir, ses regards se troublèrent,
Et sur elle, à grand bruit, les marbres se fermèrent.


Alors, tel que du jour on voit l'astre brillant
Lever du sein des flots son front étincelant,
Un fantôme plus doux sortit d'un mausolée.
Ce n'est plus des enfers une ombre désolée :

Une flamme céleste ornait son front serein,
Ornait le sceptre d'or qui brille dans sa main ;
Le vêtement léger qui lui sert de parure
Est tissu des rayons d'une lumière pure,
Dont les replis flottants, en nuage argenté,
Semblent la revêtir de l'immortalité.

« Vois, dit la Liberté, vois une reine auguste :
« Elle apprit, en souffrant, le devoir d'être juste ;
« Sa politique habile étonnant l'univers,
« Appuya sa grandeur sur le sceptre des mers.
« Alors on ignorait cet heureux équilibre
« Des pouvoirs balancés qui font un peuple libre ;
« Nul frein n'avait encore assujéti les rois.
« La sagesse tint lieu du frein sacré des lois ;
« Ses mœurs adoucissaient sa puissance suprême,
« Elle sut enchaîner son despotisme même.
« Par son génie heureux ce monstre apprivoisé,
« Menaçant quelquefois, mais bientôt apaisé,
« S'endormit sous la main qui retenait sa rage.
« Reine de l'univers, je te porte l'hommage,
« Vois brûler sur ta tombe un éternel encens. »

L'ombre d'Élisabeth entendit ces accents.
Son front s'environna d'une aurore nouvelle,
Et l'éclair de la gloire étincela sur elle.
Alors, aux doux rayons d'un jour tranquille et pur,
On la vit s'éclipser sous un voile d'azur.

Soudain la Liberté reprit un front sévère.

« Coupables défenseurs du pouvoir arbitraire,
« Vous qui perdîtes tout en voulant tout oser,
« Et vîtes dans vos mains le sceptre se briser,
« Exemple malheureux de faiblesse et d'audace,
« O famille de rois, dont j'ai proscrit la race,
« Paraissez. » Tout-à-coup le premier des Stuarts
Brise sa tombe et sort. Ses languissants regards
D'une ame sans vigueur exprimaient la mollesse.
« En lui, jusqu'aux vertus, tout fut de la faiblesse »,
Reprit la Liberté; « plus timide qu'humain,
« L'épée et la balance échappaient de sa main.
« Ce prince, enorgueilli de ses talents frivoles,
« Brigua l'honneur honteux de docteur des écoles,
« Parlant au lieu d'agir, fier de ses vains discours,
« Flétri dans son palais, et flétri dans les cours;
« Plus vil par des défauts que d'autres par des vices;
« Sous le trône miné creusant des précipices.
« Sa voix, pour abuser les peuples ignorants,
« Fit descendre du ciel le code des tyrans,
« Flambeau de la discorde et semence de crimes.
« Mais, pour mieux le connaître, écoute ses maximes;
« Il va parler. » Alors, sortant de son repos,
L'ombre éleva la voix et prononça ces mots:

« Ma main tient de Dieu seul mon sacré diadême;
« La puissance des rois est celle de Dieu même.
« Ce pouvoir borne tout, et n'est jamais borné.
« Par un droit éternel tout peuple est enchaîné.
« Passifs adorateurs de ma toute-puissance,
« Obéissez, souffrez, et mourez en silence.

« Les droits des nations sont un bienfait des rois.
« Je puis.... » — « Cesse, tyran, d'outrager à-la-fois
« La majesté de l'homme et celle de Dieu même »,
Reprit la Liberté. « De ton affreux systême,
« Vois l'exécrable fruit dans tes derniers neveux ;
« Vois l'attentat commis sur ton fils malheureux. »
Le spectre épouvanté voulut s'enfuir. « Arrête :
« Sur l'échafaud sanglant regarde cette tête.
« La connais-tu ? » D'horreur le spectre fut frappé,
Et d'un deuil éternel son front enveloppé
Retomba dans la nuit. Le Czar reste immobile.
« Grand Dieu ! quel est le sang qui profane cette île ?
« Quel horrible appareil ! quel spectacle ! » — « Tu vois
« Et les crimes du peuple et les fautes des rois.
« Malheur aux lieux, aux temps où des lois téméraires
« Forcent d'approfondir ces terribles mystères,
« Ces bornes du pouvoir, ce secret des États !
« L'imprudence bientôt conduit aux attentats.
« Le danger suit de près l'audace curieuse.
« D'un voile antique et saint la nuit religieuse
« Rend aux yeux des mortels leurs devoirs plus sacrés ;
« Et, plus ils sont obscurs, plus ils sont révérés.
« Charles, que de son père égarait la doctrine,
« Charles, réclamant trop sa puissance *divine*,
« Hardi dans ses projets, faible dans ses moyens,
« Peu terrible aux guerriers, et trop aux citoyens,
« Emporté par sa fougue, et cédant par mollesse,
« Méconnut tour-à-tour sa force et sa faiblesse.
« Par les chocs opposés son pouvoir s'irritant,
« Compromit sa grandeur en la précipitant ;

8.

« Il perdit ce respect, rempart de la puissance :
« Et le peuple, à son tour, las de l'obéissance,
« Le peuple aussi terrible en sa férocité,
« Qu'il est docile esclave avant d'être irrité,
« Au nom sacré des lois osa briser sa chaîne.
« Il osa mesurer la grandeur souveraine,
« Et ne vit dans son roi qu'un fameux criminel.
« Tu sais le reste. » — « O jour, jour d'opprobre éternel!
« S'écria le héros. Ombre trop malheureuse !
« Tu ne méritais pas ta destinée affreuse.
« L'univers indigné doit s'attendrir sur toi,
« Et roi, mon cœur gémit sur le destin d'un roi. »


Il demeura plongé dans une horreur muette,
Frémissant, éperdu ; quand sa fière interprète
Lui dit : « Lève les yeux. » Le tronc était brisé.
Alors sur les débris de ce trône écrasé
S'éleva lentement une ombre formidable.
Sur son front une nue, obscure, impénétrable,
Semblait de ses pensers couvrir la profondeur,
Et voilait à demi son affreuse grandeur.
Tout était abattu par le droit de la guerre.
Sa main semble à ses pieds enchaîner l'Angleterre;
Mais l'Angleterre esclave impose à l'univers,
Et l'éclat de la gloire environnait ses fers.


« Quel est donc ce mortel si fier et si terrible ? »
S'écria le héros. « Sa hauteur inflexible
« Semble braver les rois troublés à son aspect;
« Il m'inspire à-la-fois l'horreur et le respect.

« Quel est-il ? » — « C'est Cromwel, répliqua la déesse ;
« Mélange redoutable et de force et d'adresse,
« Assassin de son roi, tyran de ses égaux,
« On le vit, dans sa marche, écraser ses rivaux
« Par le poids de sa gloire et de sa renommée,
« Le roi par le sénat, le sénat par l'armée,
« Les chefs par les soldats ; dans ces grands mouvements,
« Employer tour-à-tour, briser ses instruments,
« Souffler le fanatisme, en maîtriser la rage,
« Et, par la liberté, mener à l'esclavage.
« Quand le roi, le sénat, les grands furent proscrits,
« Vainqueur, il resta seul debout sur des débris.
« Son despotisme alors sortit de l'anarchie ;
« Mais des divisions l'Angleterre affranchie,
« Sous ce maître imposant reprit de la splendeur ;
« Il ennoblit son crime à force de grandeur :
« Roi plus habile encor que sujet redoutable,
« Le plus grand des mortels, s'il n'est le plus coupable. »

Le monarque étonné l'observe avidement.
Il contemplait ce front où le déguisement
Et le génie altier se peint avec l'audace.
« Grand Dieu ! s'écria-t-il, que ne fus-je à la place
« De ce roi malheureux par un traître immolé !
« Un sujet orgueilleux peut-être aurait tremblé.
« Si le glaive eût jugé, dans ces grandes querelles,
« Du prince ou des sujets quels étaient les rebelles,
« J'en jure par ce fer qui sera mon soutien,
« Le sang qu'on eût versé n'eût pas été le mien. »

Cromwel parut l'entendre. Il ne put méconnaître

La fierté d'un héros et les accents d'un maître.
Terrible, il l'observa, frémit, et disparut.

Sur ses pas aussitôt un fantôme accourut,
Et soudain s'éclipsa comme une ombre légère.
« Quelle est, dit le héros, cette ombre passagère ? »
—« C'est Richard. Héritier de ce coupable rang,
« Il ne put soutenir un fardeau teint de sang ;
« En descendant du trône il se rendit justice,
« Et le fils de Cromwel n'eut ni talent ni vice.

« Voici Charles. Long-temps par le crime exilé,
« Sur ce trône désert il se vit rappelé.
« Son retour ne fut point l'effet de sa prudence.
« Le peuple fatigué de son indépendance,
« Pour demeurer sans maître eut trop peu de vertu ;
« Et le vaisseau public, de l'orage battu,
« Avait besoin d'une ancre au milieu des tempêtes.
« Charles fut rétabli. Les plaisirs et les fêtes
« De ce règne naissant marquèrent la splendeur ;
« Mais la pompe des arts fut sa seule grandeur.
« Que dis-je? entre la tombe et l'échafaud d'un père
« Sa mollesse affecta la puissance arbitraire.
« Dans leur source sacrée empoisonnant les lois,
« Du peuple, à prix d'argent, il marchanda les droits ;
« Il infecta l'Anglais de ses lâches délices,
« Et, pour le rendre esclave, il lui donna des vices.

« Mais je veillais : ma voix, dans les cœurs abattus,
« Rappelait par degrés les antiques vertus.

« Déjà dans le lointain se préparait l'orage,
« Grondant profondément dans le sein du nuage,
« Se formant sous mes yeux, et tout près d'éclater;
« Un monarque imprudent vint encor le hâter.
« Jacques, trop absolu, trop esclave de Rome,
« Eut les vertus d'un moine, et non pas d'un grand homme.
« Aveugle, impétueux, son indiscrète ardeur
« Força tous les ressorts de sa faible grandeur.
« Alors on ne vit pas dans l'enceinte des villes
« Ces fiers emportements des discordes civiles,
« Mais un courroux profond, un calme menaçant;
« Ce murmure étouffé d'un peuple frémissant,
« Qui s'indigne et se tait, se nourrit de sa haine,
« Soulève avec lenteur le fardeau de sa chaîne,
« Voit ses maux à loisir, sans fougue et sans terreur,
« Et sait à la prudence asservir sa fureur.
« Les temps étaient venus : contre la tyrannie
« Des antiques Nassau j'invoquai le génie;
« Nassau fendit les mers, vint, parut, et fut roi.
« Le sceptre des Stuarts fut brisé par la loi.
« Je trouvai, j'apportai ce pacte originaire,
« Des droits des nations sacré dépositaire,
« Qui des États naissants a formé les liens,
« Qui ne créa des rois que pour les citoyens;
« Contrat que la victoire et le droit de la guerre
« Ont par des flots de sang effacé de la terre;
« Mais qui resta, parmi le ravage et les morts,
« Dans le cœur des tyrans gravé par les remords,
« Dans le cœur des sujets gravé par la vengeance;
« J'apportai ce contrat, borne de la puissance.

« Je dis au peuple, au prince, assemblés à ma voix :
« Roi, voilà tes devoirs ; peuple, voilà tes droits.
« Dès lors se termina cette querelle antique,
« Cette lutte du prince et du corps politique.
« Forcé d'être innocent, le trône fut absous ;
« De la loi, non d'un maître, on craignit le courroux.
« Le nom de bienfaiteur devint son plus beau titre ;
« Il fut l'appui des lois sans en être l'arbitre ;
« Il verse les trésors, et ne peut les ravir ;
« Il peut venger l'État, et non point l'asservir.
« Mortel, ainsi de Dieu l'inaltérable essence
« De commettre le mal a l'heureuse impuissance ;
« Et de l'être infini bornant la profondeur,
« Cette limite même ajoute à sa grandeur. »

A ces hardis accents le Czar prêtait l'oreille :
Vainement dans son cœur sa fierté se réveille ;
La vérité plus fière, et qui commande aux rois,
Des peuples opprimés lui fait sentir les droits.

Mais de la nuit déjà les ombres s'éclaircissent,
Déjà les lampes d'or sous les voûtes pâlissent,
Et du jour renaissant le temple est éclairé :
Le héros est sorti de ce séjour sacré.
Il s'avance : non loin de l'auguste portique
La Liberté lui montre un édifice antique ;
Elle semble elle-même émue à cet aspect.
« Czar, que ton front ici se baisse avec respect,
« Dit-elle. Ici l'Anglais, législateur suprême,
« Dicte ses volontés, les dicte à son roi même.

« Ce sénat réunit trois pouvoirs différents,
« Les députés du peuple, et le prince, et les grands.
« L'homme rampant ailleurs sous le poids de sa chaîne,
« Monarque détrôné dans son vaste domaine,
« Ici peut élever le front d'un Souverain,
« Et ressaisit l'empire échappé de sa main.
« Le peuple à ses besoins comparant ses largesses,
« Ouvre et ferme à son gré la source des richesses ;
« Il n'obéit qu'aux lois qu'il daigne recevoir.
« La sourde inquiétude observe le pouvoir,
« Prévient et les dangers, et les conseils sinistres,
« Et sous le dais des rois fait pâlir les ministres.
« Le corps que sa noblesse et que ses intérêts
« Aux intérêts du trône attachent de plus près,
« Mais qui veut un monarque, et ne veut point de maître,
« Ennemi des tyrans sans aspirer à l'être,
« Moins ardent que le peuple, et non moins citoyen,
« D'un pouvoir nécessaire est l'utile soutien.
« Prêt à le protéger, si l'on osait l'abattre ;
« S'il osait usurper, tout prêt à le combattre,
« Il est le frein du peuple, il en serait l'appui ;
« Et ce trône agité se repose sur lui.
« Du monarque à son tour l'adroite vigilance
« Entre ces deux pouvoirs sait tenir la balance.
« Il assemble, il sépare, il dissout ces grands corps.
« Ainsi, tempérant tout par d'utiles accords,
« J'ai su d'un fier sénat borner le despotisme,
« D'autant plus dangereux que l'ardent fanatisme
« Devient contagieux dans un peuple assemblé,
« Que de fausses terreurs il peut être troublé,

« Que sa fierté s'irrite au soupçon d'une entrave,
« Et qu'il se fait tyran par la peur d'être esclave. »
— « Déesse, dit le Czar, j'admire par quels nœuds
« Ta main sut enchaîner des pouvoirs dangereux,
« Ces poids, ces contre-poids d'une machine immense:
« Mais d'un trouble éternel tes lois sont la semence.
« Je cherche en vain la paix dans ce corps agité,
« Il doit user sur lui sa triste activité. »


— « Czar, ne recherche pas une paix chimérique;
« Il faut des passions dans le corps politique.
« Il est pour les États un stupide repos,
« Qui, né de la faiblesse, est le dernier des maux.
« L'ame, sous le despote, immobile et glacée,
« Tremble, même en secret, d'avoir une pensée.
« Dans un calme éternel, là tout languit, tout dort;
« C'est la paix des tombeaux, le calme de la mort.
« Ici ne règne point une paix si cruelle:
« Le trouble est apparent, l'harmonie est réelle;
« L'ordre naît du combat des esprits divisés.
« Ainsi les éléments, l'un à l'autre opposés,
« Font, en se résistant, l'équilibre du monde. »


Soudain elle gémit. Une douleur profonde
Se peignit dans ses traits, et voila ses regards.
« Ah! dans cette île heureuse, au sein de ces remparts,
« Dit-elle, si jamais je pus être opprimée,
« S'il est quelque péril dont je sois alarmée,
« Je ne crains pas ces chocs de la dissension ;
« Je crains plutôt, je crains la fatale union

« Qui peut calmer un jour les partis et les haines :
« Si jamais tout s'unit, tout sera dans les chaînes.
« Je vois un ennemi terrible, mais caché,
« A miner mon pouvoir en secret attaché ;
« L'or... » A ce mot fatal, la Liberté s'arrête ;
Tout-à-coup un nuage enveloppe sa tête ;
Elle s'élève, fuit, et dans l'air sillonné
Disparaît aux regards du héros étonné.

Pierre demeuré seul, paraît sortir d'un songe ;
De ses sens égarés il craint quelque mensonge.
« Est-ce une illusion ? est-ce une vérité ?
« Oui, je n'en doute pas, une divinité
« M'a conduit ; je l'ai vue, et je sens que je veille :
« Oui, sa voix retentit encor dans mon oreille,
« Plus avant dans mon cœur... Guide toujours mes pas,
« Et dans ce Nord sanglant qui ne te connaît pas,
« Si les grandes leçons que tu m'as retracées,
« Déesse, de mon cœur pouvaient être effacées,
« Parais, viens m'inspirer un salutaire effroi,
« Et placer ton image entre mon peuple et moi. »

Dans Londres cependant sa vigilance active
Portait de toute part une vue attentive.
Pour éclairer son peuple, avide de savoir,
Il veut tout observer, tout connaître, tout voir.
Des mystères cachés perçant la nuit obscure,
Il ose approfondir les lois de la nature.
Son génie inquiet ne peut être borné.
Il entrevoit déjà que tout est enchaîné.

Wren, qui, rival heureux de Vitruve et d'Euclide,
Bâtit, de cette main qui mesurait les cieux,
Des palais pour les rois, des temples pour les dieux ;
Wren aux yeux du héros, par des lignes qu'il trace,
A de hardis calculs assujétit l'espace.

Boyle développant l'ordre de l'univers,
Lui montrait les rapports de tant d'êtres divers,
Et du fluide errant les atomes liquides,
Et l'air qui, balancé, roule en vagues rapides,
Et le feu créateur, source du mouvement,
Et la matière brute, insensible élément,
Qu'une éternelle mort retient sous son empire,
Et ce limon vivant qui croît, marche et respire.
De l'antique nature observant tous les pas,
Il soulevait le voile et ne l'arrachait pas.

Newton lui démontrait cette force puissante,
Et toujours invisible et toujours agissante,
Qui pénètre, remplit, anime tous les corps ;
Qui, d'un pouvoir rival combattant les efforts,
Fixe autour du soleil les sphères vagabondes ;
Vers un centre commun fait graviter les mondes ;
Atteint jusqu'aux déserts où Saturne enfoncé,
Loin de l'astre du jour, meut son orbe glacé ;
Ramène vers les lieux que notre vue embrasse
Ces astres voyageurs égarés dans l'espace ;
Des nuits auprès de nous fixe le globe errant,
Enchaîne par des lois son caprice apparent ;
Assujétit la terre ; à la terre inclinée

Trace la route oblique où circule l'année,
Soulève l'Océan, et régit l'univers
Des profondeurs des cieux aux profondeurs des mers.

L'instruisant à son tour par ses savantes veilles,
Locke à ses yeux surpris offrait d'autres merveilles.
Locke, dans un abyme apportant le flambeau,
Lui montre la pensée encor dans son berceau.
Sa faiblesse d'abord naît de son indigence;
Mais il voit, par degrés, l'active intelligence
Croître, développer tous ses trésors naissants,
S'enrichir des objets dessinés par les sens;
Les sens industrieux, ses esclaves fidèles,
Lui portent en tribut des images nouvelles,
De l'ame jeune encore utiles ornements.
Elle rassemble alors ces premiers éléments,
Les unit, les compare. Une chaîne invisible
Joint l'univers moral à l'univers sensible.
A travers les détours d'un labyrinthe obscur,
Pierre, aidé de ce fil, s'avance d'un pas sûr;
De notre esprit altier il voit la dépendance,
Connaît le cercle étroit où roule l'évidence.
Locke a posé la borne où l'ame, sans secours,
S'égare, et de son vol doit arrêter le cours;
Où commence l'erreur, où la vérité cesse,
Et révèle à l'esprit sa force et sa faiblesse.

Dans des vers immortels, l'élégant Addisson
Lui traçait les vertus et l'ame de Caton.

Nassau, dont le génie a créé la puissance,

Qui, trente ans, de l'Europe agita la balance,
Qui dans de grands projets a consumé ses jours,
Nassau lui dévoilait les profondeurs des cours.
Il peignait à ses yeux l'Europe politique,
Sous un chef empereur immense république,
Inquiète, jalouse, et dont l'activité,
Par des chocs éternels, maintient sa liberté;
Tantôt brisant le joug, mais avec violence,
Tantôt limant les fers qu'on lui forge en silence:
Lui montrait le midi déchu de sa splendeur;
La Prusse, à pas tardifs, marchant vers la grandeur;
Le Français accablé du fardeau de sa gloire
(Ses plus grands ennemis sont trente ans de victoire),
Vingt rois que de son joug Louis a menacés,
Par leur défaite même aux combats exercés,
Tous jurant à la France une haine immortelle.
Riswick vient d'assoupir cette longue querelle,
Les glaives fatigués reposent un moment;
Mais toujours l'intérêt fermente sourdement:
Sous le ciel espagnol l'orage se prépare.

De Guillaume à regret le héros se sépare;
Tous deux se sont unis par des traités secrets.

Profondément rempli de ces grands intérêts,
Tandis que, vers le toit qui lui servait d'asile,
Le Czar, en méditant, marche d'un pas tranquille,
D'un tumulte soudain son regard est frappé:
Il voit d'un peuple immense un homme enveloppé,
Qui, le fer à la main, se frayait un passage.

Le Czar a démêlé les traits de son visage :
C'est un de ses sujets. Cet esclave inhumain
Avait d'un attentat osé souiller sa main,
Et le peuple à grands cris poursuivait le coupable.
Pierre, de l'équité vengeur inexorable,
Oublie en ce moment, qu'étranger dans ces lieux,
Il n'est pas sur le trône où régnaient ses aïeux ;
Il croit tenir encor le glaive et la balance.
Son esclave à ses pieds comparaît en silence ;
Les témoins sont présents ; le crime est avéré.
« Qu'à l'instant le coupable à la mort soit livré »,
Dit-il. Pour le saisir, un esclave s'avance.
Tout-à-coup une voix, dans cette foule immense,
S'élève, et retentit en réclamant la loi.
« Arrête ! ton esclave ici n'est plus à toi.
« Czar, sur ces bords sacrés ton despotisme expire,
« Cet air soumet aux lois quiconque le respire,
« Et sujet et monarque ; et si, dans tes États,
« Tu peux de ton esclave ordonner le trépas,
« Ici, sans respecter l'honneur du diadême,
« La loi pourrait venger son trépas sur toi-même,
« Et ne verrait dans toi qu'un coupable assassin. »
Le Czar.... (Un fier courroux bouillonne dans son sein.)
« Mortel audacieux qui me parles en maître,
« Qui m'oses menacer, parais, fais-toi connaître ;
« Quel est ton nom, ton rang ? » — « Tu vois un magistrat
« Qui te commande au nom du peuple et de l'État,
« Qui ne peut t'accorder ici ce droit suprême
« Qu'il ne souffrirait point dans son monarque même ;
« Qui respecte le trône et la grandeur des rois,

« Mais respecte encor plus la patrie et les lois.
« Voilà mon rang, mon titre. » Un si noble langage
Étonna le héros et plut à son courage.
« Magistrat généreux, dit-il, je t'obéis ;
« Va, soumets mon esclave aux lois de ton pays;
« Tu peux en disposer, ma main te l'abandonne.
« Ici tout à-la-fois et m'instruit et m'étonne;
« Chaque pas que je fais me retrace un devoir,
« M'apprend qu'il est un frein nécessaire au pouvoir.
« Ainsi, puisse toujours cette main souveraine,
« Des lois que j'ignorais, porter l'heureuse chaîne ! »

Il part en admirant ce peuple roi des mers,
Vainqueur des préjugés, tyran de l'univers;
Qui, dans l'art de penser, indépendant et libre,
Des États et du monde a trouvé l'équilibre,
Et sut également, à d'immuables lois,
Assujétir les cieux, la nature et ses rois.

# LE CZAR PIERRE I<sup>ER</sup>.

## SUITE DU POÈME.

## CHANT I<sup>ER</sup> DE LA FRANCE.

Enfin, je te salue, ô ma patrie! ô France!
Climat chéri du ciel, berceau de mon enfance,
Où des arts enchanteurs je puisai les leçons,
Où ma tremblante voix forma ses premiers sons,
Où, d'une ardeur naissante éprouvant le délire,
Jeune encor, j'essayai les accords de ma lyre!
Jeune, je m'en souviens, souvent je m'égarais
Dans les sentiers déserts de ces vastes forêts,
Du saint enthousiasme éternelles demeures.
Là, sur moi le soleil faisait rouler les heures,
Et moi, je méditais déjà de longs travaux;
Je mêlais mes accents au bruit lointain des eaux,
Au frémissement sourd de l'antique feuillage.
Quelquefois, des héros je croyais voir l'image;
Souvent, dans les détours d'un bois religieux,
Le fantôme de Pierre apparut à mes yeux,

Me demanda des chants, des chants que, dans l'ivresse,
Peut-être imprudemment lui promit ma jeunesse.
Oh! que n'ai-je vécu dans ce siècle brillant,
Où Louis, d'un regard, sut créer le talent!
Quand ce roi, couronné des mains de la victoire,
Éclairait tous les arts des rayons de sa gloire!
Que j'eusse contemplé, d'un œil respectueux,
De Corneille vieilli le front majestueux!
O Racine! en pleurant, à ta douce harmonie,
J'aurais appris de toi les graces du génie!
Bossuet, Fénélon, pontifes immortels,
Cultivant l'éloquence à l'ombre des autels,
Heureux qui put vous voir! heureux qui put entendre
Et ces accents si fiers, et cette voix si tendre!
O jours trop fortunés, qu'êtes-vous devenus?
Beaux-arts, d'un siècle ingrat vous êtes méconnus.
L'art terrible et sanglant qui façonne au carnage
Ces esclaves guerriers, instruments d'esclavage,
Est l'art qui, dans l'Europe, occupe tous les rois.
Plus d'asyle pour vous; votre éloquente voix
Est partout étrangère, et partout importune.
Moi-même qui, pour vous, dédaignant la fortune,
De mes plus jeunes ans vous consacrai le cours,
Flétri par la langueur aux plus beaux de mes jours,
Long-temps j'ai suspendu ma lyre abandonnée.
Mais quel bruit vient frapper mon oreille étonnée!
Je l'entends qui prélude à des accords savants;
Ses fils harmonieux, agités par les vents,
Murmurent, dans la nuit, des sons involontaires;
Ma main, la détachant de ces murs solitaires,

La ressaisit enfin après un long repos.
O siècle de Louis, des arts et des héros,
Tu ranimes ma voix, et mon ame attendrie
Se réveille un moment pour chanter ma patrie.

Instruit par les vertus, enrichi par les arts,
Déjà Pierre, de Londre a quitté les remparts,
A volé vers ces bords où le bassin de Douvre,
Pour recevoir les mers, s'arrondit et s'entr'ouvre.
Son inquiète ardeur presse les matelots;
La voile s'enfle; on part, on fend l'azur des flots.
Les cieux étaient sereins; tout-à-coup un rivage
Pareil, dans le lointain, aux vapeurs d'un nuage,
Des bords de l'horizon parut se détacher,
S'étendre, s'éclaircir, et bientôt approcher :
C'était Calais. Le Czar contemple cette terre
Qui, peut-être autrefois, touchait à l'Angleterre.
Sans doute, de la mer, les terribles efforts
Ont jadis, en grondant, séparé ces deux bords ;
Comme, du Calabrois, le rivage fertile
Jadis fut séparé des champs de la Sicile,
Et les bords espagnols, du rivage africain.
Ainsi, peut-être un jour, le pâle Mexicain,
Vers son golfe profond, aujourd'hui si paisible,
Entendra tout-à-coup, avec un bruit horrible,
L'isthme de Panama s'écrouler dans les mers;
Et l'antique Océan, qui ronge l'univers,
Peut-être brisera, vers le golfe Arabique,
Le nœud qui joint encor l'Asie avec l'Afrique.
O pouvoir indomptable! ô trop frêle séjour!

9.

Les feux, les vents, les eaux, l'ébranlent tour-à-tour;
Et plus terrible encor, l'homme y joint ses ravages!

Cependant, la chaloupe aborde les rivages,
Et s'arrête où le flot, endormi mollement,
Sur l'humide gravier roule languissamment.
Le héros, sur le sable, impatient s'élance;
Il marche, il a foulé les rives de la France.
Le Fort l'accompagnait : « Voilà donc ce pays,
« Qu'a rendu si fameux le règne de Louis,
« Célèbre par les arts, célèbre par la guerre!
« Son sol paraît toucher au sol de l'Angleterre :
« Les deux peuples rivaux semblent n'en former qu'un. »

« Peut-être, dit Le Fort, leur berceau fut commun.
« Mais ils diffèrent plus que si la mer profonde
« Eût, entre leurs climats, mis la moitié du monde;
« Tant la nature, en eux, grava des traits divers!
« Tu croiras, tout-à-coup, voir un autre univers.
« Ici, ce ne sont plus ces mœurs républicaines
« D'un peuple enorgueilli d'avoir brisé ses chaînes;
« Ce n'est plus la rudesse et l'austère âpreté,
« Fruits sauvages d'un sol où croît la liberté :
« Tout est plus doux, l'esprit, les vertus, le langage.
« A peine on a touché sur cet heureux rivage,
« S'offrent le goût des arts, les talents séducteurs,
« Et l'aimable souplesse, et la grace des mœurs.

« Le Breton, frémissant au nom de servitude,
« Nourrit une éternelle et vague inquiétude :

« Le ciel le plus serein lui paraît orageux.
« Le citoyen français, moins fier et plus heureux,
« Pour le républicain, objet digne d'envie,
« D'un charme renaissant, sait embellir la vie,
« Sait jouir des succès, rit au sein des malheurs,
« Et sa chaîne, à ses yeux, est couverte de fleurs.

« L'Anglais, calme au dehors, couve, dans le silence,
« Des grandes passions la sourde violence :
« Sous sa cendre, ce feu ne peut être amorti;
« Chez lui, tout est fureur, et tout devient parti,
« Intérêt de l'État, culte, amusements même;
« S'il n'est indifférent, il faut qu'il soit extrême.
« Le Français, plus actif, et bien moins emporté,
« Échappe aux passions par sa légèreté :
« Elle l'assujétit à ses divers caprices,
« Et borne également ses vertus et ses vices.

« L'un, né compatissant et cruel à-la-fois,
« Féroce dans ses mœurs, est humain dans ses lois:
« L'autre n'offre pas moins des contrastes bizarres,
« Et ce peuple si doux maintient des lois barbares.

« Dans le sein des combats l'un et l'autre fut grand;
« Leur courage est fameux, mais il est différent.
« La valeur de l'Anglais est intrépide et sombre;
« De ses fiers ennemis il calcule le nombre;
« Du choc, sans s'émouvoir, soutient la pesanteur,
« S'anime par degrés, s'acharne avec lenteur,
« Menace, en expirant, l'ennemi qui l'accable,

« Et son dernier moment est le plus redoutable.
« Le Français, plus terrible à son premier effort,
« Où la gloire paraît, n'aperçoit point la mort;
« Il s'élance : pour lui les combats sont des fêtes;
« Il change de plaisirs en volant aux conquêtes.
« Par la seule lenteur on peut lui résister;
« Et, s'il domptait sa fougue, il pourrait tout dompter.

« Par leur gouvernement, plus divisés encore,
« Ce qu'on redoute à Londre, à Paris on l'adore.
« Là, le noble, du peuple autorisant les droits,
« S'en fit un allié pour combattre les rois.
« Le despotisme alors recula d'épouvante.
« Moins magnanime ici, peut-être moins prudente,
« Sous ses pieds dédaigneux foulant le plébéien,
« La noblesse fut tout, le peuple ne fut rien.
« Mais le pouvoir des rois s'avançait en silence;
« La force souveraine emporta la balance;
« Et les grands ont connu, de leur chûte étonnés,
« Qu'en enchaînant le peuple, ils s'étaient enchaînés.

« L'Anglais, dans les fureurs des discordes civiles,
« Sut rendre à son pays ses fureurs même utiles :
« Chaque goutte de sang fut pour la liberté;
« Chaque malheur public servit l'humanité.
« Ici, la nation, ardente, mais légère,
« Laisse errer au hasard sa fougue passagère;
« Et formant des complots, jamais de grands desseins,
« L'intérêt d'un moment toujours arma ses mains.
« Que dis-je? le Français, dans les jours d'anarchie,

« En combattant les rois, aimait la monarchie ;
« Et, vers les factions par caprice emporté,
« Chercha le mouvement plus que la liberté :
« Il méconnut des lois le savant équilibre.

« Malheur au fier Anglais, s'il cessait d'être libre !
« Car, s'il perdait ses lois, il serait sans appui.
« Le despotisme alors, se déchaînant sur lui,
« Serait aussi fougueux que la liberté même.
« Le Français, rassuré sous le pouvoir suprême,
« D'un maître impérieux redoute moins les droits.
« Les mœurs, auprès du trône, ont remplacé les lois.
« Quand l'honneur a parlé, la force doit se taire.

« C'est lui qui du Français maintient le caractère.
« A la voix de l'honneur le Français ennobli,
« Même en obéissant ne s'est point avili.
« Sous des rois qui sont grands, il sait l'être lui-même.
« Orgueilleux d'embellir l'éclat du diadême,
« La gloire est à ses yeux plus que la liberté.

« Prince, tel est ce peuple aimable et redouté :
« De son fier ascendant l'Europe convaincue,
« Par lui fut à-la-fois éclairée et vaincue.
« L'Europe admire, craint, imite le Français :
« A ses voisins altiers, qu'offensent ses succès,
« Il donne les leçons des arts et du courage ;
« Et leur haine jalouse est un nouvel hommage. »
Le Czar prêtait l'oreille au discours de Le Fort.
« Peuple fier et brillant, dit-il avec transport,

« Je vais te voir, je vais contempler les merveilles
« Dont souvent le récit a frappé mes oreilles.
« Que de tableaux divers présentent les humains !
« Je vois que la nature a gravé de ses mains
« Des mœurs des nations l'ineffaçable empreinte. »
De Calais, cependant, il a franchi l'enceinte.
Il s'avance; et son œil, errant de toutes parts,
Sur l'empire français promène ses regards.

Riswick avait éteint le fatal incendie
Qu'alluma dans Augsbourg une main trop hardie;
Le Français belliqueux suspendait ses drapeaux,
Et, fatigué de vaincre, aspirait au repos.
Le soldat a revu sa cabane champêtre,
Les arbres qu'il planta, le toit qui le vit naître.
La mère, qui long-temps a maudit les combats,
Pressait son fils sanglant, échappé du trépas.
Plus loin, le vieux guerrier, blanchi dans les alarmes,
Suspendait, sous son toit, les tronçons de ses armes.
L'airain de sa cuirasse, à demi fracassé,
Et sa lance rompue, et son glaive émoussé,
Et ses mousquets noircis par le feu des batailles,
Vont parer désormais ses rustiques murailles.

Des nuages d'encens rendaient graces aux Dieux :
La paix, rentrant au bruit des chants harmonieux,
Traînait, des camps voisins dans les cités oisives,
Les foudres désarmés, les dépouilles captives.
D'un désordre enchanteur le peuple est animé.
On se rassemble, on court: le salpêtre enflammé,

En astre étincelant pétille et se déploie,
Gronde en accents plus doux, et fait tonner la joie.
Partout le vin écume, et coule à longs ruisseaux,
Et le peuple, en chantant, boit l'oubli de ses maux.

« Apprends à préférer la paix à la victoire,
« Dit Le Fort : accablé du fardeau de sa gloire,
« Las des succès guerriers, vois comme le Français
« Embrasse avidement l'image de la paix !
« Ah ! de ces jeux sanglants qu'un roi guerrier ordonne,
« Les maux sont pour le peuple, et l'éclat pour le trône. »

Tous deux s'entretenaient du destin des États,
De cet horrible droit nommé droit des combats,
Cet affreux tribunal où le juge est l'épée ;
Où souvent, par le fer, la justice est trompée ;
Où le faible est puni des crimes du plus fort.

Mais déjà vers Paris le monarque du Nord
Hâte ses pas ; bientôt il découvre la plaine
Et les bords fortunés où s'égare la Seine.
De joie, en les voyant, son cœur est agité.
Il aperçoit, de loin, cette vaste cité,
Dont le contour embrasse un horizon immense,
Colosse de grandeur élevé sur la France,
Que le luxe a formé, que le luxe nourrit
De l'or amoncelé dont l'État s'appauvrit ;
Qui, nuisant aux sujets, enorgueillit les princes,
De la sève de l'or affame cent provinces ;
Mais dont le noble aspect, l'éclat éblouissant

Offre la majesté d'un empire puissant.

Pierre y porte ses pas ; avec moins de surprise
Il vit les murs fameux que baigne la Tamise.
Chaque pas, chaque lieu découvre à ses regards
Le luxe pacifique et la pompe des arts,
Les travaux imposants que ce siècle a vus naître ;
Mais c'est Louis, d'abord, qu'il aspire à connaître ;
Ce roi, dont le génie et les brillants succès,
Au premier rang du monde ont placé les Français.
Tel, quand le voyageur voit l'Égypte féconde,
Que le Nil engraissa des tributs de son onde,
Dans les remparts du Caire il ne peut s'arrêter ;
Jusqu'aux sources du Nil il aime à remonter.
Parcourant de son lit la chaîne tortueuse,
Il demande aux déserts l'urne majestueuse
D'où ce fleuve sacré, fertilisant ses bords,
De la vie, à grands flots, épanche les trésors.
Pierre vole à Versaille ; et sa grandeur austère
N'emprunte point l'éclat d'une pompe étrangère.
Son cortége et sa cour sont ses nobles travaux ;
Sa pompe est son génie et l'ame d'un héros,
Un grand nom qui, parti des bords de la Crimée,
Accroît, de cour en cour, sa vaste renommée.
Le Fort lui sert de guide. A tout autre inconnu,
Dans Versaille déjà le Czar est parvenu.
De ce fameux Louis, Versaille était l'ouvrage,
Jadis vallon désert, lieu stérile et sauvage.
Là, le vainqueur des rois, vainqueur des éléments,
D'un immense palais posa les fondements ;

Et tous les arts en foule, orgueilleux de lui plaire,
Vinrent y déposer leur pompe tributaire.
Sous l'œil respectueux d'une innombrable cour,
Louis, avec la paix, y célèbre en ce jour
L'auguste hymen d'un fils, sa seconde espérance.
C'était ce jeune prince adoré de la France,
Trop tôt pleuré par elle; aimable rejeton
Qu'en vain, pour nos aïeux, cultiva Fénélon.
Que son destin, hélas! fut brillant et rapide!
La fille de Victor, la belle Adélaïde,
Qu'aux autels de l'hymen conduisent les amours,
A des jours si chéris vient d'unir ses beaux jours.
Gage heureux de la paix à l'Europe rendue,
Des rochers du Piémont elle était descendue;
Et, sous le poids des ans, le monarque français
Semble se rajeunir de ses naissants attraits.
Il veut que de ce jour la fête solennelle
Étale les splendeurs d'une pompe nouvelle.
Partout, des ornements l'or relevait le prix;
L'or flottait en festons sous les riches lambris;
L'or, en dais suspendu, rayonnait sur le trône.

Trois cents jeunes beautés, que l'éclat environne,
Étalaient de l'iris les brillantes couleurs;
La gaze à flots d'argent, l'or en tissu de fleurs,
Sur leurs corps arrondis, errant avec mollesse,
De leur taille flexible entouraient la souplesse.
La richesse et le goût, pour parer tant d'attraits,
Ont d'un art enchanteur épuisé les secrets.
Le rubis étincelle autour des cous d'albâtre.

Sur ces globes de lis, que l'amour idolâtre,
Le feu des diamants serpente en longs éclairs;
Et la perle, blanchie au sein des vastes mers,
Couronne, en se jouant, l'or de leur chevelure.
Mais leurs graces encore éclipsaient leur parure.

La belle Adélaïde, ornement des deux cours,
De quatorze printemps n'avait pas vu le cours;
La tendre majesté se mêlait à ses charmes.
Déjà, de la pudeur les naissantes alarmes
Ont coloré son front d'un attrait plus touchant;
Et l'amour, qui sourit, la blesse en se cachant.
Son jeune époux, près d'elle, a connu la tendresse.
Nourri dans les leçons d'une douce sagesse,
Son regard, combattu, cherche et fuit tour-à-tour
Les charmes qu'à ses vœux a réservés l'amour;
Et des premiers désirs l'innocence et la grace
Donne à ses yeux troublés une timide audace.

De ses fils, cependant, Louis environné,
Louis, roi, conquérant, et père fortuné,
Jusque dans ses plaisirs déployant sa puissance,
Remplissait tous ces lieux de sa vaste présence.
La France, autour de lui, rassembla ses héros,
Ils viennent embellir, dans un noble repos,
Les pompes d'une cour et les grandeurs d'un maître.
Tel le chantre divin que la Grèce vit naître,
Sous les arcs lumineux des palais éternels,
A peint, dans son éclat, le roi des Immortels,
Que le peuple des dieux adorait en silence.

Mars courbait devant lui sa redoutable lance ;
Neptune, le trident de l'humide séjour.
Devant le roi des dieux, le dieu brillant du jour
Incline les rayons de sa tête enflammée ;
De son bouclier d'or Minerve est désarmée,
Et Thémis à ses pieds met l'urne des destins.
Mais les fils de Vénus, les Amours enfantins,
Ornés de carquois d'or, sur les foudres dormantes,
Aiguisaient, en riant, leurs flèches innocentes.
Entouré de sa cour, le monarque des dieux
Embrasse, d'un regard, l'air, la terre et les cieux.

Le héros contemplait ces fêtes éclatantes.
Matelot sur les mers, et soldat sous les tentes,
Monarque accoutumé, dès ses plus jeunes ans,
Moins à l'éclat des cours qu'au toit des artisans,
De climats en climats errant sans diadème,
Renfermant sa grandeur tout entière en lui-même ;
Peut-être en ce moment ses austères regards
Se seraient détournés ; mais la pompe des arts
A la pompe du trône en ces lieux réunie,
Les prodiges du goût, le luxe du génie,
Et le nom, les destins d'un roi victorieux
Ont embelli ce faste étranger à ses yeux.

« Le Fort, la voilà donc, cette cour si fameuse !
« Ce roi vainqueur du Rhin, de l'Elbe et de la Meuse,
« Dont le grand nom errait dans mes vastes déserts
« Avant que je connusse un nouvel univers !
« Quel front majestueux ! quel éclat ! Oui, peut-être,

« A sa seule grandeur j'aurais pu le connaître.
« Il semble, cher Le Fort, qu'à mon œil étonné,
« De soixante ans de gloire il marche environné;
« Et de cheveux blanchis sa tête couronnée,
« De l'Europe et des rois porte la destinée.
« Mais, dis-moi, dès long-temps tu connus ces climats;
« Avant que mes destins eussent guidé tes pas
« Des rives du Léman aux mers hyperborées,
« Tu cherchas des Français les aimables contrées,
« Et vis, dans sa splendeur, cette cour et son roi.
« Qui sont tous ces guerriers, ces princes que je vois?
« Daigne me les nommer. »—« Je puis te satisfaire,
« Dit Le Fort. Là, tout près de son auguste père,
« Est le fils de Louis, le second de l'État :
« Ce prince, enveloppé dans son modeste éclat,
« Voilant presque à ses yeux les droits de sa naissance,
« Semble borner sa gloire à son obéissance.
« Si l'héritier d'un roi dut se faire oublier,
« Il a su disparaître; éclipsé tout entier,
« Il vieillit, en sujet, sur les marches du trône.

« Vois celui que déjà la faveur environne.
« C'est son fils, dont le front s'embellit en ce jour
« Des fêtes de l'hymen; des charmes de l'amour.
« A peine en son printemps, sa précoce sagesse
« Porte les fruits heureux que mûrit la vieillesse;
« Mais son austérité n'est point de la rigueur;
« La touchante pitié sait amollir son cœur.
« Souvent ses pas errants se portent sous le chaume;
« A l'école du luxe il devint économe.

« Ah! sa main, des impôts adoucirait le poids.
« Il voit le sang du peuple empreint sur l'or des rois.
« Cieux, veillez sur ses jours ; qu'une nuit trop cruelle
« N'aille point éclipser une aurore si belle.
« Cieux, réservez ce prince à l'amour des Français ! »
Pierre le voit, l'observe, il contemple ses traits,
Admire sa jeunesse et sa grace sévère ;
Son cœur, en ce moment, se souvient qu'il est père.
Son cœur est emporté vers ces sauvages lieux,
Où son fils, jeune encor, languit loin de ses yeux.
Il soupire ; d'un fils l'attendrissante image
Mêle des traits plus doux à sa grandeur sauvage.

Il observe bientôt un pontife sacré.
« Le Fort, quel est, dit-il, ce sage révéré ?
« J'éprouve à son aspect un charme involontaire. »

—« Si la douce vertu respire sur la terre,
« Ah! tu vois son image : elle a choisi ses traits
« Pour venir aux humains révéler ses attraits.
« Par lui ce prince, instruit dans ses jeunes années,
« A su justifier ses belles destinées.
« Hélas! de la grandeur le dangereux poison
« Avait, au berceau même, enivré sa raison.
« Enfant, il eut l'orgueil d'un despote et d'un maître ;
« Tyran capricieux avant de se connaître,
« Ses yeux à peine ouverts commandaient aux humains ;
« Sa bouche, en bégayant, exprimait les dédains.
« De ce sage adoré le cœur sublime et tendre,
« Au cœur du jeune prince a su se faire entendre,

« Pénétrer jusqu'à lui par un charme touchant,
« L'amollir par degrés, l'instruire en l'attachant,
« Et, vainqueur des défauts, germe du premier âge,
« Enter des fruits plus doux sur un rameau sauvage.
« Aimable Fénélon, vers la postérité,
« Par la gloire et l'amour ton nom sera porté. »

—« Ah! s'écria le Czar, quel trésor pour les princes!
« Ma main, pour l'obtenir, céderait des provinces.
« Et comment acquitter de si nobles travaux?
« Ceux qui forment les rois, des rois sont les égaux.
« Mon fils.... » Il s'arrêta. Dans un profond silence
Son œil erra long-temps sur cette foule immense,
Mais errait sans la voir. Un plus grand intérêt
Cache Louis, sa cour, à son regard distrait.
Tout-à-coup à sa vue elle semble renaître.

Il distingue un mortel qu'il brûle de connaître.
« Le Fort, quel est, dit-il, celui que j'aperçois?
« Est-ce un prince, un héros? est-il du sang des rois?
« Sur son front noble et doux je crois voir réunie
« Aux traits de la grandeur l'empreinte du génie. »

—« Tu vois l'un des soutiens de cette illustre cour;
« Du frère de Louis il a reçu le jour.
« C'est Philippe. Les arts, les plaisirs et l'étude
« Ont rempli de son cœur la vaste inquiétude.
« Ambitieux, guerrier, politique, savant,
« Pour son malheur peut-être, il sonda trop avant
« Les vices, les erreurs, les faiblesses humaines.

« De tous les préjugés sa main brisa les chaînes ;
« Mais, par ce fier mépris, son caractère ardent
« A trop su des humains se rendre indépendant.
« De peu croire aux vertus sa grande ame est punie ;
« Il manque un gouvernail à son libre génie ;
« Et vers l'excès souvent trop prompt à s'emporter,
« Il a dans sa vigueur besoin de s'arrêter.
« Voilà Conti, Conti, fameux par la victoire.
« Il sait plaire et combattre : il allie à la gloire
« Ces graces de l'esprit qu'adore le Français.
« On dit qu'il peut un jour, au trône polonais.... »

—« J'en doute, dit le Czar, et ce trône peut-être....
« Crois que ce n'est point lui que j'en ferai le maître.
« La France est trop à craindre, et Louis est trop grand. »
Pierre obscur et caché parlait en conquérant.
« Mais montre-moi, parmi cette foule innombrable,
« Le vainqueur de Nassau, ce guerrier redoutable,
« Dont le nom a souvent retenti dans le Nord,
« Ce fameux Luxembourg. »—« Il n'est plus, dit Le Fort. »
—« Et Louvois, l'instrument de trente ans de victoire ? »
—« Il n'est plus. »—« Et Colbert, plus heureux dans sa gloire,
« Par qui ce grand Louis fut si bien secondé ? »
—« Il n'est plus. »—« O ! dit Pierre, ô Turenne, ô Condé,
« Louis dans le cercueil vous vit aussi descendre.
« De combien de héros Louis foule la cendre !
« Oh ! comme le génie est rapide en son cours,
« Et combien peu le ciel lui réserve de jours !
« Il naît, brille un moment, se précipite et tombe ;
« La moitié d'un grand siècle est déjà sous la tombe ;

« L'autre y penche déjà : seul, toujours adoré,
« Sur ce trône éclatant, de débris entouré,
« Louis reste debout. »—« Les héros disparaissent,
« Sur leurs tombeaux ouverts d'autres héros renaissent,
« Dit Le Fort. Viens, approche et tourne tes regards. »

Dans la foule aussitôt il lui montre Villars,
Qui déjà de la France a mérité l'estime,
Qui, brave et confiant, superbe et magnanime,
Inspirait à-la-fois, sous ses hardis drapeaux,
L'audace à ses soldats, l'envie à ses rivaux ;
Haï des courtisans, chéri dans une armée,
Comme ses ennemis, forçant la renommée.

Créqui, dont une faute a mûri la valeur,
Qui, pour être un grand homme, eut besoin du malheur.
Vauban craint de l'Europe, et que Louis révère.
Boufflers, dans une cour, Spartiate sévère,
Prêt d'immoler sa gloire à celle de l'État.
Berwick, savant dans l'art de vaincre sans combat.
Et Vendôme, intrépide au sein de la mollesse,
Sybarite guerrier, indolent sans faiblesse,
Opposant sa valeur aux fautes du hasard,
Et son rapide instinct aux profondeurs de l'art.

« Le Fort, que de grands noms à de grands noms succèdent!
« Trop heureux les États, les rois qui les possèdent!
« Ainsi Louis a vu leur utile concours,
« De cinquante ans de règne accompagner le cours.
« Ces talents, ces héros dont un roi s'environne,

« Ami, voilà le luxe et la pompe du trône. »

— « Il en est un encor que je ne connais pas,
« Dit Le Fort. Ce héros échappé des combats,
« Solitaire habitant d'un asyle champêtre,
« Rarement dans les cours vient adorer un maître :
« Il sait, sans les flatter, combattre pour ses rois,
« Et semble importuné du bruit de ses exploits.
« Peut-être de ce jour la pompe solennelle
« L'attire aux pieds du trône où son devoir l'appelle.
« Je puis en être instruit. » Le Fort voit un Français
De qui l'âge commence à sillonner les traits ;
Simple et peu distingué dans une foule obscure,
L'ornement des guerriers est sa seule parure.

« Permettez que ma voix vous ose interroger,
« Dit-il ; daignez montrer aux yeux d'un étranger
« Le vainqueur du Piémont, le héros de Marsaille.
« Vos yeux sans doute ont vu sur les champs de bataille
« Ce guerrier, philosophe à la cour, dans les camps,
« Dont la vertu modeste orne encor les talents,
« Simple dans la grandeur, humain dans la victoire,
« Qui sait et mériter et dédaigner la gloire ;
« Catinat. Je le cherche entre tant de héros. »
Il dit, et le Français lui répond en ces mots :
« Étranger, Catinat, s'il pouvait vous entendre,
« Sans doute aurait ici des graces à vous rendre.
« Louez moins cependant un guerrier dont le bras
« N'a dû quelques succès qu'à ses braves soldats.
« Des vainqueurs de l'Europe il commandait l'élite ;

« Il aima sa patrie, et voilà son mérite.
« Son devoir fut de vaincre; il a vaincu. Louis
« L'a trop récompensé de servir son pays,
« Et d'un si grand honneur son ame est satisfaite.
« N'appelez point vertu l'amour de la retraite.
« Il se cache aux humains, il en est plus heureux. »
Il dit, et dans la foule il s'égara loin d'eux.

« Quel soupçon, dit Le Fort, dans mon cœur vient de naître!
« A ce noble discours, puis-je le méconnaître?
« Non, je n'en doute pas, c'est lui. Seul, dans l'État,
« Catinat peut ainsi parler de Catinat. »
Il s'informe, on lui dit : « C'est Catinat lui-même. »

Pierre le suit de l'œil : « Que j'admire et que j'aime
« Cette vertu si noble en sa simplicité!
« Le Fort, ah! sous ces traits, tu m'as représenté
« Ces antiques Romains à qui tu rends hommage;
« J'ai cru voir, un moment, leur vénérable image. »

Ainsi le roi du Nord observait cette cour.
Pendant son entretien, l'astre brillant du jour,
Vers l'occident rapide emporté par les heures,
Précipitait son char des célestes demeures.
Il touche à l'horizon, il s'abaisse; et la nuit
S'avance sur les pas de l'astre qui s'enfuit.
Mais d'invisibles mains, par des clartés magiques,
Ont remplacé le jour sous ces vastes portiques.
Par un art inconnu, leur dôme étincelant
Imite aux yeux trompés un olympe brillant.

Le zodiaque en feu semble y tracer sa route :
Des soleils d'or peuplaient cette éclatante voûte ;
Leurs feux sont réfléchis sur les murs enflammés.
L'or, l'argent, les cristaux semblent s'être allumés :
L'œil ébloui croit voir leur brûlante matière
S'écouler en torrents et se fondre en lumière.

La nuit n'a plus d'asyle. Au dehors la clarté
Pénètre des jardins la vaste obscurité.

La flamme s'est mêlée à l'onde jaillissante.
D'un bruit harmonieux l'onde retentissante
De rochers en rochers, sur la mousse et les fleurs,
Tombe, et roule à travers d'éclatantes lueurs.
La lumière, des flots accompagnant la course,
Là s'épanche en fontaine, ici bouillonne en source,
En jets étincelants monte et frappe les airs,
Sur des nappes d'argent promène les éclairs,
Embellit de ses feux la grotte des naïades,
En diamant liquide inonde les cascades,
Éclaire le ruisseau dans son cours tortueux ;
Et plus loin un canal, vaste et majestueux,
D'une mer enflammée éblouissante image,
Roule des vagues d'or sur son double rivage.

Tous les sens sont émus. D'harmonieuses voix
Animent tout-à-coup le silence des bois.
La guitare amoureuse exprime la tendresse,
La flûte sous les doigts soupire avec mollesse,
L'airain même adoucit ses tons majestueux,

Et la corde frémit en sons voluptueux.
D'invisibles concerts pour l'oreille charmée
Percent de toute part cette nuit enflammée.
Un peuple de beautés, un peuple de vainqueurs,
Foulent d'un pied léger les gazons et les fleurs,
Entrelacent leurs pas dans de riants dédales,
Et la danse se mêle à ces pompes royales.
Ces lieux par le plaisir s'embellissent encor.
Ainsi, lorsque Apollon touchait sa lyre d'or,
De leur trône éclatant les jeunes immortelles
Descendaient pour former des danses solennelles :
Dans leurs plaisirs brillait la majesté des dieux,
Et les astres roulaient en chœurs mélodieux.

« Où suis-je, dit le Czar, et quels brillants prodiges?
« Sommes-nous égarés au séjour des prestiges?
« O champs de Sibérie! effroyables déserts!
« Bords glacés d'Archangel.... dans quel autre univers
« La main de la nature a jeté mon empire! »

Le Czar, loin du tumulte, à pas lents se retire,
Et ses yeux fatigués vont chercher le repos.
Les astres en silence éclairaient le héros.
Le Fort suivait ses pas. Soudain aux yeux de Pierre
S'offrit un humble toit, demeure hospitalière.
Loin du faste des cours ce tranquille réduit
L'invite au doux sommeil dans l'ombre de la nuit.
Déjà dans sa carrière elle était avancée;
Des étoiles bientôt la lueur éclipsée
Devait s'évanouir aux feux du jour naissant.

A peine il colorait l'horizon blanchissant,
Pierre, en poussant un cri, de sa couche s'élance ;
Sa voix de sa retraite a percé le silence ;
Le Fort accourt. Vers lui précipitant ses pas,
Le monarque troublé se jette dans ses bras.
« Viens, Le Fort, mon ami, mon compagnon fidèle,
« Viens, mon cœur te demande, et ton ami t'appelle. »
Le héros était pâle, éperdu, frémissant,
Il semblait poursuivi d'un spectre menaçant ;
Son œil avec terreur autour de lui s'égare.
« Quel désordre inconnu de ton ame s'empare ?
« Dit Le Fort, tout est calme. »—« Ah! mon cœur ne l'est pas.
« Un destin me poursuit, et s'attache à mes pas ;
« Un horrible destin, que je crains, que j'ignore ;
« J'en ai tous les tourments sans le connaître encore.
« Parmi les ateliers, dans les camps, dans les cours,
« Partout, de mes travaux il interrompt le cours.
« Plein de mes grands projets j'erre en vain dans le monde,
« J'y porte et j'y nourris ma blessure profonde.
« Le trait est dans mon cœur ; il est là, je le sens.
« J'ai cru que le sommeil assoupirait mes sens ;
« Mais le sommeil trompeur a fui de ma paupière.
« Ce n'est point cette cour si brillante et si fière,
« L'éclat de ses plaisirs, la pompe de ses jeux
« Qui se sont dans la nuit retracés à mes yeux :
« J'ai vu (pourquoi faut-il qu'une si douce image
« Ait dans mon cœur ému soulevé cet orage !)
« J'ai vu ce jeune prince, idole de Louis :
« Près de lui, cher Le Fort, je contemplais mon fils :
« Mon regard à tous deux partageant sa tendresse,

« Errait de l'un à l'autre, observait leur jeunesse ;
« Mais, quand je voyais l'un, de vertus entouré,
« Brillant, couvert de gloire, et d'un peuple adoré,
« Mon fils m'apparaissait dans des nuages sombres,
« Son front défiguré s'enfonçait dans les ombres ;
« Mon fils, mon propre fils m'inspirait de l'effroi.
« Il semblait que mon sang, soulevé contre moi,
« Murmurait dans mon cœur et m'y portait la guerre.
« Quand tout-à-coup j'ai cru que du sein de la terre
« S'élevait à mes yeux (ce n'est point une erreur),
« Je l'ai vu, ce vieillard, ministre de terreur,
« Des déserts d'Archangel redoutable prophète,
« Je l'ai vu, de mon sort ce fatal interprète.
« Immobile et muet, le sinistre vieillard
« Sur moi semblait jeter un triste et long regard.
« Que me veut, cher ami, ce terrible fantôme ?
« Pourquoi le jour, la nuit, chez les rois, sous le chaume,
« Partout, vient-il s'offrir à mon esprit glacé ?
« Entre mon fils et moi, pourquoi s'est-il placé ?
« Tout s'est évanoui quand j'ai revu l'aurore ;
« Mais, jusque dans tes bras, l'effroi me suit encore. »
Il se tait, il frémit, et son œil étonné
Attache sur la terre un regard consterné.
Ainsi le voyageur errant la nuit dans l'ombre,
Si l'éclair à ses pieds montre un abyme sombre,
S'arrête, et, suspendu sur le bord menaçant,
Dans un tranquille effroi l'observe en pâlissant.

« Écarte, dit Le Fort, écarte un vain prestige,
« Fantôme de la nuit : s'il est quelque prodige,

« La terreur d'un grand homme est le seul à mes yeux.
« Crois-tu que l'œil humain lise aux secrets des dieux ?
« L'avenir est couvert d'un immense nuage,
« Et la raison de l'homme est son plus sûr présage ;
« Contre un songe imposteur c'est elle que je croi.
« Ton fils né de ton sang sera digne de toi.
« Songe qu'un art cruel voulut, dans ton enfance,
« De ton mâle génie étouffer la puissance.
« Sauvage rejeton, sans culture et sans soin,
« Ta force a triomphé ; l'Europe en est témoin.
« Penses-tu que ton fils sous tes yeux dégénère?
  Il aura pour leçons les vertus de son père.
« Ton maître est l'univers, et tu seras le sien ;
« De tes vastes projets ton fils est le soutien.
« Goûte au sein des travaux cette volupté pure,
« Ces sentiments si doux que promet la nature :
« Quand des chagrins cruels oseront te troubler,
« Elle peut t'attendrir et peut te consoler ;
« C'est le bonheur du pauvre. Ah ! ce charme suprême,
« Ainsi qu'à tes sujets, appartient à toi-même ;
« Au plaisir d'être père abandonne ton cœur. »

D'un ami qui console, ô pouvoir enchanteur !
La paix vint de son front éclaircir les nuages,
Et dans son sein troublé suspendit les orages.
Hélas ! le cœur de l'homme a besoin d'espérer.

Mais le vaste horizon commence à s'éclairer.
L'astre, dont le matin annonçait la naissance,
Du palais de l'aurore en triomphe s'avance,

Et verse par torrents sa lumière et ses feux.
Son char avec lenteur monte au sommet des cieux ;
Aux confins du midi bientôt il étincelle.
Louis vient d'ordonner une fête nouvelle ;
Et dans ces jeux guerriers, amusements des rois,
Il va porter la guerre aux habitants des bois.
Des coursiers hennissants déjà l'ardeur s'allume,
Superbes, rongeant l'or qu'ils blanchissent d'écume,
Des portes du palais tout prêts à s'élancer,
On voit leurs crins mouvants frémir et se dresser :
Le feu roule à longs flots de leur fumante haleine.
Louis se montre enfin. Tout part, et dans la plaine,
Ses princes, ses héros brillent à ses côtés ;
L'amour mène à sa suite un essaim de beautés
Qui, dans leur molle audace et leur volupté fière,
Ornent d'un doux éclat cette marche guerrière.
Le Czar suit inconnu. Son coursier vigoureux
Sous lui vole et bondit et bat les champs poudreux ;
L'altière majesté dans ses regards est peinte.

Déjà des bois touffus on pénètre l'enceinte,
Le signal est donné ; l'airain retentissant
Gronde dans la forêt. Son belliqueux accent
Remplit les profondeurs des antres solitaires.
Les animaux, troublés dans leurs sombres repaires,
Ont tressailli : les chiens, par le cor animés,
De plaisir haletants, et les yeux enflammés,
De leurs naseaux ouverts ont respiré la proie.
En bataillons épars la meute se déploie ;
Le cerf épouvanté s'enfuit, vole et fend l'air.

Sa course a devancé les ailes de l'éclair.
L'œil, qui vole après lui, le cherche dans l'espace ;
A la mobile arène il dérobe sa trace ;
Il fuit les bois, y rentre ; et les longs hurlements,
La marche des coursiers, leurs fiers hennissements,
Les cris tumultueux d'une innombrable foule,
Et d'échos en échos, l'airain bruyant qui roule,
Font mugir la forêt dans sa vaste épaisseur.
Soudain, du fond d'un antre, aux regards du chasseur,
Sur des troncs renversés se frayant un passage,
Un sanglier horrible et né pour le carnage,
Par le bruit excité, menaçant, furieux,
Accourt ; sa taille énorme épouvante les yeux.
Tel parut autrefois le monstre d'Érymanthe.
Sa dent est formidable, et sa gueule, écumante ;
La flamme, à longs éclairs, sort de ses yeux sanglants ;
Ses crins, en dards aigus, ont hérissé ses flancs.
Déjà de toutes parts il a porté la guerre ;
Son ivoire homicide ensanglante la terre.
Le chien, encouragé, revole plus ardent :
Le plomb vole ; déjà, le salpêtre en grondant,
Tonne à coups redoublés. Le monstre, impénétrable,
Résiste à la tempête ; et le plomb redoutable,
Sur son corps endurci, par les foudres lancé,
Siffle, frappe et bondit, et retombe émoussé.
Sa fureur s'en irrite ; et sa gueule enflammée
Vomit en tourbillons une épaisse fumée.
Son souffle dévorant exhale au loin la mort.
Le coursier s'effarouche ; il méconnaît le mors.
Le peuple s'épouvante, et les chiens se dispersent ;

L'un sur l'autre agités, les chevaux se renversent;
La tremblante beauté pâlit de son danger.
Soudain paraît aux yeux un superbe étranger,
Un héros inconnu : c'était Pierre. Il s'avance;
Séparé de la foule, intrépide il s'élance,
Vole au monstre, le joint, l'attaque et le combat.
Dans ses bras vigoureux le monstre se débat,
Il écume, il frémit, il roule sur le sable.
Pierre abat, d'un seul coup, cette tête effroyable,
Qui tombe, et semble encor menacer son vainqueur.
Mille cris élancés se répondent en chœur;
On admire et sa taille et sa force invincible,
Son regard assuré, son front mâle et terrible;
Mais de ce front guerrier le formidable aspect,
Non moins que la terreur, commande le respect.
On révère en tremblant cette main désarmée.
Ainsi, lorsque vainqueur du lion de Némée,
Calme, et sur sa massue appuyé fièrement,
Hercule, du combat, respirait un moment,
Tous les Grecs, en silence, admiraient son courage.

Louis, surtout, Louis l'observe et l'envisage;
Étonné de l'exploit de ses vaillantes mains,
Dès long-temps, sur le trône, à juger les humains
Son œil accoutumé lui décèle un grand homme.
« De quel nom, dit Louis, faut-il que je vous nomme?
« Guerrier, prince, ou héros? Je ne vois pas les traits
« D'un mortel élevé dans l'ombre des forêts;
« Mais tout d'un sang illustre accuse la noblesse.
« Quel dessein, dans ma cour, guida votre jeunesse?

« Dans quel heureux climat vous fit naître le sort? »
—« Je suis, dit le héros, un habitant du Nord;
« Et sous les cieux glacés, témoins de ma naissance,
« Ce bras, qu'ont aguerri les jeux de mon enfance,
« Essaya sa valeur sur les monstres des bois.
« Mais je viens admirer de plus nobles exploits;
« Je viens, transfuge heureux des mers hyperborées,
« Contempler les héros de ces belles contrées,
« Surtout un roi fameux, qui, dans ses grands travaux,
« Compta des ennemis, et n'eut point de rivaux.
« J'aspire à le connaître, et j'aspire à l'entendre.
« Si j'obtiens cette gloire, un jour je puis prétendre,
« Quel que soit le hasard qui m'ait transmis mon sang,
« A remplir mes destins, et mériter mon rang. »
Il dit, et de son front la majesté royale,
Du roi qui lui parlait, parut être l'égale.

La gloire avait déjà, de pays en pays,
Porté le nom de Pierre à la cour de Louis.
Il savait ses desseins, le but de ses voyages;
Qu'interrogeant les rois, les héros et les sages,
Partout il poursuivait la lumière et les arts.
Dans ce fier étranger qui frappe ses regards,
Le monarque français a cru le reconnaître;
Si ce n'est pas lui-même, il est digne de l'être,
Et Louis à sa cour invite le héros.
De retour à Versaille, il lui parle en ces mots.
Seuls, ils s'étaient soustraits à la pompe des fêtes.

« Noble et brave inconnu, si cependant vous l'êtes,

« Car il est des mortels qui, fuyant la splendeur,
« Ne peuvent échapper à leur propre grandeur,
« Confirmez mes soupçons, ou daignez les détruire.
« On parle d'un héros, maître d'un vaste empire;
« On dit que, jeune encor, des Ottomans vainqueur,
« Aujourd'hui dans l'Europe, illustre voyageur,
« Il vient des nations conquérir la sagesse;
« Que, du sommet du trône, avec gloire il s'abaisse;
« On dit qu'il étonna Londres, Vienne, Amsterdam;
« Que, soldat sous Eugène, et pilote à Sardam,
« Artisan couronné sur les rives bataves,
« Il foule ces grandeurs dont nous sommes esclaves.
« Est-ce lui que je vois, que j'admire en ce jour,
« Lui, dont l'auguste aspect vient honorer ma cour? »
—« Je cherche des leçons et non pas des hommages,
« Répondit le héros. Dans des climats sauvages
« Le sort plaça mon nom sur la liste des rois;
« Je ne m'en défends pas : mais qu'importent ces droits?
« Qu'importe le hasard d'un titre héréditaire?
« J'abhorre une grandeur stérile et solitaire,
« Que mes tristes sujets ne partageraient pas.
« Oui, je veux les former aux vertus, aux combats;
« Je veux par le génie ennoblir la victoire;
« Je veux tenir des arts mes titres à la gloire.
« Ce dessein m'a conduit dans vingt climats divers.
« En Pologne, j'ai vu de l'orgueil et des fers,
« L'esclavage pleurer aux pieds de l'anarchie;
« La Prusse, en son berceau, tendre à la monarchie;
« La politique sourde à la cour des Césars,
« Et l'inculte grandeur qui méconnaît les arts;

« Chez le Germain robuste, une race aguerrie,
« Dont le naissant travail s'essaie à l'industrie ;
« A Londre, avec les lois, un génie orageux,
« Plus jaloux d'être libre encor que d'être heureux ;
« J'ai vu l'or et les mers enrichir le Batave ;
« Dans Paris, le Français poli, savant et brave ;
« Dans Versailles, enfin, je viens chercher un roi.
« Ton nom, dans mes déserts, retentit jusqu'à moi.
« Ton nom m'importunait, j'ai voulu te connaître.
« Peins-moi ces jours brillants que ton astre a fait naître ;
« De ton règne fameux retrace-moi le cours.
« Pour remplir mes projets, tu me dois tes secours ;
« J'ai droit à tes leçons. Tu fus grand ; je veux l'être.
« Instruit par soixante ans, sois mon guide et mon maître.
« Apprends-moi par quel art tu sus vaincre et régner.
« L'art de vaincre n'est rien sans l'art de gouverner. »

# CHANT II<sup>e</sup> DE LA FRANCE.

« Prince, reprit Louis, ce généreux langage,
« Ces traits de la grandeur, cet accent du courage,
« Vos exploits, vos projets, tout annonce un héros.
« Je lis dans l'avenir vos illustres travaux ;
« Ils ouvrent, devant vous, une carrière immense :
« Mais la mienne finit, quand la vôtre commence.
« Vous voulez qu'un vieillard vous révèle aujourd'hui
« Ce qu'il fit pour son siècle ; et son siècle, pour lui.
« Vous lui redemandez, après soixante années,
« Le secret de sa gloire et de ses destinées,
« Et ces grandes leçons que le temps, quelquefois,
« Dépose avec lenteur dans les ames des rois.
« Je vous obéirai, non pas pour vous instruire ;
« Le destin vous créa pour fonder un empire :
« Un homme tel que vous, par lui-même inspiré,
« S'il descend dans son cœur, est sûr d'être éclairé ;
« L'école d'un grand homme est surtout son génie.
« Prince, vous jugerez et mon règne et ma vie.
« La gloire, quarante ans, fut l'objet de mes vœux ;
« Son éclat, je l'avoue, éblouissait mes yeux ;

« Je crus la mériter, et je l'obtins peut-être :
« Le courtisan, du moins, la prodigue à son maître.
« Mais l'avare avenir, juge plus redouté,
« Souvent dispute aux rois cette immortalité
« Que leur donne, au hasard, un flatteur mercenaire.
« Qu'un grand homme, en ce jour, me rassure et m'éclaire ;
« C'est à vous de m'absoudre ou de me condamner :
« Qui mérite la gloire, a droit de la donner. »
Sous un dais éclatant les deux rois se placèrent ;
Du héros attentif les regards se fixèrent
Sur ce roi si fameux, vieilli dans les travaux ;
Et Louis, cependant, poursuivit en ces mots :

« Un homme en qui l'audace aux talents fut unie,
« Sujet par sa naissance, et roi par son génie,
« Avait du nom français commencé la splendeur,
« Et préparé pour moi ce siècle de grandeur.
« Cet homme est Richelieu, ministre despotique,
« Profond dans ses desseins, fier dans sa politique,
« Qu'il fallut à-la-fois admirer et haïr ;
« Qui, parmi les complots, sut se faire obéir ;
« En dégradant son roi, releva la couronne,
« Du pouvoir d'un sujet fit hériter le trône ;
« Combattit et l'Espagne et l'Autriche et les grands,
« Et sans aimer le peuple, écrasa ses tyrans :
« Il ébranla l'Europe, et sut calmer la France.
« Tandis que des Césars il sapait la puissance,
« La mort l'interrompit dans son vaste projet.
« Son maître, qui ne fut que son premier sujet,
« Qui, faible dans sa cour, partout ailleurs fut brave,

« Sans oser être libre, indigné d'être esclave,
« A ce ministre-roi donnant peu de regrets,
« Dans la nuit du tombeau, l'avait suivi de près.
« Je devins, à cinq ans, l'héritier de la France.

« J'avais eu le malheur d'être roi dès l'enfance;
« Il le faut avouer, je fus à peine instruit.
« Hélas! dès le berceau la vérité nous fuit.
« D'un front respectueux adorant nos caprices,
« On flatte notre orgueil, on caresse nos vices.
« Le mensonge corrompt un monarque naissant,
« Et perd un peuple entier, pour flatter un enfant.
« Mais le ciel m'instruisit au milieu des orages;
« Mon ame, jeune encor, s'indignant des outrages,
« Dans l'infortune au moins acquit de la hauteur.
« La révolte m'apprit à sentir ma grandeur.

« Mazarin, de l'État tenait encor les rênes;
« Mazarin, dont le nom alluma tant de haines,
« Qui, comme Richelieu, trop prompt à tout oser,
« N'eut point cette grandeur qui sait en imposer;
« Qui, passant de l'exil à la toute-puissance,
« Fut lui-même étonné de tant d'obéissance.
« De titres, de trésors, avare usurpateur,
« D'un roi, né son pupille, il parut le tuteur;
« Et dévorant en paix mon immense héritage,
« Cherchait à m'endormir dans un long esclavage.
« Mais ce lâche repos n'était point fait pour moi :
« Fatigué d'obéir, je me sentais né roi.
« Il mourut; je régnai: le Français n'eut qu'un maître;

« Mais je voulus encore être digne de l'être.

« D'un regard attentif fixant ma nation,
« Je l'observai : je vis que la dissension
« Avait d'un peuple ardent aiguisé les courages.
« Ces temps de liberté, de trouble et de ravages,
« Forment ou des héros, ou des conspirateurs.
« Je ne sais quoi de grand ennoblissait les mœurs;
« Mais il fallait au frein assujettir l'audace.
« Les princes de mon sang, les héros de ma race,
« Fiers du coupable honneur d'inspirer de l'effroi,
« S'étaient accoutumés à combattre leur roi.
« Que dis-je? il fallait même, en ces siècles d'orage,
« Redouter leur faiblesse autant que leur courage.

« La noblesse, ce corps né pour servir l'État,
« Et, placé près du trône, en augmenter l'éclat,
« Semblait encore, après dix siècles d'intervalle,
« Respirer les poisons de l'hydre féodale;
« Aux pieds de Richelieu, courbée en frémissant,
« Relevait, sur sa tombe, un front plus menaçant;
« Cherchait à retenir un reste de puissance,
« Ou vendait, à prix d'or, sa fière obéissance;
« Sous un prince avili, prête à l'intimider,
« Sous un roi généreux, prête à le seconder,
« Instrument, à-la-fois, utile et redoutable.

« Mon œil, autour de moi, vit un peuple innombrable,
« Actif, impétueux, mais facile et léger,
« Qui, dans les mouvements d'un trouble passager,

« Exerce, en se jouant, une force inquiète ;
« Que le repos fatigue, et bientôt la tempête ;
« Idolâtrant ses rois, fier de leur obéir ;
« Pouvant se plaindre d'eux, et jamais les haïr ;
« Mais qui veut, de ses chefs respectant la puissance,
« N'avoir point à rougir de son obéissance.

« Tel me parut mon peuple : il lui fallait un roi
« Qui, contenant sa force, en dirigeât l'emploi.
« Devoir, besoin, penchant, tout s'accordait peut-être.
« Soudain je fis sentir l'autorité d'un maître :
« Du Français belliqueux le caractère ardent,
« D'une volonté ferme éprouva l'ascendant ;
« Sans briser son ressort, je le rendis flexible,
« Et sa force réglée en devint plus terrible.

« Il fallait l'occuper. Un peuple de héros,
« N'aurait pu soutenir le tourment du repos.
« Moi-même, en gouvernant ce peuple magnanime,
« Je voulais obtenir des droits à son estime ;
« Je crus que la victoire était l'art de régner :
« Alors on savait vaincre, et non pas gouverner.
« Des brillantes erreurs de la chevalerie,
« L'Europe belliqueuse était encor nourrie ;
« Du préjugé commun je suivis le torrent,
« Et je fis du Français un peuple conquérant.
« Ma noblesse, élancée au champ de la victoire,
« En perdant la puissance, aspirait à la gloire ;
« Je la voyais ou suivre, ou devancer mes pas.
« Toute ma nation, exercée aux combats,

« Avait appris un art long-temps ignoré d'elle,
« L'art de discipliner son courage rebelle,
« D'obéir à ses chefs pour les mieux seconder :
« Un essaim de héros naissait pour commander.
« De talents réunis spectacle auguste et rare !
« La nature, en tout temps, de grands hommes avare,
« Qui semble avec lenteur les former sous sa main,
« Et par de longs repos les vendre au genre humain,
« Prodigue tour-à-tour avec magnificence,
« Les répandait en foule et hâtait leur naissance ;
« Tout semblait s'agrandir en servant sous mes lois.
« Je parlais : le génie, attentif à ma voix,
« Aux conseils, aux combats empressé de paraître,
« Esclave obéissant, volait aux pieds d'un maître ;
« Et fier d'exécuter mes ordres absolus,
« Semblait n'être pour moi qu'un courtisan de plus,
« Briguant l'heureux emploi d'ajouter à ma gloire.
« Faut-il de ces grands noms retracer la mémoire ?
« Sans doute jusqu'à vous, prince, ils sont parvenus ? »
— « Plusieurs, dit le héros, me sont déjà connus.
« Aux rives d'Archangel, aux bords de la Crimée,
« Notre oreille n'est point sourde à la renommée.
« Ces noms ont retenti jusque dans nos déserts ;
« Répandus par la gloire, ils sont à l'univers.
« Mais c'est par toi surtout que je veux les connaître ;
« Roi de tant de héros, tu fus digne de l'être.
« Tu sus les employer, tu dirigeas leurs plans.
« Qui pourrait mieux que toi me peindre ces talents,
« Merveilles de la France et du siècle où nous sommes ?
« C'est surtout aux grands rois à parler des grands hommes. »

—« Le premier, dit Louis, de ces noms éclatants,
« Est ce fameux Condé, général à vingt ans,
« Couvert dans les combats d'une gloire immortelle,
« Né pour être un héros plus qu'un sujet fidèle.
« Lui seul, de son génie il connut le secret;
« Lui seul, en osant tout, ne fut point indiscret.
« Entouré de périls, le grand homme ordinaire
« Balance les hasards, consulte, délibère;
« Pour lui, voir l'ennemi c'était l'avoir dompté;
« En mesurant l'obstacle, il l'avait surmonté :
« Sa prudence, sortant de la route commune,
« Par l'excès de l'audace enchaînait la fortune.
« Pour guider des Français, le ciel l'avait formé;
« Mais ce feu dévorant dont il fut animé
« Fit ses égarements ainsi que son génie;
« Il ne put d'un affront porter l'ignominie;
« Maître de la victoire, et non maître de soi,
« Pour punir un ministre, il combattit son roi.
« Un remords lui rendit sa patrie et sa gloire.

« Turenne, ainsi que lui, formé pour la victoire,
« Habile à tout prévoir, comme à tout réparer,
« Différant le succès pour le mieux assurer,
« Couvrant tous ses desseins d'un voile impénétrable,
« Ou vainqueur ou vaincu, fut toujours redoutable.
« Tantôt avec ardeur précipitant ses pas,
« Tantôt victorieux sans livrer de combats;
« De vingt peuples ligués spectateur immobile,
« Son génie enchaînait leur valeur inutile.
« Bourbon dut ses succès à son activité;

« L'ennemi de Turenne a souvent redouté
« Sa lenteur menaçante, et son repos terrible.

« Luxembourg, fier, actif, et comme eux invincible,
« Eut l'ame de Condé, l'éclair de son regard,
« Et ce génie ardent qui sait maîtriser l'art.
« Sa main à mon empire ajouta des provinces.
« Admirez cependant quel est le sort des princes !
« A mes ressentiments si mon cœur eût cédé,
« Peut-être Luxembourg n'eût jamais commandé ;
« Peu chéri dans ma cour, mais grand dans une armée,
« L'éclat de ses hauts faits et de sa renommée
« Fut un ordre pour moi d'employer sa valeur :
« La justice une fois tint lieu de la faveur.
« J'appris qu'un courtisan qui déplaît à son maître,
« N'est pas moins un héros, lorsqu'il est né pour l'être ;
« Que souvent le monarque a besoin du sujet ;
« Et ce fier Luxembourg, que son roi négligeait,
« Rendu, par ses talents, nécessaire à la France,
« Força son Souverain à la reconnaissance.
« Mon cœur, né généreux, sut en porter le poids ;
« J'honorai son génie, et payai ses exploits.

« Tels étaient ces grands chefs. Tandis que leur courage
« Faisait trembler le Rhin, le Danube et le Tage,
« Du sein de mon palais un ministre fameux
« Secondait par ses soins leurs travaux belliqueux :
« C'était ce fier Louvois, actif, infatigable,
« De mes droits offensés vengeur inexorable,
« Esclave des grandeurs plus qu'ami de son roi,

« Mais par ambition servant l'État et moi.
« Je connus ses défauts ; je vis son caractère
« S'endurcir par degrés dans un long ministère.
« Ses yeux, importunés d'un éclat étranger,
« N'aimaient que les talents qu'il pouvait protéger.
« Faiblesse avilissante et pourtant trop commune!
« Mais son jaloux orgueil servit à ma fortune.
« Sous ses savantes mains les plans étaient tracés,
« Tous les hasards prévus, tous les ordres fixés.
« Un silence profond précédait la conquête :
« Avant que l'ennemi pût prévoir la tempête,
« Le coup inévitable était déjà porté.

« Le superbe Espagnol, si long-temps redouté,
« De la France à la fin respectait le génie.
« La France intimidait l'altière Germanie ;
« Le Belge épouvanté fuyait de toutes parts ;
« Le Batave, tremblant dans ses derniers remparts,
« Pour arrêter la guerre appelait les naufrages.
« L'habitant du Piémont, sous ses rochers sauvages,
« Ne trouvait plus d'abri contre mes combattants :
« La gloire promenait mes étendards flottants.
« A Steinkerque, à Nerwinde, à Fleurus, à Marsailles,
« Les siéges, les assauts succédaient aux batailles.
« Je me montrais partout, et les murs foudroyés
« Attendaient ma présence, et tombaient à mes pieds.

« Tout cédait, tout tremblait ; l'Europe frémissante
« Long-temps ne m'opposa qu'une haine impuissante ;
« L'Europe, avec terreur, se taisait devant moi.

« On crut que j'aspirais, dans ce commun effroi,
« Au titre impérieux de monarque suprême,
« Au rang de roi des rois : chimérique système
« Que l'Autriche, dit-on, conçut dans sa splendeur,
« Qui du fier Charles-Quint séduisit la grandeur,
« Dont Philippe après lui, ce tyran politique,
« Ce despote appauvri par tout l'or du Mexique,
« Ne fut désabusé que par de longs revers !
« Pour moi, quoique ces bruits aient rempli l'univers,
« Je ne m'égarai point dans un projet si vaste ;
« J'eus moins d'ambition peut-être que de faste.
« Mon cœur à vos regards ne se déguise pas :
« Il semblait que la guerre et que l'art des combats
« Ne fût qu'un jeu sanglant où mon jeune courage
« Sur les rois mes égaux disputât l'avantage.
« Je voulus, abaissant les peuples les plus fiers,
« Étonner les humains, sans leur donner des fers.

« L'Europe cependant, qui se crut menacée,
« A venger ses affronts l'Europe intéressée,
« S'armait de toutes parts pour défendre ses droits.
« Alors parut au jour, pour la première fois,
« Ce fantôme imposant sous le nom d'équilibre,
« Qui trouble l'univers pour le rendre plus libre,
« Qui, par des contre-poids, et des ressorts nouveaux,
« Promet une balance entre vingt rois rivaux ;
« Balance ensanglantée et toujours incertaine,
« Que l'actif intérêt, le caprice ou la haine,
« Agitant tour-à-tour dans de mobiles mains,
« Font servir de prétexte au malheur des humains.

« Bientôt, comme du sein du plus profond nuage,
« Je vis sortir un chef actif, plein de courage ;
« Sous un flegme apparent sa dévorante ardeur
« Cachait de ses desseins la sourde profondeur ;
« Il soulevait l'Europe, et paraissait tranquille :
« C'est ce fameux Nassau, ce politique habile,
« Trop méconnu par moi, peut-être dédaigné,
« Affectant les vertus dont j'étais éloigné,
« Guerrier souvent vaincu, mais toujours indomptable,
« Usurpateur adroit et grand homme coupable,
« Rival de mon pouvoir, jaloux de mes succès,
« Et plus mon ennemi que celui des Français.
« J'admire son génie et pardonne à sa haine :
« Il n'avait point encor la grandeur souveraine ;
« Et simple magistrat d'un peuple indépendant,
« Il crut de ma fortune arrêter l'ascendant.
« C'est lui qui fomentait ces ligues menaçantes,
« Ces complots des États, ces haines renaissantes.
« Londres, Vienne, Madrid, tout s'armait contre moi;
« Je vis grossir l'orage, et le vis sans effroi.
« Souvent par le péril notre ame est élevée.
« Je combattis l'Europe après l'avoir bravée,
« Et l'univers apprit, par mes heureux efforts,
« Le secret de ma force, inconnu jusqu'alors.
« Je vainquis. » — « Tes succès ont étonné la terre,
« Dit le Czar ; tu parus l'arbitre de la guerre.
« Mais dis-moi par quel art, dans tes hardis projets,
« Tu sus à ta hauteur élever tes sujets ?
« Quel ressort employa ton heureuse industrie ?
« Alluma-t-elle en eux l'amour de la patrie ?

« Ou par l'obéissance, ou d'utiles rigueurs,
« Fis-tu d'un peuple entier un peuple de vainqueurs?
« Je t'écoute; instruis-moi : ma juste confiance
« Appelle à son secours ta vaste expérience. »

« Je sais, reprit Louis, que, dans plus d'un État,
« Le ressort de la crainte est l'ame du soldat,
« Que, tremblant sous ses chefs, insensible à la gloire,
« Par la peur du supplice il court à la victoire :
« L'esclave même alors peut devenir guerrier,
« Sous la main de son maître instrument meurtrier,
« Mourant pour obéir, souffrant par habitude,
« Et l'héroïsme en lui n'est que la servitude.
« Mais le cœur du Français, superbe et généreux,
« Ne peut être guidé par ces moyens honteux :
« Qui voudrait l'avilir flétrirait son courage;
« Il peut souffrir la mort, et non pas un outrage.
« Quant à cette vertu sublime, j'en conviens,
« Qui jadis en héros changeait les citoyens;
« Cet amour de l'État, ce culte politique,
« Trésor d'un peuple libre et fanatisme antique,
« Rarement du Français anima les exploits.
« Soit la faute du peuple ou la faute des rois,
« Son cœur ne s'ouvre point à cette idolâtrie;
« Il connaît une cour bien plus qu'une patrie.
« Ce ressort, il est vrai, manquait à mon bonheur;
« Mais je le remplaçai par celui de l'honneur,
« Idole de l'Europe, à qui tout rend hommage :
« Il n'est pas la vertu, mais il en est l'image;
« Plus que le prince même il se fait obéir.

« Censeur impérieux de qui l'ose trahir,
« Il inflige une peine inévitable et prompte,
« Flétrit par un regard et punit par la honte.
« J'excitai, je nourris ce noble sentiment,
« J'en fis de ma grandeur le premier instrument ;
« Mais je me gardai bien d'avilir mon empire,
« En payant avec l'or ce que l'honneur inspire :
« Par l'or en tout climat l'honneur fut combattu.
« Qui peut désirer l'or pour prix d'une vertu,
« Calculera bientôt quel est le prix d'un crime.
« Ah ! si ce vice infecte un peuple magnanime,
« Son roi verrait en vain germer l'or sous ses pas.
« L'honneur est un trésor qui ne s'épuise pas ;
« Il renaît sous la main du roi qui le dispense,
« Et rend plus généreux celui qu'il récompense.
« Je sus donc l'employer. J'embellis de mes mains
« Ce fantôme brillant qui conduit les humains.
« Le prix d'avoir vaincu était de vaincre encore.

« Le Français est plus grand sous un roi qu'il adore.
« Cet éclat dont mes jours étaient environnés,
« Ces triomphes nombreux l'un à l'autre enchaînés,
« Ces pompes de la gloire et ces augustes fêtes,
« Le respect qu'aux humains impriment les conquêtes,
« Toute cette grandeur frappa ses yeux surpris.
« Une commune ivresse agita les esprits :
« La valeur du soldat devint de l'héroïsme ;
« L'amour pour le monarque, un heureux fanatisme.
« Dans tous mes courtisans j'eus des adorateurs ;
« Mais c'était en héros qu'ils étaient mes flatteurs.

## CHANT DEUXIÈME DE LA FRANCE.

« Pour hommage, à mes pieds ils portaient la victoire,
« Et l'encens qu'ils m'offraient fut celui de la gloire.
« Mon peuple cependant partageait ma grandeur;
« Le trône éclairait tout de sa vaste splendeur.
« Tout Français fut illustre, ou sembla né pour l'être;
« Tout sujet parut fier de me nommer son maître;
« D'un bout du monde à l'autre, en triomphe porté,
« Ce grand nom de Français fut une dignité.
« Sans craindre la valeur, je sus la rendre utile;
« Je présidais à tout; et d'une main tranquille
« Je tenais les ressorts de ces grands mouvements.

« Czar, je vous fais l'aveu de tous mes sentiments :
« Il en est un surtout, soit grandeur ou faiblesse,
« Qu'au regard d'un héros il faut que je confesse.
« Comptant autour de moi tant d'illustres sujets,
« Instruments de ma gloire, appuis de mes projets,
« Souvent importuné d'un doute involontaire,
« Je craignis d'usurper une gloire étrangère.
« Sur ma propre grandeur plein d'un secret effroi,
« J'osai me demander : Ma gloire est-elle à moi? »

« Mon cœur en est garant, et j'ose t'en répondre,
« S'écria le héros. Vienne, Madrid et Londre,
« Rivaux, admirateurs, tout confirme tes droits.
« Depuis quand les sujets sont-ils grands sans les rois?
« Un roi n'est-il donc plus l'ame de son empire?
« C'est lui, dans ces grands corps, qui vit et qui respire.
« Regarde les États où des rois ignorants
« Traînent dans les langueurs leurs jours indifférents :

« Quel bras sait y porter la balance ou le glaive?
« Qui rampe obscurément ne veut pas qu'on s'élève.
« Un éclat qu'ils n'ont point semble les outrager :
« Pour pardonner la gloire, il faut la partager.
« Quand le ciel nous plaça dans le rang où nous sommes,
« Il nous commit le soin de créer de grands hommes.
« Va, tu t'es acquitté de cet auguste emploi ;
« Leur génie est le tien, leurs vertus sont à toi.
« Ainsi que leur grandeur, ta mémoire est durable,
« Et de tous ces héros le cortége honorable,
« Accompagnant ton nom chez la postérité,
« Te porteront en pompe à l'immortalité.
« Mais poursuis ; je t'écoute : achève de m'instruire.
« Quelquefois l'art de vaincre est l'art de se détruire ;
« Et, pour de grands succès, il faut de grands efforts.
« Quel art a sous ta main reproduit les trésors ?
« On t'a vu réunir sur cette heureuse terre
« Le luxe, les combats, les beaux-arts et la guerre.
« Ainsi dans la Sicile, aux campagnes d'Enna,
« Le voyageur, dit-on, qui contemple l'Etna,
« Portant des pas tremblants sur sa voûte profonde,
« D'un côté voit des feux qui menacent le monde,
« De l'autre, le printemps, la verdure et les fleurs.
« Endurci dès l'enfance à de sauvages mœurs,
« J'ai peine à concevoir ce brillant assemblage.
« Dis-moi comment, au sein d'un éternel orage,
« Ton État s'enrichit, et par quels soins prudents,
« Si terrible au dehors, tu régnas au dedans.
« Permets que mon regard, te suivant dans ta course,
« Aille de tes grandeurs interroger la source. »

« Je vais la découvrir à vos yeux pénétrants,
« Dit Louis. Cet honneur manquait à mes vieux ans,
« D'éclairer un monarque et d'instruire un grand homme;
« Mais, avant de poursuivre, il faut que je vous nomme
« Un sujet, bienfaiteur de la France et le mien,
« Ministre vertueux, courtisan citoyen,
« Qui m'a servi vingt ans, que tous les jours son maître,
« En pleurant sur sa cendre, apprend trop à connaître :
« C'est Colbert. » A ce nom, le Czar parut frappé.
Souvent de ce grand nom il s'était occupé ;
Et son oreille encor devint plus attentive.

« C'est lui dont le talent, la vigilance active
« A rendu, dit Louis, mon règne fortuné.
« En me donnant Colbert, le ciel m'a tout donné :
« Je lui dois cet éclat, ces arts, cette opulence.
« Un jour, je m'en souviens, admis en ma présence,
« Son regard m'annonça la noble fermeté
« Qui vient auprès d'un roi mettre la vérité.
« Malheur au Souverain qui la force à se taire !
« Préoccupé des soins de son grand ministère,
« Il me tint ce discours, que j'ai dû retenir,
« Qui, même après trente ans, vit dans mon souvenir.
« C'était dans ce palais, au lieu même où vous êtes.

« Votre valeur, dit-il, médite des conquêtes.
« Il est d'autres exploits que je viens vous offrir ;
« Roi, ce sont vos États qu'il vous faut conquérir.
« Au lieu de cette force incertaine et terrible,
« Appui trop passager d'une grandeur pénible,

« Et qui, semblable au fer qui s'émousse en frappant,
« Périt par le succès, et s'use en détruisant,
« Il en est une active, éternelle et constante :
« Du hasard des combats, elle est indépendante ;
« Bienfait de la nature, attaché par ses mains
« Au sol qu'elle a créé pour nourrir les humains.
« Cette force est à vous ; elle est votre héritage.
« Aspirez-vous à l'autre, elle en devient le gage.
« Réveillez, dans les champs, les travaux assoupis ;
« Ces champs ensemencés, en se couvrant d'épis,
« Dans leur sein belliqueux nourriront des armées.
« Vous en verrez sortir des légions armées ;
« Formez des laboureurs, vous aurez des soldats.
« Roi, voulez-vous encore agrandir vos États ?
« C'est votre ambition ; elle est commune aux princes.
« Eh bien ! à votre empire ajoutez deux provinces
« Qui portent dans leur sein d'innombrables trésors,
« Qui, partout, de la France environnent les bords,
« Que les rois vos aïeux n'ont jamais obtenues,
« Que ce fier Richelieu lui-même a méconnues,
« Quand de notre grandeur il a tracé le plan.
« La Méditerranée et le vaste Océan,
« Ces deux mers sont à vous ; leur onde tributaire
« Baigne de vos États l'enceinte héréditaire.
« De votre nom, plus loin, répandez la splendeur.
« A vos nobles désirs, avides de grandeur,
« J'offre l'Inde, la Chine, et les deux Amériques.
« Commandez ; vos sujets, citoyens des tropiques,
« Iront porter vos lois dans des mondes nouveaux ;
« Là, pour vous, le soleil mûrira les métaux ;

## CHANT DEUXIÈME DE LA FRANCE. 177

« L'eau, la terre et le feu, par un heureux mélange,
« Feront germer pour vous les diamants du Gange.
« Le commerce aux États donne les premiers rangs ;
« Ainsi que la victoire il a ses conquérants.
« Partout on vit le globe envahi par l'épée ;
« Le commerce aux humains rend la terre usurpée.
« Abandonnerez-vous vos droits sur l'univers?
« Prince, si vous avez des intérêts plus chers,
« Si dominer l'Europe est le but qui vous flatte,
« C'est à Coromandel, à Golconde, à Surate,
« Bien plus qu'aux bords sanglants du Danube ou du Rhin,
« Ou parmi les rochers qui couronnent Turin,
« Que vous vaincrez l'Europe, et régnerez sur elle.
« Il est, il est encore une grandeur nouvelle,
« Que vous ne paierez pas du sang de vos guerriers.
« Peuplez, au lieu des camps, vos nombreux ateliers.
« Les arts, tyrans plus doux, de leurs mains souveraines,
« A vos fiers ennemis sauront forger des chaînes,
« Et de l'Europe esclave assujettir les cours.
« Vous les verrez bientôt, implorant nos secours,
« Du tribut de leur or payer leur ignorance.
« En vain ils frémiraient de cette dépendance ;
« Leur luxe, et des besoins jusqu'alors ignorés,
« Prince, voilà les fers que vous leur donnerez.
« Un mot peut du Français éveiller l'industrie.
« Près d'enrichir son roi, lui-même et sa patrie,
« Ce peuple ingénieux naquit pour tous les arts.
« Mais un plus grand objet doit fixer vos regards.

« Depuis que l'Amérique, à l'Europe enchaînée,

« A nos dissensions mêle sa destinée,
« La politique change ; et bientôt, dans les cours,
« Les intérêts d'État vont prendre un autre cours.
« L'Autriche, deux cents ans à l'Europe fatale,
« Ne nous menace plus de sa grandeur rivale.
« Gustave, Richelieu, Condé, Turenne et vous,
« Avez, à ce grand corps, porté les derniers coups.
« Son règne est éclipsé ; son destin, qui se lasse,
« La laisse retomber à la seconde place.
« L'Angleterre s'élève, et monte au premier rang ;
« Ce peuple, à qui ses lois ont coûté tant de sang,
« Affranchi désormais d'une crainte importune,
« Par la route des mers s'avance à la fortune.
« Vous le verrez, dans peu, former de grands desseins,
« Et rendre son repos terrible à ses voisins.
« Tout peuple indépendant veut donner des entraves ;
« L'homme libre est tyran, il lui faut des esclaves ;
« Et l'Anglais, plus jaloux encor que citoyen,
« Hait les autres États plus qu'il n'aime le sien.
« A ce fier allié la Hollande asservie
« Protégera, par crainte, un pouvoir qu'elle envie.
« L'éclat du nom français est pour eux un affront ;
« Se haïssant tous deux, tous deux ils s'uniront.
« Ce n'est que sur les mers que l'on peut les abattre ;
« C'est là leur élément, c'est là qu'il faut combattre.
« Bientôt retentiront de Portsmouth à Ceylan,
« Tous les grands coups d'État frappés sur l'Océan.
« Alors cette balance, aujourd'hui si vantée,
« Du sein du continent, sur les ondes portée,
« Pesant les intérêts de deux mondes divers,

« Parmi l'or et le sang flottera sur les mers.
« Alors sur les vaisseaux planera la victoire.
« Hâtez-vous, saisissez cette nouvelle gloire.
« Vos Français, à la fois soldats et matelots,
« Sauront, comme la terre, assujettir les flots.
« Fondez une grandeur dont le vaste édifice,
« Dans la postérité, s'étende et s'affermisse,
« Que l'orage et le temps ne puissent ébranler. »
« Il dit : avec respect je l'entendis parler.
« J'avais peu distingué, dans mon pouvoir suprême,
« Mon peuple de ma cour, et ma cour de moi-même :
« Éclairé par les soins d'un ministre prudent,
« De mes derniers sujets je me vis dépendant ;
« J'aperçus dans leurs mains le dépôt des richesses.
« Soudain, encouragé par d'utiles largesses,
« Mon peuple, autour de moi, sortit d'un long sommeil :
« Sa naissante industrie annonça son réveil.
« Des sources du Midi, du Levant et de l'Ourse,
« L'or, jusqu'en mes États dirigé dans sa course,
« Vint dans mes camps nombreux nourrir mes bataillons,
« Du laboureur surpris arrosa les sillons,
« Des talents et des arts féconda la semence,
« Parcourut les cités, revint en fleuve immense
« Couler aux pieds du trône ; et le trône à son tour,
« Favorisant sa pente et hâtant son retour,
« Par un reflux heureux le rendait à mes villes.
« Ma voix multiplia tous les travaux utiles.
« Pour donner au commerce un plus rapide cours,
« Des fleuves et des mers j'empruntai les secours,
« Et soumis à mes lois leurs ondes étonnées.

« Vers les rives de Cette, aux pieds des Pyrénées,
« Un immense canal, utile avec grandeur,
« Des rochers et des monts perça la profondeur.
« Du nord dans le midi les tributs s'épanchèrent;
« Du nord et du midi les ports se rapprochèrent :
« Vainqueur des éléments, par des travaux hardis,
« J'unis deux océans l'un par l'autre agrandis.
« Le commerce forma des essaims de pilotes;
« Sur mes chantiers déserts on vit croître des flottes :
« La mer connut aussi mes ordres absolus,
« Et j'eus, pour triompher, un élément de plus.
« Le luxe cependant, qui naît de l'abondance,
« De ses brillants trésors enrichissait la France :
« Le luxe sur ma cour répandait son éclat.
« Un habitant du Nord, un monarque soldat,
« Le fier législateur d'un peuple encor sauvage,
« Le héros que Sardam a vu sur son rivage,
« Du trône et de la cour dépouillant la splendeur,
« Sous l'habit d'artisan déguiser sa grandeur,
« Peut-être ouvre, à ce mot, une oreille étonnée.
« Du luxe trop souvent la source empoisonnée
« A du bonheur public infecté les canaux,
« Je le sais; et souvent, pour prévenir ces maux,
« Chez des peuples fameux, la politique austère
« Sut imposer à l'homme un joug involontaire,
« Enchaîner ses penchants par de rigides soins,
« Et, pour donner des mœurs, retrancha des besoins.
« Mais cette âpre rigueur que l'héroïsme inspire,
« Est la vertu d'un homme, et non pas d'un empire :
« C'est, du moins, la vertu d'un peuple peu nombreux.

« Le luxe tour-à-tour, utile ou dangereux,
« Tantôt nourrit l'État, et tantôt le dévore :
« Chez un peuple indigent il l'appauvrit encore :
« Où l'égalité règne il flétrit les vertus :
« Dans ces vastes États, sous le glaive abattus,
« Le luxe teint de sang annonce le ravage ;
« C'est l'impôt que la force y met sur l'esclavage.
« Mais il peut, sans danger, embellir une cour :
« Si, né de l'industrie, il l'excite à son tour,
« Alors c'est un tribut que l'indigente adresse
« Impose à la grandeur, lève sur la richesse ;
« A d'innombrables mains il donne des travaux.
« Il faudrait, pour le vaincre, ordonner aux vaisseaux
« De ne point apporter les trésors des deux mondes,
« Ordonner aux moissons de n'être pas fécondes,
« Aux humains inquiets défendre les désirs,
« Au pauvre les travaux, au riche les plaisirs :
« Enfin, de mes Français le brillant caractère
« Ne peut être asservi sous une règle austère ;
« On pourrait le détruire en voulant le changer.
« Le Français craint l'ennui bien plus que le danger ;
« Au sortir d'une fête il court à la victoire,
« Et veut voir les plaisirs à côté de la gloire :
« Je sus les réunir ; ces vainqueurs, ces héros
« Venaient se délasser dans un brillant repos.
« Une pompe magique embellissait mes fêtes ;
« Mes plaisirs étonnaient, ainsi que mes conquêtes.
« Je l'avouerai, ma cour parut, dans sa splendeur,
« Des rois de l'Orient imiter la grandeur.
« Mais, puisque, sans détour, avec vous je m'explique,

« Ce luxe éblouissant, ce faste politique,
« Prince, servit encore à l'un de mes projets :
« D'agrandir le monarque aux yeux de ses sujets,
« D'étonner les esprits. Un immense intervalle
« Sépara tout-à-coup la majesté royale,
« De ces princes, ces grands qu'on voyait autrefois
« Sur les marches du trône en usurper les droits.
« Je fis prédominer l'éclat du diadême.
« Tout rentra dans la foule; et mon courtisan même
« A peine osait de loin, de ma gloire étonné,
« Lever d'humbles regards sur ce front couronné.
« Ce prestige, aux Français, surtout est nécessaire.

« Mon palais, des beaux-arts, devint le sanctuaire;
« L'époque de ma gloire annonça leurs travaux,
« Et fit naître un essaim de célèbres rivaux,
« Qui tous, encouragés par d'utiles dépenses,
« Par ces regards d'un roi qui sont des récompenses,
« A mes nobles désirs offraient de toutes parts
« Le luxe ingénieux des talents et des arts.
« Mais je leur demandai, dans ma brillante ivresse,
« Un luxe de grandeur, et non pas de mollesse.
« J'ennoblis le pinceau, l'aiguille et le burin;
« On vit les vieux héros renaître sur l'airain.
« Les marbres, les métaux, le porphyre et l'albâtre,
« Ajoutant au respect d'une cour idolâtre,
« Consacrèrent aux yeux les palais de ses rois;
« Et l'humble architecture agrandie à ma voix,
« Relevant par degrés son front de la poussière,
« Étonna le Français de sa majesté fière;

« J'imprimai mon génie à ces travaux heureux,
« Et mon règne éclatant se réfléchit sur eux.
« Mais, tandis que ces arts, de leur main créatrice,
« Semblaient de ma grandeur décorer l'édifice,
« Des arts plus imposants, plus sublimes encor.... »

« Je t'entends, s'écria le monarque du Nord.
« Ah! tu veux me parler de ces arts que j'envie,
« Trésors de l'univers, bienfaiteurs de la vie,
« A qui l'homme jadis dressa plus d'un autel.
« Tu l'as donc rappelé, ce génie immortel
« Et de l'antique Rome et de l'antique Grèce;
« Qui des siècles grossiers a poli la rudesse;
« Qui, de la barbarie écartant les fléaux,
« Tira deux fois, dit-on, l'Europe du chaos;
« Par qui l'homme a connu sa force souveraine,
« L'homme a civilisé son sauvage domaine,
« A dompté l'univers, rebelle sous ses mains;
« Qui sut, pour lui, des mers aplanir les chemins,
« Lui dévoiler les cieux, lui mesurer la terre;
« Qui, livrant à l'erreur une éternelle guerre,
« Des siècles écoulés rassemble les travaux,
« Aux antiques trésors joint des trésors nouveaux,
« Forme un dépôt immense, et semble, d'âge en âge,
« De l'humaine pensée accroître l'héritage.
« Quand pourrai-je, fidèle à mes vastes projets,
« Louis, à ton exemple, éclairer mes sujets?
« Dans un heureux climat le destin t'a fait naître,
« Et la France docile a secondé son maître;
« Mais pour moi, relégué dans de sauvages lieux,

« J'aurai tout à combattre, et la terre et les cieux.
« Il me faut, pour les arts, créer une patrie,
« Sur des déserts glacés répandre l'industrie,
« Et, de la vie éteinte allumant le flambeau,
« Réchauffer la nature au bord de son tombeau.
« Mais toi, restaurateur de ces arts que j'adore,
« Dis-moi, prince, dis-moi, comment tu fis éclore
« Ce jour qui, près du pôle, est venu m'éclairer :
« Qu'as-tu fait pour les arts ? » — « J'ai su les honorer,
« Dit Louis. Échappé de mon obscure enfance,
« Dont un soin criminel prolongea l'ignorance,
« Je ne sais quel instinct m'avertit que les arts,
« Les talents, méritaient de fixer mes regards.
« Prince, dans ces talents qui brillaient à ma vue,
« Je vis une grandeur qui m'était inconnue,
« Qui ne se transmet point avec les droits du sang,
« Qui seule n'attend rien des caprices du rang ;
« Grandeur dont Richelieu, despote de la France,
« S'était montré jaloux dans sa toute-puissance,
« Et la seule qu'un roi, qui peut tout asservir,
« Ou ne puisse donner, ou ne puisse ravir.
« Je me sentis frappé de ce grand caractère,
« Et dès lors le génie eut le droit de me plaire.
« Je ne le craignis point : sans être son rival,
« En le récompensant je devins son égal.
« Ma main avait sur lui répandu des largesses ;
« Mais pour lui, c'est trop peu que de viles richesses :
« Les arts, d'un prix honteux, seraient humiliés,
« Les arts seraient flétris, s'ils n'étaient que payés.
« J'ennoblis la richesse en y mêlant la gloire.

« Elle appartient aux arts ainsi qu'à la victoire.
« De ce brillant salaire heureux dispensateur,
« Je fus sourd à la brigue, à l'obscur délateur.
« C'est aux cris de la haine et de la calomnie,
« Que souvent, dans les arts, j'aperçus le génie.
« Le génie outragé fut plus cher à mes yeux,
« Je l'approchai de moi, pour le défendre mieux;
« Et, répandant sur lui l'éclat qui m'environne,
« Le mis à mes côtés, sous la garde du trône.
« A l'ignorance oisive, à l'orgueil insolent,
« Mon regard commanda le respect du talent;
« Je le sus honorer, loin même de la France :
« Qu'importe le pays qui lui donne naissance!
« Un grand homme n'est plus un étranger pour moi,
« Par mes bienfaits au moins je veux être son roi.
« Ces bienfaits, ces honneurs créèrent des miracles :
« On soutint les travaux, on franchit les obstacles;
« Par un sublime essor le Français s'élevant,
« Un peuple de vainqueurs fut un peuple savant.
« Je vis autour de moi les erreurs dévoilées,
« De l'antique raison les bornes reculées.
« L'homme, quinze cents ans dans sa marche arrêté,
« D'un pas plus affermi cherchant la vérité,
« Avança dans la nuit qui couvre la nature.
« De la terre étonnée il fixa la mesure,
« Et surprit dans les cieux des astres ignorés.
« L'univers fut connu. Des sages révérés,
« Pontifes éloquents, sur mes fils, sur moi-même,
« Déployaient des talents l'autorité suprême.
« Ils instruisaient ma cour; ils formaient à-la-fois

« Des rois pour les sujets, des sujets pour les rois.
« Partout j'étais frappé des accents du génie,
« Les mœurs l'adoucissaient par la tendre harmonie.
« Des poètes fameux la séduisante voix
« Embellit les vertus, paya les grands exploits ;
« Et d'un tribut d'encens par leurs mains honorée,
« La tombe des héros en était plus sacrée.
« Tout peuple amant des arts est un peuple soumis.
« Le Français, au dehors, domptait mes ennemis ;
« Et des arts, au dedans, la grâce enchanteresse,
« De l'esprit des combats, sut polir la rudesse.
« Courageux et docile, aimable et conquérant,
« Le peuple le plus doux fut aussi le plus grand. »

« C'est peu, dit le héros. Par toi l'Europe entière
« A d'un jour inconnu vu briller la lumière.
« O Louis! ô des arts auguste créateur!
« Par eux, du monde entier tu fus le bienfaiteur.
« Voilà, voilà surtout ta véritable gloire.
« Cent rois ont partagé l'honneur de ta victoire.
« Ces images d'airain, ces bustes adorés,
« Qu'aux jours de la grandeur Paris a consacrés
« Au vainqueur des Germains, au vainqueur des Bataves,
« Ces bronzes suppliants et courbés en esclaves,
« Un jour s'écrouleront sur leur base ébranlés ;
« Le temps dévorera ces bronzes mutilés,
« Ce palais où tu crus attacher ta mémoire :
« Il rongera le marbre où tu gravais ta gloire ;
« Et peut-être qu'un jour l'habitant de Paris
« Ignorera le lieu, tombeau de ces débris.

« Mais les écrits fameux que ton siècle a vus naître,
« Que protégea ton goût, qu'il inspira peut-être,
« Dans ces jours reculés subsisteront encor :
« Le temps rajeunira leur antique trésor ;
« Et de ces monuments la vieillesse immortelle,
« Etonnant d'âge en âge une race nouvelle,
« Ira de tes Français, dans l'immense avenir,
« Imprimer le respect et le long souvenir,
« Et jusque dans les cours, dignes de les entendre,
« Aux hommages des rois recommander ta cendre. »

Pierre garda long-temps un silence profond ;
Le respect pour les arts était peint sur son front.
Frappé de leur grandeur, et plein de leur image,
Dans son silence même il leur rendait hommage :
Son regard immobile était religieux.
Ainsi quelquefois l'homme, en présence des cieux,
Recueilli dans son cœur, comme en un sanctuaire,
Rend un culte muet à des dieux qu'il révère.
Sur Louis, tout-à-coup relevant ses regards :
« Pardonne ; mon esprit égaré sur les arts,
« Un moment oublia ton auguste présence.
« Achève, éclaircis-moi des destins de la France.
« Un grand objet..... » Soudain il hésite ; deux fois
Un secret mouvement vient enchaîner sa voix.
Sa liberté sauvage ignorait l'art de feindre :
Au silence à regret il parut se contraindre.
Louis s'en aperçut, et l'invite à parler.

« Eh bien, je ne vais donc te rien dissimuler.

« Ton règne est de leçons une source féconde ;
« Ainsi qu'à ton pays, il est utile au monde,
« Et le monde avec moi conspire à te louer.
« Mais un évènement (faut-il te l'avouer?)
« Dans ce règne fameux m'embarrasse et m'étonne,
« Tant il paraît blesser les intérêts du trone !
« Et peut-être, parmi tant de faits éclatants,
« Seul, il a de quelque ombre obscurci tes vieux ans.
« D'un Scythe voyageur excuse la franchise ;
« A ne te pas flatter ta grandeur m'autorise.
« Tu m'instruis par ton règne, et ce cœur indompté
« Pour hommage du moins te doit la vérité.

« J'ai parcouru l'Europe ; et sur toutes ses rives
« De tes Français errants les troupes fugitives,
« De l'Elbe à la Tamise ont frappé mes regards :
« Pères, enfants, époux, et femmes et vieillards
« Tournaient en gémissant les yeux vers leur patrie.
« Amsterdam s'est accru de leur riche industrie ;
« Londres les a reçus dans son paisible sein ;
« Par eux, Berlin a vu d'un innombrable essaim,
« Peupler de ses remparts la solitaire enceinte ;
« Et, puisqu'à tes regards j'ose parler sans feinte,
« Je ne te cache pas que, sous mes cieux glacés,
« Mes camps ont accueilli tes sujets dispersés,
« Que leur vaillante main aux bords du Borysthène
« A plus d'un Ottoman a fait porter ma chaîne.
« Même un de tes proscrits, jeté dans mes climats,
« Des champs de Sibérie habitant les frimas,
« A, pour adorer Dieu dans une paix profonde,

« Enseveli ses jours aux limites du monde.
« Roi, quel fatal génie a donc pu t'aveugler ?
« Quel si grand intérêt a pu te consoler,
« Quand tes cités en deuil, quand ta France déserte
« Pleurait de ses enfants l'irréparable perte ? »
Ce discours du héros parut troubler Louis.
« D'innombrables sujets perdus pour mon pays,
« Et leur fortune errante, au sort abandonnée,
« Leurs cris retentissant dans l'Europe étonnée
« Rappellent à mon cœur un fatal souvenir.
« Czar, je vais vous parler comme si l'avenir,
« Ce juge inexorable et que je crois entendre,
« Dans le sein de la tombe interrogeait ma cendre.
« Un grand homme à mes yeux est la postérité.
« Connaissez le malheur de notre autorité,
« Les piéges du pouvoir, l'erreur inévitable
« Qui souvent dans les rois rend la vertu coupable.

« J'ai cru (vingt Souverains l'ont pensé comme moi)
« Qu'il ne faut dans l'État qu'un dogme et qu'une loi,
« Que jamais, chez le peuple, un doute involontaire
« N'ébranle impunément le culte héréditaire ;
« Que deux sectes bientôt font naître deux partis ;
« Que tous doivent courber leurs fronts assujettis
« Aux pieds du même autel, ainsi qu'aux pieds du trône ;
« Qu'une sainte harmonie affermit la couronne ;
« Que le Français surtout, dans sa légèreté,
« A, d'un nœud plus étroit, besoin d'être arrêté ;
« Qu'il ne faut point offrir à l'humaine ignorance
« Le tableau dangereux d'un culte qui commence,

« Ni la main qui réforme ou dresse des autels ;
« Que la religion, pour les faibles mortels,
« Doit cacher dans la nuit sa vieillesse adorée ;
« Que plus elle est antique, et plus elle est sacrée.

« J'observais que le choc de deux cultes rivaux,
« D'une guerre intestine allumant les flambeaux,
« Avait sous mes aïeux ensanglanté la France.
« Sous mon règne, il est vrai, le poids de ma puissance
« Avait tout contenu. Dans les camps, au sénat,
« Je n'ai vu qu'un parti : c'est celui de l'État.
« Mais peut-être qu'un jour ces discordes impies
« Auraient pu ranimer leurs cendres assoupies.
« Je voulus, rapprochant deux cultes opposés,
« Réunir à jamais les esprits divisés,
« Ne faire de l'État qu'une famille immense,
« Des maux qui pouvaient naître étouffer la semence,
« Et, d'un tronc autrefois si fertile en poisons,
« Dans ses derniers rameaux couper les rejetons. »

« Monarque, ignorais-tu cette force suprême
« De la religion qui brave les rois même,
« S'arme contre les rois de la Divinité,
« S'arme contre la mort de l'immortalité ?
« Quand Dieu parle aux humains ils n'ont plus d'autre maître.

« Mon erreur, dit Louis, peut s'excuser peut-être.
« J'avais, des rois vaincus et des peuples domptés,
« Trente ans, vu devant moi fléchir les volontés.
« J'avais vu l'Africain se courber sous ma chaîne.

« Je crus qu'à mon signal, à ma voix souveraine,
« Mes sujets d'obéir se feraient un devoir.
« Eh! quel monarque heureux douta de son pouvoir?
« Enfin, je l'avouerai, je commis une faute.
« Ce superbe Louvois, ce ministre despote,
« De son fatal génie infecta mon projet.
« Né pour être tyran, s'il n'eût été sujet,
« Sur un peuple opprimé du poids de sa puissance
« Il semblait se venger de son obéissance.
« Aux vices du pouvoir joignant ceux de son cœur,
« Louvois changeait partout ma justice en rigueur;
« En le déshonorant il fit haïr son maître,
« Et punit la révolte après l'avoir fait naître.
« D'armes, de bataillons ce peuple environné
« Voyait de toutes parts le soldat effréné,
« De sa religion ensanglanter les fêtes.
« Les toits des citoyens s'écroulaient sur leurs têtes;
« Sous les débris fumants des temples démolis,
« Les tombeaux paternels furent ensevelis.
« Que dis-je? hélas! l'erreur fut mise au rang des crimes;
« Le glaive au nom des lois égorgea des victimes;
« On fit près des autels dresser des échafauds,
« Et la loi fut prêchée au milieu des bourreaux.
« Et moi, toujours trompé, quand, du sein de Versailles,
« Louvois contre mon peuple ordonnait des batailles,
« Quand les murs désolés et les champs des combats
« Retentissaient des cris que je n'entendais pas.... »

Louis parlait encor: la jeune Adélaïde,
Palpitante, troublée, et le regard timide,

Accourant tout-à-coup, se jette dans ses bras.
La pitié se mêlait à son tendre embarras;
La pitié la plus douce embellissait ses charmes,
Et de ses yeux troublés s'échappaient quelques larmes.
Qui roulaient comme on voit, sur les humides fleurs,
De la naissante Aurore étinceler les pleurs.

« O mon père, pardon, si ma voix indiscrète,
« Dit-elle, ose troubler votre auguste retraite,
« Et du trône peut-être interrompre les soins!
« Une femme ( mes yeux en ont été témoins),
« Une femme éperdue, au désespoir livrée,
« La pâleur sur le front, la démarche égarée,
« Erre dans ce palais, qu'elle inonde de pleurs;
« Elle veut à vos pieds déposer ses douleurs.
« Vers votre appartement elle s'est élancée;
« Vos gardes rigoureux trois fois l'ont repoussée.
« Barbares, disait-elle, arrachez-moi le jour!
« Ses suppliantes mains embrassent tour-à-tour
« Les marbres du palais et les marches du trône.
« On la suit, on la plaint, la foule l'environne.
« O mon père! c'est vous qu'elle implore à grands cris;
« Daignez, daignez la voir. »—« J'y consens, dit Louis;
« Qu'on l'amène à mes yeux, je suis prêt à l'entendre. »

« Ton cœur, dit le héros, est magnanime et tendre.
« Oui, c'est à l'opprimé, qui réclame les lois,
« Que surtout appartient la présence des rois.
« Qu'importe à nos sujets, à nos grandeurs peut-être,
« Qu'un courtisan de plus rampe aux pieds de son maître!

« Mais si l'orgueil du trône écarte un malheureux,
« Ses cris, perdus pour nous, remontent vers les cieux ;
« Ses cris ont un vengeur, et sa plainte est sacrée. »

Au même instant parut une femme éplorée,
Belle dans sa douleur, au printemps de ses jours.
De ses soins protecteurs lui prêtant les secours,
La jeune Adélaïde, au front doux et modeste,
Marchait à ses côtés comme un ange céleste,
Guidait ses pas tremblants, rassurait son effroi.
« Le voilà, » lui dit-elle en lui montrant le roi.
Cette femme à l'instant, égarée, interdite,
Aux genoux de Louis tombe et se précipite,
Y demeure attachée, et les baigne de pleurs.
Louis avec bonté console ses douleurs,
La relève, enhardit sa timide faiblesse.
Elle surmonte enfin le trouble qui la presse,
Et de ses longs soupirs interrompant le cours :

« Mon nom est Adhémar ; les auteurs de mes jours,
« Dit-elle, avec leur sang m'ont transmis la noblesse.
« S'ils n'ont pas, loin des cours, obtenu la richesse,
« Leur nom fut dans les camps connu par leurs exploits.
« Le sang de mes aïeux a coulé pour les rois ;
« Cet honneur fut ma dot et mon seul héritage.
« Mon époux eut, comme eux, la valeur en partage.
« La gloire, loin de moi, l'entraînant sur vos pas,
« Ma main l'arma souvent pour voler aux combats ;
« Et, si je ne crains point de vous être importune,
« S'il m'est permis encor, malgré tant d'infortune,

« De louer à vos pieds un généreux époux,
« Il fut blessé six fois en combattant pour vous.
« Hélas ! il eût voulu vous immoler sa vie.
« Qu'aujourd'hui son destin serait digne d'envie !
« Je pourrais, sans frémir, pleurer sur son tombeau.

« Mais nous fûmes tous deux instruits, dès le berceau,
« Dans le culte proscrit par vos ordres sévères ;
« Ce culte, pardonnez, fut celui de nos pères ;
« Ils l'avaient embrassé lorsque, dans les hasards,
» Leurs pas du grand Henri suivaient les étendards ;
« Et nous avions tous deux reçu de nos ancêtres
« Notre religion et l'amour de nos maîtres.
« Une fille, deux fils, fruits de nos chastes feux,
« Nés du plus tendre amour, en resserraient les nœuds.
« Leur enfance croissait sous nos toits solitaires.
« Soudain, d'un ordre affreux sanglants dépositaires,
« Les armes à la main, de farouches soldats
« Viennent pour arracher nos enfants de nos bras,
« Grand Dieu ! pour les remettre en des mains inconnues.
« A cet ordre effrayant mes cris percent les nues.
« Égaré, furieux, et rebelle une fois,
« Mon époux, je l'avoue, a méconnu vos lois.
« Mes fils, à mes côtés, victimes innocentes,
« Me pressaient, me serraient de leurs mains caressantes,
« Ils sentaient leur danger ; ma fille, doux trésor !
« Que du lait maternel je nourrissais encor,
« Dormant entre mes bras sur mon sein appuyée,
« N'entendait pas les cris de sa mère effrayée.
« Hélas ! rien n'attendrit ces soldats inhumains.

## CHANT DEUXIÈME DE LA FRANCE.

« Déja l'un de mes fils par de barbares mains
« Est traîné..... Mon époux, impétueux, terrible,
« (Quel père en ce moment pouvait être insensible!)
« Troublé, n'écoutant plus que la voix de son cœur,
« Frappe, et fait à ses pieds tomber le ravisseur.
« La nature et l'amour, tous deux ont fait son crime.
« Moi-même (oui, je le sens au transport qui m'anime),
« Oui, si mon faible bras eût égalé le sien,
« Ce crime involontaire aurait été le mien.
« Pour partager ses fers je tends mes mains tremblantes.

« Tout-à-coup j'ai senti mes forces défaillantes;
« Et, lorsqu'avec terreur mes yeux se sont rouverts,
« Le silence régnait sous mes lambris déserts.
« Ma fille, quand sa mère était presque sans vie,
« D'entre mes bras mourants avait été ravie.
« J'ignore où sont mes fils. Mon époux malheureux,
« Dans l'horreur d'un cachot traîne des jours affreux.
« Quelle est donc cette loi, grand Dieu! qui nous sépare?
« Sur quels sauvages bords, dans quel climat barbare,
« A-t-on ravi l'enfant sur le sein maternel?
« Leur père infortuné serait-il criminel?
« Partout je n'ai reçu que réponses sinistres.
« J'ai voulu vainement implorer vos ministres;
« Leur porte a retenti de mes cris douloureux,
« Leur porte inexorable est sourde aux malheureux;
« Et mes gémissements, mes cris et mes prières
« N'ont pu de leurs palais surmonter les barrières.
« Sans appui, sans espoir, Sire, je viens à vous;
« Une femme, une mère embrasse vos genoux.

« Mon époux, mes enfants.... » La tendresse, la crainte,
Le trouble, ont tout-à-coup glacé sa voix éteinte.
Elle attend en silence ou la vie ou la mort.
Pierre, né généreux, s'attendrit sur son sort.
De pitié, de douleur Adélaïde émue,
A peine sur Louis osant fixer sa vue,
Timide et l'implorant par un trouble muet,
Laisse parler encor son silence inquiet.
Son œil peint tout-à-coup la crainte et l'espérance.

Louis, d'un front serein qu'embellit la clémence :
« Rassurez-vous, dit-il, et calmez vos douleurs,
« Tout ce que vous aimez, je le rends à vos pleurs ;
« Oui, votre époux vivra. Né brave et magnanime,
« Ses services passés ont effacé son crime.
« La nature et le sang ont des droits éternels,
« Indépendants du trône et même des autels.
« Vous me l'avez appris ; votre malheur m'éclaire.
« Oui, les droits les plus saints sont les droits d'une mère ;
« Ce pouvoir précéda celui des souverains ;
« Qu'il soit toujours sacré. Que, nourris par vos mains,
« Vos fils abandonnés à votre heureux empire,
« Ne soient plus orphelins quand leur mère respire.
« Que la bonté partout annonce un dieu de paix,
« Et vous rende à mon culte à force de bienfaits. »

Ainsi parla Louis. Adhémar désolée,
De la nuit du tombeau semble être rappelée.
Les yeux levés au ciel, et les bras étendus :
« Grand Dieu ! s'écria-t-elle, ils me seront rendus ! »

Le Czar de cette mère admira la tendresse,
Il admira Louis. — « Ton auguste vieillesse
« D'une nouvelle gloire a donc su s'honorer!
« Tu commis une faute, et sais la réparer.
« Que ne peux-tu, de même, à la France éplorée
« Rendre de ses enfants la famille égarée!
« Rendre à leurs champs déserts tes laboureurs épars,
« Et de trente cités repeupler les remparts!
« Ah! trop fatale erreur qui trompa ton génie!
« Pour moi, qui de Tobolsk aux champs de Livonie,
« Et des bords de l'Euxin jusqu'aux mers du Japon,
« Jusqu'aux déserts glacés où languit le Lapon,
« Dans cette enceinte immense où mon peuple respire,
« Vois vingt religions se disputer l'empire,
« Je veux, en protégeant leurs dogmes révérés,
« Maintenir dans la paix ces ennemis sacrés.
« Je n'ai point ta grandeur; mais j'aurai le courage
« De les soumettre au frein d'un tranquille esclavage.
« Le prêtre, aux pieds du trône abaissant l'encensoir,
« Aura droit au respect, et jamais au pouvoir.
« Du Batave prudent j'imiterai l'exemple.
« Je veux qu'à l'Éternel, du sein de chaque temple,
« Vingt cultes, à-la-fois rivaux et florissants,
« Élèvent tous ensemble un pacifique encens.
« Eh! quel droit avons-nous, même au rang où nous sommes,
« D'interroger le culte et les erreurs des hommes?
« C'est comme citoyen, guerrier ou magistrat,
« Que l'homme est né sujet et doit compte à l'État;
« Mais sa religion n'appartient qu'à lui-même;
« C'est le secret de l'homme avec l'Être suprême;

« Et ce sublime empire où Dieu seul a des droits
« Est dans une hauteur inaccessible aux rois.
« Nous commandons aux bras, les cieux, à la pensée. »

Du trône et de l'autel la cause balancée
Dans un long entretien occupa les deux rois.
Louis de son palais, pour la première fois,
De cette raison fière entendait le langage.
Il parut étonné : mais il était dans l'âge
Où, fixé sans retour, l'homme ne change plus.
Nos premiers sentiments ont des droits absolus,
Et notre esprit trompé s'en fait des vertus même,
Surtout quand, réunis à la grandeur suprême,
D'une cour idolâtre humblement adorés,
Soixante ans de respect les ont rendus sacrés.
Alors d'un nouveau jour la clarté passagère
Importune les yeux plus qu'il ne les éclaire.
Pour le soir de la vie il n'est plus de flambeau,
Et nos longs préjugés nous suivent au tombeau.

# CHANT III.<sup>ME</sup> DE LA FRANCE.

L'aurore, de rayons ceignant deux fois sa tête,
Du palais de Louis avait doré le faîte ;
Deux fois la nuit obscure avait chassé le jour
Depuis que les deux rois, s'instruisant tour-à-tour,
Méditaient l'art profond de gouverner la terre,
D'animer les travaux, de diriger la guerre,
D'enflammer la valeur et de la contenir ;
L'art de récompenser bien plus que de punir ;
L'art d'enfermer surtout dans leurs bornes sacrées,
Ces ministres des cieux, puissances adorées ;
D'unir les rois au peuple, aux rois les citoyens.
En poursuivant le cours de ces grands entretiens,
Pierre écoutait Louis : mais sa noble prudence
Gardait de sa raison la fière indépendance.
Même en s'enrichissant d'un génie étranger,
Il osait le combattre et toujours le juger ;
Et de ce roi fameux balançant le système,
Consultait son climat, son empire, et lui-même.
Tel, pour fertiliser trois illustres États,
Des Alpes, son berceau, précipitant ses pas,
Déja fier dans sa course, et grand lorsqu'il commence,
Le Rhône impétueux traverse un lac immense :
Là, ses eaux en roulant se grossissent encor ;

Mais il défend au lac d'usurper leur trésor,
Et, de ses vastes flots maintenant l'héritage,
Rentre majestueux dans son propre rivage.

Pierre a quitté Versaille, et revole à Paris.
Paris, dans sa splendeur, frappa ses yeux surpris,
Quand, la première fois, aux rives de la Seine,
Des cités des Français il contempla la reine.
Il revient s'y former pour ses vastes projets.
Il a vu le monarque, il veut voir les sujets,
Voir, chez un peuple heureux, la brillante harmonie
Des sciences, des lois, des mœurs et du génie.
Ailleurs il observa le féroce guerrier,
Le simple agriculteur dans son simple foyer,
L'âpre républicain, le commerçant avare.
Il a vu de trop près l'homme inculte et barbare,
Dans sa brute énergie, à peine apprivoisé.
Paris offre à ses yeux l'homme civilisé,
Dont le goût créateur ennoblit la richesse,
Belliqueux, mais humain, poli, mais sans mollesse,
Dans sa douce grandeur sagement tempéré,
De l'essaim des talents avec grace entouré,
Qui, de ses fiers aïeux dédaignant la licence,
Sut fonder son bonheur sur son obéissance;
Pour s'élever aux mœurs, s'accoutumer aux lois,
Par le sceptre des arts conquit de nouveaux droits,
Sut féconder ses champs, sut embellir ses villes,
Chercher les arts brillants après les arts utiles;
De progrès en progrès marchant avec lenteur,
A mûri dans son sein le génie inventeur,

A de sa raison même agrandi le partage,
Et, formé par lui-même, est son plus bel ouvrage :
Ainsi l'heureux Français se présente à ses yeux.

Il contemple à loisir ce peuple industrieux ;
Mais il cache son nom, son rang et sa fortune.
Un fatigant éclat le blesse et l'importune.
Ce sont les arts qu'il cherche : il appelle les arts.
Il en a recueilli quelques rayons épars,
Aux cités du Germain, aux marais du Batave,
A Londres, à Sardam : mais moins poli que brave,
Le Germain n'est encor qu'un peuple de soldats,
Qui, pour des arts nouveaux, suspend l'art des combats.
Le Batave, occupé dans sa lenteur active,
Sait trafiquer des arts plus qu'il ne les cultive.
L'Anglais fonda les lois de ce vaste univers ;
Mais son ciel orageux et parsemé d'éclairs,
Effarouchait des arts l'enfance encor timide ;
Le goût n'y réglait pas une fougue rapide,
Et du génie anglais la sombre profondeur,
Imitait la nature en sa brute grandeur.
Pierre enfin des beaux arts trouve l'heureux empire ;
C'est à Paris surtout que leur grace respire ;
La grace enchanteresse assurant leur succès,
Préside à tous les arts, comme aux mœurs du Français.

Le dieu qui les conduit, le dieu qui, dans Athène,
Inspirant Phidias, Sophocle et Démosthène,
De lauriers suspendus en festons immortels,
De la liberté grecque ombragea les autels,

Qui de ces bords fameux envolé vers le Tibre,
Pour l'agrandir encor cherchant un peuple libre,
Lorsque Rome luttait sous le fer des Césars,
Des dépouilles du monde y couronna les arts;
Qui, dans ces mêmes murs, moins sanglants et plus calmes,
Sous des dômes sacrés entrelaça ses palmes
A la tiare d'or qui parait Médicis,
Près du trône des rois enfin s'était assis :
Et sous les cieux français appelé par la gloire,
Ornait d'un doux éclat le char de la victoire.

Dans ce moment, le dieu, qui planait sur Paris,
Aimait à contempler ses plus chers favoris :
Son œil, en parcourant cette superbe enceinte,
Dans de pompeux travaux voyait sa gloire empreinte;
De Lebrun sur la toile il guidait le pinceau,
Du Pujet, sur le marbre, animait le ciseau;
A l'inflexible airain inspirait la souplesse.
Sous les regards du dieu ranimant sa vieillesse,
De Bossuet encor la vénérable voix
Tonnait sur les tombeaux et tonnait sur les rois;
Fénélon des vertus embellissait les charmes :
On lui rendait hommage en répandant des larmes.
Sous les glaces du temps, Despréaux révéré,
Dans le temple du goût, gardait le feu sacré.
Rousseau touchait la lyre en sa mâle jeunesse,
Et Chaulieu soupirait ses vers avec mollesse;
Sur un nuage d'or, suspendu dans les airs,
Le dieu prêtait l'oreille à ces touchants concerts.

Tantôt des morts fameux perçant l'asyle sombre,

Son encens, de Corneille honorait la grande ombre.
Escorté des Amours et des Graces en pleurs,
Sur l'urne de Racine il répandait des fleurs ;
De rayons éclatants couvrait l'humble poussière
Que disputa la haine aux mânes de Molière ;
A Quinault de sa gloire il donnait le signal ;
Ornait d'un compas d'or la tombe de Pascal.
Aimable La Fontaine, ombre douce et modeste,
De ta simple dépouille il bénissait le reste,
Disait à ton génie un éternel adieu.
Sa prophétique voix appelait Montesquieu,
Lui commandait de croître et d'éclairer la terre ;
Et son œil contemplait le berceau de Voltaire,
Quand le dieu, tout-à-coup, aperçoit le héros,
Vole, descend, paraît, et lui parle en ces mots :

« O toi, qu'un grand dessein guida sur ces rivages,
« Toi qui, pour me chercher, fuyant des cieux sauvages,
« As parcouru l'Europe et ses nombreux États,
« Tu vois le dieu des arts, je viens guider tes pas.
« Qu'un autre se traînant dans ma noble carrière,
« Du seul flambeau du temps emprunte sa lumière ;
« Que d'une longue chaîne et par de longs travaux,
« Sa main, avec lenteur, déroule les anneaux ;
« Un jour est plus pour toi qu'à d'autres des années,
« Hâte-toi de remplir tes grandes destinées.
« Unis, sans les bienfaits du temps ni du hasard,
« L'éclair de la pensée à l'éclair du regard ;
« Et franchissant d'un pas un intervalle immense,
« Achève en un instant ce qu'un instant commence.

« L'homme est instruit par l'homme, et tu l'es par les dieux.
« Un jour (ce jour encore est trop loin pour mes vœux,
« Mais il doit arriver), un jour, ce même Louvre,
« Dont la vaste étendue à tes yeux se découvre,
« Transformé par mes soins en un temple des arts,
« Unira dans son sein tous mes trésors épars.
« Je vais, en te créant de magiques images,
« Devancer ce moment reculé dans les âges,
« Le devancer pour toi.—Beaux arts, rassemblez vous;
« Pour instruire un héros je vous appelle tous.
« De mes travaux brillants invisibles génies,
« Paraissez, déployez vos pompes réunies. »

— « C'est toi que j'invoquais, c'est toi, dit le héros,
« Ouvre-moi les trésors de tes riches dépôts.
« Au séjour de ta gloire enfin je te contemple;
« L'Europe est ton empire, et Paris est ton temple.
« Oh! puissent le respect et les vœux d'un mortel,
« Sur les glaces du Nord, te dresser un autel! »

Il parlait; et ce Louvre, imposant édifice,
Que Perrault décora de sa main créatrice,
Mais dont la noble enceinte offusque les regards
De travaux imparfaits et de débris épars,
De murs interrompus où croît la mousse et l'herbe,
Chef-d'œuvre mutilé dans sa grandeur superbe,
Et qui, depuis cent ans, offre à l'œil étonné
Un monument vieilli, même avant d'être né;
Rajeuni tout-à-coup avec magnificence,
Du dieu qui l'achevait attesta la puissance.

De lauriers en festons son faîte est entouré ;
C'est le palais des Arts, c'est leur séjour sacré ;
Ils s'y rendent en foule ; et, dans ce sanctuaire,
Chaque art a son génie et son dieu tutélaire.
Chacun d'eux, méditant des chefs-d'œuvre nouveaux,
Y préside en silence à de naissants travaux.

« Suis-moi. » — Pierre obéit à la voix qui le guide ;
Et, sur les pas du dieu marchant d'un pas rapide,
Dans le temple sacré pénètre sans effort.

Simple et sans ornements, à son regard, d'abord,
Un génie apparut sous les traits de l'enfance ;
Il était sans éclat, mais non sans élégance :
Sur le vélin poli, qu'éclaire un doux rayon,
De ses doigts délicats sa main guide un crayon ;
Sa main trace les fleurs et le léger arbuste,
Ou le chêne endurci sur sa tige robuste,
L'homme et ses flancs nerveux, son front noble et hardi,
Et la taille flexible, et le bras arrondi,
Le sein voluptueux de la beauté timide,
Du regard irrité l'embrasement rapide,
Les lèvres du dédain, le sourcil de l'orgueil,
Les muscles abaissés, interprètes du deuil :
Son crayon a surpris leur forme passagère.
Le trait, comme une flamme ondoyante et légère,
Avec souplesse errant de détours en détours,
Serpente mollement pour saisir les contours :
Et la force se mêle à la douce harmonie.

« Tu vois, lui dit le dieu, cet aimable génie ;

« C'est lui dont les travaux président au dessin.
« Des arts imitateurs quand je créai l'essaim,
« Il fut l'heureux aîné de ce peuple de frères;
« Sa bienfaisante main leur ouvrit leurs carrières.
« Ses frères enrichis de ses trésors secrets,
« De sa beauté modeste empruntent leurs attraits.
« Lui seul les affermit dans leur brillante route.
« Mais poursuis. » — Sous le dais d'une superbe voûte,
Dont le vaste lointain se prolonge et s'étend,
Aux regards du héros s'ouvre un temple éclatant.
Là brillaient rassemblés tous les chefs-d'œuvre antiques
Du pinceau d'Ausonie et des climats belgiques;
Ceux qui, nés dans Paris, ont charmé nos aïeux :
Le Guide y déployait ses contours gracieux;
Rubens, de ses couleurs la vivante magie;
Michel-Ange, sa fière et sauvage énergie;
Raphaël doux et pur, mais avec majesté,
Rendait visible à l'œil l'éternelle beauté.
Que de talents divers! Là, Corrège présente
Et sa molle grandeur, et sa grace imposante;
Poussin parle à l'esprit; l'Albane, aux sens charmés;
Véronèse attendrit ses pinceaux enflammés;
Le Titien, de l'art suivant partout la trace,
Soumet au frein des lois sa circonspecte audace;
Et l'ardent Tintoret précipite au hasard
Son génie égaré loin des bornes de l'art.
Lebrun, à la terreur tu sais prêter des charmes!
Tu fais entendre à l'œil le choc bruyant des armes.

Ah! ces illusions, ces arts que j'aperçois,

« Pourraient enorgueillir les palais de vingt rois,
« Dit Pierre. Et qu'êtes-vous près de travaux si rares,
« Luxe de l'Orient, trésors, pompes barbares ! »

Soudain, près d'une table élevée en autel,
Pierre vit de cet art le génie immortel;
Son œil étincelait; sur sa tête sacrée
Luit en étoile d'or une flamme éthérée.
Pour ravir des secrets inconnus à nos yeux,
Son active pensée, errante dans les cieux,
Semblait en rapporter sur ses ailes légères,
D'un modèle idéal les beautés étrangères.
Devant lui les couleurs, ces filles du soleil,
Dans une urne étalaient leur magique appareil.
Il trempe ses pinceaux; sous leur touche céleste,
La toile, tout-à-coup, fière, ardente, modeste,
La toile a pris des sens; d'invisibles ressorts
Font penser le regard, font palpiter les corps.
Les passions erraient dans de brûlantes veines.
L'horizon naît, s'étend, fuit en vapeurs lointaines.
Le mouvement frémit sur la toile en repos.

« Art sublime, art divin, s'écria le héros !
« Quel est donc ce pouvoir que j'apprends à connaître?
« Tu dis au mouvement, à l'espace de naître;
« Le mouvement, l'espace, ont entendu ta voix.
« De l'Être créateur usurpas-tu les droits?
« Et, pour charmer mon œil, la flamme de la vie,
« Par ta main, dans les cieux, a-t-elle été ravie? »

—« Contemple un nouvel art, dit le dieu. Sur l'airain

« Un génie attentif promenait le burin.
« Vois-tu ces traits savants qu'un art simple et facile
« Creuse en sillons légers sur le bronze docile?
« Reproduits par l'empreinte, ils volent en ces lieux;
« La peinture est absente et parle encore aux yeux.

« Un art plus étonnant ici même doit naître.
« Cet art industrieux et plus hardi peut-être,
« Doit prolonger la vie aux travaux éclatants;
« Des ais demi-rompus ou rongés par le temps,
« Sur un sol adoptif transportant leur vieillesse,
« Rendre aux tableaux mourants l'immortelle jeunesse.

« Tourne les yeux : ici, rivale du pinceau,
« La laine ingénieuse est tissue en tableau. »

Tout-à-coup, devant lui, s'étend un long espace
Blanchissant les débris épars sur sa surface.
Là, vingt marbres debout s'animaient par degrés.
De leur brute enveloppe à peine délivrés,
Les uns n'offraient encor qu'une enfance grossière.
Là, des traits plus marqués jaillissent de la pierre.
Ailleurs on voit déjà les marbres assouplis
Flotter en chevelure, ondoyer à longs plis.
L'art amollit des chairs la roideur immobile.
Plus loin, l'ouvrage entier, sous une main habile,
Superbe, du génie a respiré le feu.
Le chef-d'œuvre est formé; déja le marbre est dieu.
Déja l'œil idolâtre est absous de son culte.
Ainsi, quand, pour peupler la terre encore inculte,

Jadis un dieu créa, de ses puissantes mains,
L'homme et les animaux, compagnons des humains,
Aux yeux de la nature étonnée et ravie,
Le limon, par degrés, s'essayait à la vie.
En bondissants agneaux les mottes se formaient;
Du coursier ébauché les naseaux s'enflammaient;
Déja moitié vivant, encor moitié poussière,
Le lion secouait son horrible crinière;
La colline agitée enfantait l'éléphant;
L'aigle se débattait, et l'homme encore enfant,
L'homme levait déja de la glèbe féconde
Ce front majestueux et l'ornement du monde.

De ces marbres vivants le Czar environné
Enivre de plaisir son regard étonné.
Il croit voir un sénat d'ombres majestueuses.
Ses pas silencieux, ses mains respectueuses
N'osent les interrompre en leur sacré repos.
Oui, cet art, à la mort dispute les héros.
Leur ame est dans les cieux, la tombe a leur poussière;
Leur nom, fantôme errant, parcourt la terre entière;
Marbres, vous héritez de leurs traits immortels,
Marbres, soyez sacrés comme ceux des autels.

Cependant le héros suit son guide, s'avance,
Observe : il aperçoit un appareil immense
D'innombrables travaux. Des murs au loin noircis,
Que l'art a cimentés, que la brique a durcis.
Un bruit sourd a frappé son oreille incertaine.
Il entend des fourneaux la murmurante haleine;

Sous le vent tour à tour captif et déchaîné,
Le feu, dans les fourneaux, frémit emprisonné.
Le feu qui se resserre en une étroite route,
Va sur un lit d'airain, se recourber en voûte,
Le pénètre, le ceint de ses brûlants replis,
Et dissout en torrent les bronzes amollis.
Le fleuve bouillonnant en vagues allumées,
Se rougit de l'éclat des voûtes enflammées.

Dans ses flancs élargis, prêt à le recevoir,
Un bassin s'étendait sous l'ardent réservoir.

Plus bas s'offre une enceinte, inébranlable ouvrage,
Dont le fer affermit le robuste assemblage ;
L'embrasse avec cent mains, le lie avec cent nœuds.

Ces travaux, cette enceinte, et ces torrents de feux,
Du métal enflammé cette mer ondoyante,
Occupaient le héros ; sa voix impatiente
Brûle d'interroger le dieu qui le conduit.

« Attends, et ton regard va bientôt être instruit,
« Dit le dieu : cette voûte, à l'œil inaccessible,
« Te cache un art profond, un dédale invisible,
« D'un hardi monument industrieux berceau ;
« Le chef-d'œuvre va naître. » Il dit, et du fourneau
S'exhale une vapeur, blanchissante fumée.
D'un fer long et mobile une main s'est armée ;
Le levier suspendu frappe : le lac brûlant
S'échappe à gros bouillons, et s'épanche en roulant,

Inonde le bassin, par des routes certaines,
Perce les profondeurs des voûtes souterraines,
Disparaît tout entier; là, dans d'étroits canaux,
Se prolonge, et s'étend jusqu'aux derniers rameaux.
Le dieu brise la voûte, et l'ouvrage s'achève;
Il paraît : tout à coup un monument s'élève.
Sur un coursier d'airain, colosse menaçant,
Suspendu, l'œil en feu, le souffle hennissant,
Tout prêt à s'élancer : une superbe image
Imprime le respect et commande l'hommage.

« Que vois-je? dit le Czar; sans doute c'est un roi.
« Ah! je le reconnais. O Louis!.... oui, c'est toi....
« O des nobles vertus auguste récompense!
« Glorieux monument quand la reconnaissance
« L'élève aux rois fameux, pour prix de leurs bienfaits!
« Mais puisse un tel honneur ne s'avilir jamais!
« Fantômes couronnés que l'univers dédaigne,
« Et dont la longue enfance a flétri le long règne,
« Tyrans, dont les plaisirs ont été des fléaux,
« Cachez-vous tout entiers au fond de vos tombeaux.
« Quand le ciel par leur mort s'absout de leur naissance,
« De quel droit prolongeant leur coupable présence,
« Viennent-ils profaner les monuments des arts?
« Des peuples attristés fatiguant les regards,
« Renaître sur l'airain que leurs traits déshonorent?
« Tombez, vils monuments que les peuples abhorrent!
« Lois, puissiez-vous briser, sous le fer irrité,
« Ce bronze, usurpateur de l'immortalité!
« Toi, que l'envie admire et la France révère,

« Louis, tu ne crains pas ce jugement sévère ;
« Ton nom irrite en vain de jalouses fureurs,
« Un siècle entier de gloire excuse tes erreurs.... »

« Apprends qu'à tes vertus, à ton noble courage,
« Ton pays doit un jour rendre un pareil hommage,
« Reprit le dieu des arts. Dans des marais glacés,
« Sur de stériles bords, de forêts hérissés,
« Le bronze enorgueilli d'exprimer ton image,
« Ornera des remparts qui seront ton ouvrage.
« Là, le peuple, héritier de tes vastes bienfaits,
« Adorera ton ombre, en révérant tes traits.
« Tout encore, et la ville, et le peuple, et l'artiste,
« Tout est dans le néant, mais ton génie existe.
« Ton droit s'étend déjà sur la postérité ;
« Tu commences vivant ton immortalité. »

— « J'accepte avec transport ces fortunés présages,
« Dit Pierre ; il est donc vrai que, sous mes cieux sauvages,
« Les arts voyageront des rives du Midi,
« Les arts embelliront mon empire agrandi !
« Voilà ma récompense et ma première gloire.
« Qu'importe que l'airain consacre ma mémoire !
« Fleuves, terre, éléments, changés par mes travaux,
« Solitaire Océan, peuplé de mes vaisseaux,
« Déserts rendus féconds, cités, à qui peut-être
« Sur des bords inconnus j'ordonnerai de naître,
« Portez, portez mon nom aux siècles à venir.
« Là, je veux qu'après moi vive mon souvenir ;
« Que dans mes successeurs mon ombre encor respire ;

« Mon premier monument doit être mon empire. »
— « Il le sera, crois-en le dieu sacré des arts ;
« Mais un nouveau prodige appelle tes regards :
« Né des besoins de l'homme, il surprit la nature. »

Soudain le héros vit la fière architecture,
Comme un puissant génie apparaître à ses yeux,
Ses pieds foulant la terre, et son front dans les cieux,
Son front orné des tours de l'antique Cybèle.
Tous les arts l'entouraient de leur troupe immortelle.
Les métaux à ses pieds apportaient leurs trésors ;
Le granite pourpré, le porphyre aux grains d'or,
Les marbres de Paros, les marbres de Nubie,
Ceux qui dorment au sein de l'antique Arabie,
Aux grottes de Memphis, aux rives du Génois,
Des bouts de l'univers rassemblés à sa voix,
En formes, tour à tour pompeuses ou riantes,
Venaient développer leurs veines ondoyantes ;
Ces marbres à grand bruit se mouvaient, se plaçaient,
Par un art inconnu dans les airs s'exhaussaient.
A rangs majestueux cent colonnes égales
Réglaient sous le compas leurs justes intervalles ;
L'obélisque montait avec agilité ;
La pyramide, auguste en son immensité,
Reposait fièrement sur sa base étendue ;
La voûte audacieuse, et dans l'air suspendue,
D'un agréable effroi charmait l'œil étonné ;
Le dôme s'élançait de festons couronné ;
Par un savant accord tout s'unissait ensemble.
Enorgueilli déjà des beautés qu'il rassemble,

Le palais qui s'étend sous ses superbes toits,
Ajoute par sa pompe à la grandeur des rois.
Les toits religieux, qui vont chercher les nues,
Des célestes palais semblent les avenues.

O prodige de l'art ! magique enchantement !
Le marbre inanimé, muet, sans mouvement,
A l'insensible espace imprime un caractère.
Là, tour à tour on craint, on gémit, on espère.
Tantôt la pierre en deuil, asyle des douleurs,
Dans sa lugubre enceinte invitait l'homme aux pleurs ;
Et tantôt l'égarant sous une ombre imposante,
Rendait à l'œil ému l'éternité présente.
Cet art est tour à tour riant de volupté,
Sublime avec terreur, calme avec majesté.

« O génie ! ô talents ! puissance souveraine !
« S'écria le héros : quelle est donc cette chaîne,
« Cet invisible nœud par qui la main des arts
« Commande aux passions en frappant les regards ?
« Combien dans un seul art de merveilles unies ! »

Il marchait. D'un coup d'œil, il vit plusieurs génies
Qui présidaient ensemble à des arts différents ;
Des nombreux ateliers il traverse les rangs.
Sur la trame légère et mollement tremblante
Il entendait frémir la navette roulante.
L'un formait ces tissus et ces voiles riants
Qui couvrent la beauté de leurs plis ondoyants.
Dans ces tissus légers l'or même se déploie ;

L'or étincelle en fleurs sur des tableaux de soie.
L'autre arrondissait l'or en vases éclatants ;
Un génie attentif traçait les pas du temps ;
Descendue à sa voix des célestes demeures,
Roulait en cercle d'or la famille des heures.
Ici, le bronze et l'or, témoins dans l'avenir,
Des faits éternisés gardaient le souvenir.
Ailleurs, l'art consacrait ces richesses mobiles,
Pour les besoins de l'homme, errantes dans les villes,
Gages de tous les biens dans cent climats épars.
« Tu vois, reprit le dieu, le plus puissant des arts ;
« Mais dois-je le nommer funeste ou salutaire ?
« Art qui civilisa, mais corrompit la terre,
« Aux vices comme aux arts permit un libre essor,
« Donna des fers à l'homme, en lui donnant de l'or,
« Des renaissants travaux fit sortir la mollesse,
« Et créa l'indigence, en créant la richesse.
« L'or soudoya le sang, l'or courut tout dompter ;
« Le vénal univers put enfin s'acheter.
« Mais l'or est désormais nécessaire aux empires,
« Comme à ton mouvement, cet air que tu respires.
« Comme une fièvre ardente, il soutient leur vigueur ;
« Et sans lui ces grands corps tomberaient de langueur.
« Sans tarir le poison, suspendre son ravage,
« D'un grand homme et d'un roi c'est le plus noble ouvrage ;
« C'est le tien : mais poursuis, et vois d'autres travaux.

« Vois briller près de toi ces riches minéraux,
« Ces sables colorés que la lumière embrase,
« Le jaspe, le rubis, le saphir, la topaze,

« Merveille où la nature, étalant sa splendeur,
« Dans des points rayonnants, avare avec grandeur,
« A resserré sa pompe et sa magnificence.
« Sous le ciel indien qui leur donna naissance,
« La flamme, élément pur de ces trésors divers,
« Semble s'être durcie en solides éclairs.
« Mais vois-les s'embellir sous une main savante :
« L'art même y sait graver une image vivante.
« Sur l'azur du saphir l'art imprime des traits;
« Le feu de l'émeraude étincelle en portraits. »

— « Quel est ce sable vil, et cette plante obscure
« Qui, sur les champs déserts, rebut de la nature?...

— « Viens, sous la main des arts, viens les voir s'ennoblir.
« Leur humble obscurité ne peut les avilir :
« Regarde. » — Le héros que la flamme environne,
Voit le sable embrasé qui frémit et bouillonne,
Devient fleuve, s'épanche, et coule à long torrent,
S'épaissit en cristaux. Sur eux le sable errant
Crie, et roule, et polit leur surface azurée.
Le rayon lumineux s'y frayant une entrée,
Sur ses ailes de feu les traverse en fuyant.
Bientôt, fixé par l'art, un métal ondoyant,
De sa feuille argentée opposant la barrière,
Fait, à l'œil étonné, rebondir la lumière.
O merveille! soudain, sur ces brillants cristaux
La nature se joue en mobiles tableaux.

Pierre suivait de l'œil ce magique spectacle.

« Mais je vais t'étonner par un nouveau miracle,
« Dit le dieu. Vois ce sable en verre façonné,
« Vois, dans un tube étroit le verre emprisonné.
« Riche d'un nouveau sens, viens, marche à la conquête
« Des globes reculés qui roulent sur ta tête,
« Et va toucher de l'œil plus d'un monde inconnu.
« Au palais du soleil te voilà parvenu.
« Sublime voyageur, ton regard ose lire
« Les antiques secrets de son auguste empire.
« Les cieux sont agrandis sous ton brillant essor;
« D'un nouvel infini, l'infini croît encor;
« L'immensité s'enfonce, et ton œil, qui l'embrasse,
« En cercles prolongés voit toujours fuir l'espace,
« Atteint des astres, rois d'un nouvel univers,
« Qui dans les profondeurs des plus lointains déserts,
« Poursuivaient sans témoins leur course solitaire.

« Des bords de l'infini redescends sur la terre.
« Ce sable, façonné par les mêmes travaux,
« Va t'introduire encor dans des mondes nouveaux,
« Ouvrir à ton regard d'invisibles royaumes,
« Des points organisés et de vivants atomes.
« Sur les bords du néant que la vie a peuplés,
« Vois aux derniers confins ces êtres reculés
« Sentir le mouvement, atteindre à la lumière;
« Vois un monde enfermé dans un grain de poussière.
« Ces gouttes sont des mers où des flots d'habitants
« Pour siècles ont des jours et pour mois, des instants. »

— « O nature! ô pouvoir! immortel architecte

« Qui créas les soleils, les mondes et l'insecte,
« Avec quelle grandeur, s'écria le héros,
« Tu partages la vie aux êtres inégaux!
« Mais quel est donc le rang que ta main souveraine
« Daigne assigner à l'Homme en cette vaste chaîne,
« Esprit noble et divin, à la matière uni,
« Aussi loin du néant qu'il l'est de l'infini,
« Dans l'immense univers atome imperceptible,
« Lui-même un univers pour l'atome insensible,
« Monarque de ce globe embelli par ses soins,
« Savant dans ses plaisirs, et grand par ses besoins?
« Combien d'arts merveilleux que sa main fit éclore! -

« Il en est, dit le dieu, de plus brillants encore.
« Dans sa majestueuse et sainte obscurité,
« Soudain s'ouvre un palais par l'étude habité.
« Là, tout se tait, nul son n'importune l'oreille;
« Mais le calme est actif et le silence veille :
« Des soins, des passions, la turbulente voix
« Expire en approchant de ces paisibles toits.
« Là, loin du vain fracas d'un monde qu'elle oublie,
« La Méditation, assise et recueillie,
« Couve tous les trésors renfermés dans son sein,
« Et son front taciturne est penché sur sa main.
« Elle ne quitte point ce solitaire asyle :
« Le regard incliné, la paupière immobile,
« D'un invisible objet que poursuit son ardeur,
« Son œil semble de loin percer la profondeur.
« Au ravage du jour les heures échappées
« Glissent légèrement, et d'ombre enveloppées :

« L'astre des nuits préside à des travaux constants,
« Et la seule pensée y mesure le temps. »

Le Czar avec respect pénètre sous ces voûtes.
Dans ce vaste séjour s'offraient diverses routes.
Soudain sur un portique il voit écrits ces mots :
*Temple de la Nature*. Il avance. « Héros,
« Dit le dieu, c'est ici qu'à l'Homme je révèle
« De ce monde infini la structure immortelle,
« L'ordre des éléments, leur immuable loi.
« Un génie invisible à tout autre qu'à toi,
« Règne sur les travaux, et, dans chaque science,
« Guide à la vérité la lente expérience.

« Le premier que tu vois, par ses heureux efforts,
« Sut conquérir la terre et compter ses trésors :
« De ses nobles travaux sa parure est l'emblême ;
« L'or, l'ambre et le cristal forment son diadême.
« Vois flotter dans ses mains un sceptre de corail ;
« Sur sa robe éclatante étincelle l'émail
« Dont la riche nature a paré ses ouvrages.
« Le vois-tu rassembler des plus lointains rivages,
« Des plaines, des forêts, des arides déserts,
« Ces peuples végétaux épars dans l'univers,
« Nés sous l'astre du Nord ou la zône brûlante ;
« Les ranger par tribus ; remonter de la plante
« A l'être organisé dans qui le mouvement
« S'anime par le souffle et vit du sentiment ?
« De ses divers instincts observer le mystère,
« Et de là redescendre à la brute matière,

« Ici formée en marbre, aiguisée en cristaux,
« Et plus loin colorant la race des métaux?
« Des torrents de bitume il va sonder la source,
« Suit les feux souterrains dans leur brûlante course ;
« Il les voit serpenter sous les monts, sous les mers,
« Miner les fondements de ce frêle univers.
« Quelquefois, au bruit sourd de leur morne tonnerre,
« Il calcule et l'histoire et l'âge de la terre ;
« Et sur la lave usée et les volcans éteints,
« Lit du monde vieilli les antiques destins.

— « Mais quel autre génie? Apprends-moi sa puissance.
« Appuyé sur une urne il médite en silence.

— « Cette urne, ce trident, ce front ceint de roseaux,
« Annonce à ton regard le Souverain des eaux.
« Il sut, donnant des lois à leur fougue indocile,
« D'un rebelle élément faire un esclave utile.
« En vain l'onde frémit : à sa voix enchaîné
« L'impétueux torrent roule discipliné.
« Les fleuves à sa voix, s'unissent, se séparent ;
« Sur les champs dévastés, les fleuves, qui s'égarent,
« Vers le lit paternel reculent en grondant.
« Des fleuves, avertis d'un coup de son trident,
« Courent s'emprisonner dans d'invisibles routes,
« Guident les mâts flottants sous de profondes voûtes.
« Élevant, abaissant leurs mugissantes eaux,
« Sur des monts escarpés suspendent les vaisseaux.
« Le commerce a franchi des monts inaccessibles ;
« Les champs, désaltérés par des canaux paisibles ;

« Ne craignent ni les flots ni le feu des saisons.
« Il a dit aux marais : épurez vos poisons ;
« Il a dit aux deux mers : unissez vos rivages ;
« A l'Homme : assujétis le séjour des orages ;
« Suis-moi, monte en vainqueur sur l'antique Océan.
« Il instruisit Gama, Colomb et Magellan ;
« Et, dirigeant leur vol sur les déserts de l'onde,
« D'un plus jeune univers sut agrandir le monde. »

« Je te salue, ô roi du fluide élément !
S'écria le héros. Génie, en ce moment,
« Permets qu'un Souverain t'ose invoquer d'avance ;
« J'aurai besoin de toi dans mon empire immense,
« Pour y dompter les lacs, pour y dompter les mers.
« Des fleuves vagabonds, perdus dans mes déserts,
« Que j'apprivoise un jour la liberté sauvage.

— « Celui-ci dont le voile est l'azur d'un nuage,
« Commande à l'air ; il voit s'y former tour à tour,
« Et ces mers de vapeurs que boit l'astre du jour,
« Et les vents orageux, et les grêles bruyantes,
« Et la neige épaissie en toisons ondoyantes.
« Il demande à l'éclair qui sillonne son front
« Où s'allument ses feux, et l'éclair lui répond ;
« Bientôt l'homme par lui saura l'art de dissoudre,
« L'art d'éteindre à ses pieds les flèches de la foudre. »

— « Quel est, dit le héros, ce génie éclatant ?
« Étranger sur la terre, en est-il habitant ?
« Le feu de son regard fait baisser ma paupière ;

« Ses riches vêtements sont tissus de lumière ;
« Son front pur et céleste imprégné de rayons,
« Réfléchit la splendeur des hautes régions ;
« De la voûte du ciel, qu'il semble avoir foulée,
« Il secoue, en marchant, la poussière étoilée :
« On dirait qu'il s'élève et va prendre l'essor,
« Et ses brillantes mains ouvrent un compas d'or. »
— « Des astres, dit le dieu, reconnais le génie.
« Jadis il fut connu sous le nom d'Uranie ;
« C'est lui qui, transportant l'œil humain dans les cieux,
« Compte tous ces soleils, ces globes radieux,
« Dans les champs de l'éther pressés comme les sables ;
« D'astres étincelants familles innombrables,
« Qui poursuivent leur vol sans s'égarer jamais.
« Le ciel est son séjour, les astres, ses palais ;
« Tous les siècles, ses temps, l'infini, son empire. »

— « Ah ! sous des traits mortels quelquefois il respire,
« Dit Pierre ; je l'ai vu dans les champs d'Albion.
« Il avait pris la forme et les traits de Newton ;
« Sa voix me révéla ses sublimes oracles. »
— « Connais un autre empire, et vois d'autres miracles. »

Sous des voûtes de feu le héros étonné
Voit un génie ardent et de feu couronné :
La flamme, sur son front errante avec mollesse,
En replis innocents s'y joue et le caresse ;
Le feu rampe à ses pieds, esclave désarmé.
Assis en Souverain sur un trône enflammé,
D'une intrépide main, et d'un regard paisible ;

Il semblait manier cet élément terrible.
Sa voix le rassemblait dans la nature épars.
A son ordre il s'élance, il sort de toutes parts,
Des eaux, de l'air, des bois, des veines de la pierre
Jaillit en étincelle ou s'allume en tonnerre,
Forme en rayons unis un foyer dévorant,
Là s'étend en brasier, ici coule en torrent;
Dompté, présente aux arts un instrument flexible,
Et se revêt d'un corps pour le rendre visible.

Le Génie attentif, penché sur des fourneaux,
Décomposait les corps dans ces brûlants tombeaux,
Et des germes cachés épiant la structure,
A ses derniers confins poursuivait la nature.

— « Des esprits immortels que tour à tour tu vois,
« Nul, en sondant un jour les éternelles lois,
« N'entrera plus avant dans la nuit qui les couvre. »
— « Mais quel est à mes yeux le spectacle qui s'ouvre ? »
— « Approche, et suis mes pas. » Au sein d'un vaste enclos
Apparut tout à coup aux regards du héros,
Sous cent aspects divers et cent formes savantes,
Un peuple ingénieux de machines mouvantes.
Telles que des géants qui sortent du sommeil,
Il les voit s'ébranler à leur premier réveil,
S'agiter, déployer des forces inconnues,
Titans laborieux, soulever jusqu'aux nues
Des corps appesantis, traîner de longs fardeaux,
Et poursuivre le cours d'innombrables travaux.
Leurs bras multipliés, qui tour à tour s'étendent,

Marchent, roulent en cercle, et montent et descendent,
Et remontent : d'un souffle animant leurs ressorts,
Un génie inventeur préside à tous ces corps.
Ministres tout puissants soumis à son audace,
L'active pesanteur, la vitesse, l'espace,
Le temps, sont à ses pieds ; il leur commande en roi.
Le mouvement docile obéit à sa loi :
En vain il se débat sous le frein qui l'irrite.
Esclave impétueux, sa carrière est prescrite ;
Il n'ose la franchir. — « Quels prestiges de l'art !
« Une matière morte étonne mon regard !
« Et cependant je vois sa vivante souplesse
« Surpasser des humains la vigueur et l'adresse :
« Dans de hardis travaux je la vois respirer ? »
« A-t-elle une ame enfin qui daigne l'inspirer ? »

« L'Homme, reprit le dieu, dans sa noble industrie,
« Après avoir connu ce globe, sa patrie,
« Observé l'air, les cieux, et les champs et les mers,
« Voulut de monuments peupler son univers,
« Polir ce globe inculte en sa beauté sauvage,
« Sur la route du temps imprimer son passage ;
« Et, vainqueur de l'oubli, dans sa fragilité,
« Bâtir près du tombeau pour l'immortalité.
« Ses vœux étaient sans borne, et sa force est finie.
« A son secours alors j'envoyai ce génie ;
« Il forma tous ces corps : bientôt chaque élément,
« L'onde, l'air et le feu, créa le mouvement ;
« L'Homme de sa faiblesse ainsi vengea l'injure.
« Par la nature même il combat la nature ;

« De son pouvoir terrible il s'est fait un appui :»
« L'Homme a conquis des bras qui vivent hors de lui.

Pierre croyait errer dans ce pays des songes
Qu'une fée anima de ses brillants mensonges :
Son cœur était charmé, ses sens étaient ravis.
Il marchait. Tout à coup, dans ces sacrés parvis,
Un nuage profond, immense, impénétrable,
S'élève, et, déployant son ombre redoutable,
Présente un vaste mur dans les airs étendu.
Des cieux jusqu'à la terre il flottait suspendu,
S'entr'ouvrant, se fermant : de l'épaisseur de l'ombre
Sortait par intervalle une lumière sombre
Et des rayons douteux, dont la pâle clarté
S'enfonçait dans la noire et vaste obscurité.
Un Génie habitait au sein de ce nuage :
Les éclairs passagers brillant sur son visage,
Le montraient tour à tour, le cachaient au regard.
Telle une auguste nuit, mystérieux rempart,
Semble couvrir les dieux et leur majesté sainte.
Trois fois pour pénétrer l'impénétrable enceinte,
D'un pas audacieux le Czar s'est avancé ;
Trois fois par le nuage il se sent repoussé.
Il s'arrête. « Que vois-je ? et quel nouveau spectacle ?
« Pourquoi cette barrière et ce puissant obstacle ?
« Quelle main redoutée enchaîne ici mes pas ? »

—« Apprends ce que sait l'homme et ce qu'il ne sait pas.
« Que n'a-t-il point tenté dans sa sublime audace !
« L'homme osa déserter la matière et l'espace,

« Voulut connaître Dieu, mesurer sa grandeur,
« De l'Être intelligent sonder la profondeur ;
« Comment l'ame, du sein de sa retraite obscure,
« Par les portes des sens va saisir la nature,
« Revient de l'univers dessiner le tableau,
« Suspend ses souvenirs aux fibres du cerveau,
« Les réveille à son gré ; quelle chaîne fidèle
« Fit de l'ame et des sens l'alliance éternelle ;
« Quels poids ou quels ressorts meuvent la volonté ;
« Si l'invincible cours de la fatalité
« Entraîne, et l'univers, et l'homme, et Dieu lui-même ;
« Ou si Dieu ne dépend que de sa loi suprême,
« Enchaînant d'un coup d'œil l'avenir incertain,
« Libre, mais immuable, et le roi du destin,
« Du destin immortel qui n'est que sa pensée.
« L'homme, que fatiguait une audace insensée,
« Dans ce monde invisible égaré trois mille ans,
« Sous la profonde nuit perdait ses pas errants.
« Ce Génie à ma voix enfin daigna descendre ;
« Sa main lui dévoila ce qu'il pouvait comprendre,
« Souleva le rideau des décrets éternels :
« Mais son plus grand bienfait fut d'apprendre aux mortels
« Le secret de leur force et de leur impuissance ;
« Qu'il faut savoir douter ; que Dieu, dans son essence,
« De ses sacrés replis aime à s'envelopper ;
« Qu'à ses propres regards l'ame sait échapper ;
« Que les bornes des sens ont fixé son domaine ;
« De l'empire des sens auguste souveraine,
« Qu'elle irait follement dans un autre univers
« S'user à conquérir de stériles déserts.

« Mais renonce à la nuit de ces vastes contrées,
« Vois d'autres régions d'un jour pur éclairées.
« Ici l'ame paraît et s'élance au dehors,
« Et par l'heureux langage épanche ses trésors,
« Merveille où par des sons l'ame entière est tracée;
« A des sons fugitifs attache la pensée;
« Sur les ailes des sons transmet le sentiment!
« Cet art de tous les arts devient le fondement :
« L'art même de penser tient à l'art du langage.
« Le labyrinthe obscur d'une langue sauvage
« Sert d'asyle aux erreurs; la langue, en s'éclairant,
« Présente aux vérités un voile transparent.
« Tel d'un limon grossier le fleuve qui s'épure,
« Dans un brillant cristal réfléchit la nature.
« Vois l'esprit immortel qui préside à cet art. »

—« Mais quel autre Génie étonne mon regard?
« A travers son éclat et ses formes divines
« D'un dieu dégénéré je crois voir les ruines.
« Serait-ce un roi des arts, déchu de sa grandeur?
« Son front domine encore. Une antique splendeur
« Rappelle et sa fortune et sa gloire éclipsées.
« A ses pieds un faisceau de foudres émoussées
« S'agite, et quelquefois ranime ses éclairs. »

« Ce Génie, en effet, fut roi de l'univers,
« Reprit le dieu des arts. Dans ses mains souveraines
« Des États ébranlés il agita les rênes.
« Il embrasait les cœurs de ses feux dévorants,
« Brisait les fers d'un peuple et chassait les tyrans;
« Les tyrans pâlissaient en sa noble présence.

« Czar, à des traits si fiers, reconnais l'éloquence.
« Mais son règne est passé; ses honneurs sont éteints.
« Semblable à ces héros que forcent les destins
« De plier leur orgueil sous le pouvoir d'un maître,
« C'est sous des traits plus doux qu'elle ose ici paraître.
« Elle orne les vertus, console les douleurs,
« Aux pieds d'un mausolée aime à verser des pleurs.
« Sous les coups de la mort lorsqu'un grand homme tombe,
« Elle arrête son nom aux portes de la tombe,
« S'en saisit, et le lance à l'immortalité.
« La gloire encor lui reste, et non l'autorité.
« Mais la religion, qui quelquefois l'inspire,
« Par intervalle encor la rappelle à l'empire;
« Elle lui dit: —Ton sceptre est brisé dans ces lieux;
« Rajeunis ta grandeur en montant dans les cieux.
« Ta voix secondera mes pompes solennelles;
« Cours rallumer la foudre aux foudres éternelles.
« Alors majestueuse, et le front imposant,
« Dans un saint appareil, terrible elle descend;
« Une main dans les cieux et l'autre sur la terre,
« Aux vices des humains elle porte la guerre;
« Réveille un formidable et sacré souvenir,
« Suspend l'homme tremblant sur l'immense avenir;
« Épouvante les rois étonnés de l'entendre.
« Leur trône et leurs flatteurs ne peuvent les défendre;
« Son intrépide voix les poursuit sous le dais,
« Accuse leur faiblesse et trouble leurs forfaits;
« Leur montre un dieu vengeur au bout de leur carrière,
« Et d'avance à la mort dénonce leur poussière. »

Tout à coup le héros crut entendre des chants.

Un Génie, aux regards sublimes et touchants,
Sur une lyre d'or, de fleurs entrelacée,
En sons mélodieux cadençait sa pensée.
Sa lyre, en frémissant, respirait sous ses doigts;
Son langage, asservi sous d'immuables lois,
Tel qu'un coursier dompté volant dans la carrière,
Déployait sous le frein une liberté fière :
Elle animait les bois, les rochers et les eaux.
La Seine enorgueillie au fond de ses roseaux,
Du Tibre et du Pénée enfin rivale heureuse,
Accordait à ces chants son onde harmonieuse;
Et les lauriers émus s'inclinaient sur ses bords.
Le monarque écoutait ces ravissants accords.

« Tu vois, lui dit le dieu, l'auguste poésie.
« Ici de son empire elle s'est ressaisie;
« Elle a de tous les arts su réunir les dons,
« Les couleurs du pinceau, la musique des sons,
« Des fiers enchantements la magique merveille,
« Et sait parler à l'œil, et sait peindre à l'oreille.
« Sa voix divinisa le langage mortel :
« Ses accents sont un hymne, et son trône, un autel.
« Dieu, l'homme, la nature est son vaste domaine;
« Et sa pompe s'accroît de l'éclat de sa chaîne. »

—« Mais quels sont ces palais, ces temples, ces tombeaux?
« Pourquoi cet appareil d'armes et de flambeaux ? »

Soudain en sons plaintifs des monuments gémirent,
Les marbres agités et les urnes frémirent.
D'un Génie imposant la sombre majesté,

Triste et le front couvert d'un voile ensanglanté,
Apparut, en traînant des ornements funèbres.
Sa redoutable voix évoqua des ténèbres,
Ces antiques héros dont la mâle vigueur
Des âges dégradés accuse la langueur.
Ils s'avancent. Le Czar croit errer dans Athène;
Il assiste aux conseils de la grandeur romaine.
« O César! ô Pompée! est-ce vous que j'entends?
« Horace, avec respect, je vois tes cheveux blancs.
« O, dans ta noble erreur, accents dignes de Rome!
« Paternelles fureurs, et courroux d'un grand homme!
« Oui, mon cœur, je le sens, eût pensé comme toi. »
A son lâche assassin ici pardonne un roi.
Par l'auguste malheur la vertu consacrée
Lève du sein des fers une tête adorée.
Des spectres menaçants vengent d'illustres morts,
Et le crime éperdu fuit devant les remords :
L'amour, l'amour aussi redemande des larmes.
Que de malheurs cruels empoisonnent ses charmes!
Ce n'est plus cet amour de myrte couronné;
De poignards, de poisons il marche environné;
Il lève un fer jaloux sur le sein qu'il adore,
Le laisse retomber, et le relève encore;
Attendrit ses fureurs, menace en soupirant,
Et frappe sa victime, et l'embrasse en pleurant.
Un peuple épouvanté goûte un plaisir austère,
Tantôt, dans une horreur muette et solitaire;
Il palpite; tantôt des transports ravissants
S'exhalent de son sein en rapides accents.
Dans une seule voix mille voix se confondent,

Tous les sens sont émus, tous les cœurs se répondent.
Les passions, errant sur ce peuple assemblé,
Offrent les vastes flots d'un océan troublé
Qui frémit et qui gronde, et roule sur lui-même.
Mais à leur mouvement préside un art suprême;
Leur utile tempête, en agitant les cœurs,
Souffle le germe heureux des vertus et des mœurs.
On pleure l'infortune, on déteste les crimes,
Et des plaisirs touchants sont des leçons sublimes.
Le monarque étonné s'instruit en s'effrayant.

Mais bientôt un Génie au visage riant,
Magistrat enjoué de l'humaine nature,
Citait au tribunal d'une adroite censure
Les vices échappés à la rigueur des lois.
Chacun vient s'accuser d'une indiscrète voix :
Sous le choc irritant des intérêts contraires,
On voit en traits hardis jaillir les caractères;
De leurs penchants secrets éloquents délateurs,
Les ris, d'un peuple doux malins réformateurs,
Poursuivent l'ennemi dénoncé sur la scène;
Le mépris vient sauver des tourments de la haine.
Le coupable rougit; et ce vivant miroir
Présente l'homme à l'homme, étonné de s'y voir.
« Oh! que d'arts inconnus, de merveilles utiles!
« L'homme, plante sauvage, en mes climats stériles,
« Mûri sous ce beau ciel par les rayons des arts,
« De fruits multipliés enchante mes regards.
« J'admire avec orgueil sa noble destinée.
« Dans ce séjour des arts la nature étonnée,

« A peine, en observant la race des humains,
« Y reconnaît l'ouvrage ébauché par ses mains.

« C'est peu : du temps jaloux réparant les outrages,
« L'homme d'un jour s'étend et vit dans tous les âges.
« Vois ces débris savants par l'homme interrogés ;
« La rouille de l'airain, et les marbres rongés ;
« De muets monuments, d'informes caractères,
« De quelques noms usés frêles dépositaires,
« Composant à ses yeux des fastes éclatants,
« Lui racontent les faits dévorés par le temps.
« Les rides sur le front, vois l'antique mémoire ;
« Elle ouvre à tes regards le temple de l'histoire.
« Viens, connais son empire et respecte ses droits ;
« Elle juge, punit, récompense les rois. »
Sur un fier tribunal, au fond d'un sanctuaire,
Soudain le héros vit une déesse austère :
Par sa voix appelés, renaissant tour à tour,
Tous les siècles rangés venaient former sa cour.
Plusieurs, le front hideux, et respirant la guerre,
De leurs crimes encore épouvantaient la terre ;
Marchant sur des débris, et de sang tout couverts,
Ils se traînaient au bruit des armes et des fers.
D'autres semblaient plus doux. Déjà leurs traits moins sombres,
D'un front demi-barbare éclaircissaient les ombres :
Quelques-uns de rayons semblaient étincelants.
Le vieillard immortel, le Temps, en cheveux blancs,
Remontait en arrière aux jours de sa jeunesse.
Il déroulait encore aux yeux de la déesse
Le long cercle des ans, mesurés par ses pas.

Les races qu'il fit naître, et rendit au trépas,
En sortent à sa voix; chaque peuple respire;
Les tombeaux sont déserts; la mort n'a plus d'empire.
Ici d'un peuple heureux l'hymne reconnaissant
Proclamait les vertus d'un maître bienfaisant;
Plus loin, par les tyrans l'Humanité foulée
S'élevait, comme une ombre auguste et désolée;
De ses lambeaux sanglants elle essuyait ses pleurs.
Les peuples opprimés racontaient leurs malheurs.

L'Histoire présidait à ces pompeux spectacles,
La balance à la main, prononçait ses oracles,
Et de la vérité l'inflexible burin
Les gravait aussitôt sur des tables d'airain,
D'un airain immortel. Debout, dans cette enceinte,
De la postérité l'image auguste et sainte
Répétait ces accents, dont le long souvenir
Allait rouler au sein de l'immense avenir,
Et d'échos en échos retentir dans les âges.
Différentes de voix, d'aspect et de visages,
Près du trône siégeaient deux immortalités :
L'une, de Némésis a les traits redoutés;
Sa splendeur, qui s'échappe en éclairs formidables,
Jette un jour éternel sur le front des coupables,
Sur ces grands criminels, auteurs des grands revers,
Et les montre de loin aux yeux de l'univers,
Empreints d'une éclatante et vaste ignominie.
Mais l'autre, aux ailes d'or, éblouissant Génie,
Ornant de rayons purs son front majestueux,
Accompagne les noms des mortels vertueux,

Et leur offre à jamais de renaissants hommages.

Le héros s'instruisait par ces grandes images.
Soudain parut monter un nuage d'encens;
Un bruit harmonieux de sons attendrissants,
Que les zéphyrs légers portaient de rive en rive,
Fit retentir trois fois à la terre attentive
Des noms qu'ont à jamais consacrés les vertus:
Henri-Quatre, Antonin, Marc-Aurèle et Titus.
De diamants et d'or des tables immortelles
Offraient ces noms tracés en vives étincelles;
Leurs rayonnants éclairs, partout aux yeux surpris,
Réfléchissaient ces noms sous les vastes lambris.
Pierre voit cette pompe et ces honneurs suprêmes;
Il doute si ces rois ne sont pas des dieux mêmes.

« Ces rois, lui dit son guide, adorés dans la paix,
« Sur leurs ennemis même ont versé leurs bienfaits,
« Ont pardonné l'outrage, ont chéri la clémence:
« Tout, jusqu'à l'infortune, a béni leur puissance;
« Et voilà leur grandeur. »—« O demi-dieux pour nous!
« Accusateurs des rois qui sont trop loin de vous!
« Je le sais, j'en rougis, je fus souvent terrible;
« Je naquis bienfaisant, mais naquis inflexible;
« Et mes justes rigueurs ont eu droit d'étonner.
« Qu'à votre exemple un jour j'apprenne à pardonner!
« Hélas! des champs du Nord la sauvage tristesse
« Semble même au génie imprimer sa rudesse:
« Elle endurcit nos cœurs glacés dans les frimas.
« Peut-être la morale obéit aux climats;

« Et les douces vertus, dans le Nord étouffées,
« Ont d'un rayon plus doux besoin d'être échauffées.
« Non : mon pays par moi doit être un jour dompté,
« Et je veux conquérir jusques à la bonté.
« Henri, par ce triomphe il faut que je commence.
« Puisse mon peuple au moins supporter la clémence !
« Oh ! s'il fallait un jour que, pour mes grands projets,
« Ce bras, comme le tien, combattît ses sujets !.... »

Il s'arrêta. Son front s'obscurcit de nuages ;
Et dans son cœur ému grondaient de sourds orages.
Son œil resta long-temps immobile et fixé.

Il leva son regard. Tout était éclipsé,
Et le temple, et le dieu qui lui servait de guide.
Tel, aux rayons du jour fuit un songe rapide ;
Mais ce riche univers, ce spectacle imposant,
Invisible à ses yeux, lui reste encor présent.
Du dieu des arts encore il voit le vaste empire,
Et le dieu tout entier dans son ame respire.
Il y règne ; il échauffe, il nourrit, dans son cœur,
Les germes du génie et ceux de la grandeur.
Ainsi l'astre du jour, sur l'indien rivage,
Perçant d'un mont désert l'aridité sauvage,
De ses plus purs rayons y verse le trésor ;
Va mûrir dans ses flancs les semences de l'or ;
Va teindre les rubis de ses flammes ardentes ;
Colore du rocher les veines éclatantes,
Et, préparant des rois le plus riche ornement,
Y fait étinceler le feu du diamant.

Plein de l'esprit sacré du dieu qui fut son maître,
Le héros veut tout voir, tout juger, tout connaître.
Le Fort guidait partout ses avides regards.
Il contemple en cent lieux les monuments épars :
Les uns debout encor, sous l'auguste vieillesse;
D'autres, dans leur riante et pompeuse jeunesse;
Ces modernes palais, asyles des héros,
Que la Seine en roulant réfléchit dans ses flots;
Ces ponts majestueux, ces immenses ouvrages,
Du fleuve, avec grandeur, resserrant les rivages;
Et ces canaux dont l'art a dirigé le cours,
Qui d'une onde captive épanchent les secours;
Ces places où le bronze, à la France charmée,
Retrace de Louis la vaste renommée;
Et ces arcs triomphaux, témoins des grands exploits;
Ces jardins dessinés pour le regard des rois,
Patrimoine public d'un peuple qui s'assemble.

Dans un noble édifice, il voit unis ensemble
Tous les écrits épars dans cent climats divers;
Esprit encor vivant de l'antique univers.

Du haut de cette tour, de nouveaux Zoroastres,
Dans les cieux élancés, vont parcourir les astres.

Là, l'étude des arts forme un peuple naissant.
Ici, sur la santé veille un art bienfaisant.
Même quand la lumière aux mortels est ravie,
La mort révèle aux yeux les secrets de la vie.

Au sein de ce palais un auguste sénat,
Sans être, comme à Londre, arbitre de l'État,
Montre les lois au peuple, et les rappelle aux princes,
Fait retentir près d'eux les cris de leurs provinces,
Résiste avec respect, par de sages combats,
Borne la monarchie, et ne la détruit pas.
Ainsi, quand le Batave, environné d'orages,
Craint que les vastes mers n'usurpent ses rivages,
Des joncs entrelacés et de souples roseaux,
De l'Océan grondant font reculer les eaux.

Ailleurs, d'un magistrat la sourde vigilance,
Pour un peuple innombrable, entretient l'abondance ;
Mêlant, par des ressorts couverts d'un voile épais,
Au vaste mouvement une éternelle paix.

Là s'ouvrent au héros les savantes retraites
Qu'habitent de la foi les sacrés interprètes ;
Sur un marbre éclatant, l'ombre de Richelieu
Y semble accroître encor la majesté du lieu.
« Quel destin, dit Le Fort, jusque dans leurs images,
« Aux sublimes tyrans réserva des hommages ?
« Leur génie après eux en impose aux mortels !
« Quoi ! leur cendre avec pompe outrage les autels !
« Adorez, et tremblez quand l'oppresseur respire,
« Peuples ; mais reprenez vos droits quand il expire.
« Croyez-vous donc encor ses mânes absolus ?
« Sachez haïr, du moins, un tyran qui n'est plus. »
Le Czar se rappelant trop d'illustres victimes,
Plaignit tant de grandeur qu'obscurcissaient des crimes.

Mais un plus doux spectacle intéresse ses yeux :
Il voit ces monuments, fruits d'un zèle pieux,
Dont la religion a consacré l'enceinte;
Asyle du malheur, hospitalité sainte,
Où dieu même aux humains enseigne la bonté.
Là, des soins maternels l'enfant déshérité,
Trouve un sein adoptif qui nourrit sa misère,
Croit, dans ses bras trompés, caresser une mère,
Et peut sourire encore aux doux rayons du jour.
Là, ce sexe adoré qui naquit pour l'amour,
Et dans ses vertus même a porté sa tendresse,
Aux charmes des plaisirs dérobant sa jeunesse,
De mille infortunés pour adoucir les maux,
Consume ses attraits sur le bord des tombeaux,
Vit au sein de la mort, et ranime des ombres.
Pierre errait à pas lents sous ces portiques sombres.

« O des vertus, dit-il, spectacle attendrissant!
« Que sur les cœurs émus ce spectacle est puissant!
« Là, la pitié, des lois répare au moins l'injure,
« Et l'or par des bienfaits s'ennoblit et s'épure.
« Peuples civilisés, voilà votre grandeur.
« Ailleurs, j'ai vu des rois la pompe et la splendeur,
« Et les humbles respects rendus au diadême :
« Ici l'homme est sacré par l'infortune même. »
Ainsi tout instruisait le monarque surpris.

Vers les bords où la Seine abandonnant Paris,
Semble de ces beaux lieux, où son onde serpente,
S'éloigner à regret et ralentir sa pente,

D'un immense palais le front majestueux,
Arrondi dans la nue en dôme somptueux,
S'élève, et peuple au loin la rive solitaire.
Pierre y porte ses pas. La pompe militaire,
Des tonnerres d'airain, des gardes, des soldats,
Tout présente à ses yeux l'image des combats;
Mais cet éclat guerrier orne un séjour tranquille.

« Tu vois de la valeur, tu vois l'auguste asyle,
« Lui dit Le Fort. Jadis pour soutenir ses jours,
« Réduit à mendier d'avilissants secours,
« Dans un pays ingrat, sauvé par son courage,
« Le guerrier n'avait pas, au déclin de son âge,
« Un asyle pour vivre, un tombeau pour mourir :
« L'État qu'il a vengé daigne enfin le nourrir.
« Louis à tous les rois y donne un grand exemple. »
—« Entrons, dit le héros. » Tous étaient dans le temple :
C'était l'heure où l'autel fumait d'un pur encens.
Il entre, et de respect tout a frappé ses sens;
Ces murs religieux, leur vénérable enceinte,
Ces vieux soldats épars sous cette voûte sainte,
Les uns levant au ciel leurs fronts cicatrisés,
D'autres flétris par l'âge et de sang épuisés,
Sur leurs genoux tremblants pliant un corps débile;
Ceux-ci courbant un front saintement immobile,
Tandis qu'avec respect, sur le marbre inclinés,
Et plus près de l'autel quelques-uns prosternés,
Touchaient l'humble pavé de leur tête guerrière;
Et leurs cheveux blanchis roulaient sur la poussière.
Le Czar avec respect les contempla long-temps.

« Que j'aime à voir, dit-il, ces braves combattants !
« Ces bras victorieux, glacés par les années,
« Quarante ans, de l'Europe ont fait les destinées :
« Restes encor fameux de tant de bataillons,
« De la foudre, sur vous, j'aperçois les sillons.
« Que vous me semblez grands ! Le sceau de la victoire
« Sur vos ruines même imprime encor la gloire ;
« Je lis tous vos exploits sur vos fronts révérés :
« Temples de la valeur, vos débris sont sacrés. »
Le prêtre, cependant, au pied du sanctuaire,
A, des pieux soldats consacré la prière ;
Ces illustres blessés, ces vieillards chancelants,
Hors des sacrés parvis s'avancent à pas lents.
Bientôt ils vont s'asseoir dans une enceinte immense,
Où d'un repas guerrier la frugale abondance,
Aux dépens de l'État satisfait leur besoin.
Pierre, de leur repas veut être le témoin.
Avec eux dans la foule il aime à se confondre,
Les suit, les interroge ; et, fiers de lui répondre,
De conter leurs exploits, ces antiques soldats
Semblent se rajeunir au récit des combats.
Son belliqueux accent émeut leur fier courage.

« Compagnons, leur dit-il, je viens vous rendre hommage.
« Ah ! parlez ; qui de vous, au milieu des hasards,
« A, de ce grand Condé suivi les étendards ?
« Je brûle de vous voir. » Cent guerriers se levèrent ;
D'une commune voix, cent guerriers s'écrièrent :
« Nous voici ! » Distingué par des accents plus fiers,
L'un d'eux portait le poids de quatre-vingts hivers,

Et relevait encor sa tête avec noblesse.
« De ce héros, dit-il, moi, j'ai vu la jeunesse ;
« Je combattais sous lui dans les champs de Rocroi ;
« Son regard, dans la foule, est descendu sur moi.
« J'ai compté soixante ans depuis cette victoire ;
« J'ai vu Norlingue et Lens, théâtre de sa gloire.
« A Fribourg, je l'ai vu qui, le fer à la main,
« Chez nos vieux ennemis se frayait un chemin :
« Son front, dans le carnage, était calme et terrible.
« Ah ! sous son ombre encor, je serais invincible. »

—« Oui, j'en crois ton courage et ta noble vigueur.
« Vous avez donc servi sous ce noble vainqueur,
« Mes amis ? De ce nom souffrez que je vous nomme.
« Vous avez vu de près, entendu ce grand homme !
« Ah ! je connais des rois qui, fiers d'un tel honneur,
« Paîraient de tout leur sang ce suprême bonheur.
« Et vous, à mes regards, daignez aussi paraître ;
« Pour vous mieux honorer, je voudrais vous connaître :
« Soldats du grand Turenne, êtes-vous dans ces lieux ? »
Trois cents guerriers, debout, parurent à ses yeux,
Tels que ces troncs vieillis, ces vénérables chênes,
Que consacraient à Mars les légions romaines,
Dont les rameaux chargés des dépouilles des rois,
Redisaient aux guerriers les antiques exploits.
« Tu chéris les héros, lui dit l'un d'eux ; écoute :
« Mourant, inanimé dans une longue route,
« Je succombais : la nuit, dans un obscur sentier,
« Turenne m'aperçoit, descend de son coursier,
« M'y place de sa main ; et seul, dans la campagne,

« A pied, jusques au camp, m'escorte et m'accompagne. »

Un autre en approchant : « Vois ce bras mutilé ;
« Turenne me plaignit, et je fus consolé. »
Un autre s'écria : « J'ai vu tomber Turenne.
« Ah ! j'atteste du ciel la grandeur souveraine,
« J'aurais voulu mourir.... » — « Arrête ! penses-tu
« Qu'il me faille un serment pour croire à ta vertu ?
« Et moi, si cette main un jour doit être armée ;
« Et moi, puissé-je atteindre à votre renommée !
« Car je suis un guerrier, un soldat comme vous. »
D'un regard attentif ils le contemplaient tous,
Et son front désarmé leur parut redoutable.
Tout à coup le monarque, approchant de leur table,
Du vin dont leurs vieux ans réchauffaient leur langueur,
Dans un grossier cristal épanche la liqueur,
Et, la coupe à la main, debout, la tête nue :
« Mes braves compagnons, dit-il, je vous salue ! »
Il boit en même temps. Les soldats attendris,
A ce noble étranger répondent par des cris.
Tous ignoraient son nom, son pays, sa naissance ;
Mais de son fier génie ils sentaient la puissance.
Leur troupe, avec honneur, accompagne ses pas ;
Son rang est inconnu, sa grandeur ne l'est pas.

A Moscou, cependant, aux bords de la Crimée,
Dans Vienne, dans Paris, la prompte renommée,
Volant de ville en ville, et d'État en État,
Du grand Sobieski publiait le trépas.
Ce roi qui, dans le cours de sa noble carrière,
Du croissant étonné fit pâlir la lumière,

Et du Germain tremblant protégeant les remparts,
Sauva d'un joug honteux le trône des Césars;
Au sein d'un mausolée, orné par la victoire,
Venait de renfermer sa vieillesse et sa gloire.
Pour remplacer déja le monarque guerrier
Tout le Nord s'ébranlait : et le Sarmate altier,
Prêt à choisir un roi dans la foule des princes,
A flots tumultueux désertait ses provinces.
Déja de la Vistule il inondait les bords.
L'active ambition rassemblait ses trésors,
Achetait les partis et marchandait le trône.
Vingt rivaux, du regard, dévoraient la couronne.
Dresde, Vienne, Paris s'agitaient à la fois.
Ce sénat belliqueux d'aristocrates-rois,
Dont la grandeur superbe est jalouse d'un maître,
En se nommant un chef, tous aspirant à l'être,
Tous craignant leurs égaux, balançaient tour à tour
Leur crédit, leur pouvoir, leur haine et leur amour.
L'appareil des combats se mêlait aux intrigues,
Et l'État déchiré se partageait en ligues.
Ainsi de ses malheurs l'homme n'a que le choix.
C'est la dissension qui seule élit les rois :
Ailleurs, la servitude adopte, sans défense,
De maîtres avilis l'héréditaire enfance ;
Invoque d'âge en âge un bonheur incertain,
Sous le dé du hasard voit rouler son destin.
Heureux si, dans ces chefs que la fortune nomme,
Peut à trente tyrans succéder un grand homme !

Parmi tous ces rivaux, qui, fiers de leurs grands noms,

Se disputaient l'honneur du rang des Jagellons,
Deux surtout attachaient l'œil de la renommée :
Conti, jeune et brillant, et cher dans une armée;
L'Europe avait connu sa belliqueuse ardeur;
Ses talents, ses vertus relevaient sa grandeur;
Sa gloire éblouissante, unie à l'art de plaire,
S'embellissait encor d'un éclat populaire.
Luxembourg, des héros lui donna les leçons.

Auguste, né du sang des antiques Saxons,
A pour lui sa valeur, son or, et sa puissance,
Et le poids qu'une armée ajoute à la balance;
Surtout l'activité d'un prince indépendant,
Qui fait sentir de près son adroit ascendant;
De près flatte, séduit, intimide, encourage,
Et d'un instant qui naît, peut saisir l'avantage.

Pour ajouter un sceptre au sceptre des Bourbons,
La France prodiguait les promesses, les dons;
Et l'adroit Polignac, captivant les suffrages,
Du Sarmate agité maîtrisait les orages.
Pour s'unir avec lui sur ce noble intérêt,
Louis demande à Pierre un entretien secret.
Louis pressent déjà cette grandeur naissante,
Qui, dès son berceau même, altière et menaçante,
Peut ombrager le Nord, alarmer le Midi.
Le Czar a tout pesé; dans son coup d'œil hardi,
A de l'Europe entière embrassé le système,
A lu ses vastes plans renfermés dans lui-même.
Il joint la politique aux talents d'un héros,

Écoute le monarque, et répond en ces mots :

« Sorti du sein du Nord et des glaces de l'Ourse
« Pour observer l'Europe, approfondir la source
« Des arts et des talents que j'ose interroger,
« Jusqu'ici tu n'as vu qu'un Scythe, un étranger,
« Pliant à tes leçons son docile courage,
« Abaissant à tes pieds une grandeur sauvage :
« Idolâtre des arts, de ton peuple et de toi.
« Tu me forces enfin de te parler en roi :
« Je reprends à tes yeux ce noble caractère.
« J'honore tes vertus ; ton amitié m'est chère ;
« Tes sujets sont pour moi les premiers des humains :
« Mais une auguste loi défend aux Souverains
« De croire un sentiment, lorsque l'État l'ordonne.
« Notre seul intérêt est l'intérêt du trône ;
« Et, si l'homme à son cœur partout peut obéir,
« Rois, l'État nous défend d'aimer ou de haïr.
« Un obstacle éternel malgré moi nous sépare.
« Du côté de l'Euxin, le vagabond Tartare,
« Et l'Ottoman farouche, unis sous le croissant,
« M'offrent un ennemi sans cesse renaissant.
« Mais l'aigle des Césars et de la Germanie,
« Dans les champs du Hongrois, dans la Transylvanie,
« De ce même croissant arrête les progrès ;
« Un ennemi commun unit nos intérêts :
« Et l'Autriche, à son tour, jalouse de la France,
« Joint, par des nœuds forcés, Versailles et Byzance.
« Pardonne ma franchise en ce libre entretien ;
« L'ami de l'Ottoman ne peut être le mien.

« Vers ces climats du Nord où gronde la Baltique,
« Gustave et Richelieu, par un nœud politique,
« Unirent dès long-temps et Stockholm et Paris.
« Cependant, de Stockholm les peuples aguerris,
« Conquérants redoutés sous de superbes maîtres,
« Ravisseurs de mes droits, tyrans de mes ancêtres,
« Dans des jours de faiblesse ont usurpé sur nous
« Des États, que réclame un trop juste courroux;
« Et, si j'en crois l'honneur, ce fer et mon courage,
« Un jour de mes aïeux je puis venger l'outrage.
« Roi, ce jour n'est pas loin. Plus près de tes États,
« Signalés contre toi par d'éternels combats,
« Le Batave et l'Anglais secondent ma puissance.
« De mon naissant commerce ils instruisent l'enfance,
« M'apprennent par quel art mes immenses déserts
« Un jour s'agrandiront du domaine des mers.
« Ma main formant, par eux, un peuple de pilotes,
« L'Océan peut un jour se courber sous mes flottes;
« L'Océan nous unit. Des intérêts nouveaux
« Vers la Pologne en deuil, et veuve d'un héros,
« Appellent mes regards. Voisin de mon empire,
« Son roi peut appuyer la grandeur où j'aspire.
« Il faut qu'ainsi que moi, terrible au Musulman,
« Il impose au Tartare, enchaîne l'Ottoman,
« De la Suède orgueilleuse abaisse le génie,
« M'approche des Césars; et, dans la Germanie,
« Prépare à mes projets de belliqueux soutiens.
« Voilà mes intérêts; ils combattent les tiens.
« Les montagnes, les mers, les fleuves, les provinces,
« Dictent et les traités et les ligues des princes.

« La nature immuable a fixé nos amis,
« A de son doigt puissant marqué nos ennemis.
« Née avec les États, et sur leur sol empreinte,
« Jamais impunément cette loi n'est enfreinte;
« Elle sait commander aux caprices des rois.
« Des vertus, dans Conti, je respecte les droits;
« Le sang du grand Condé, le tien, la France même,
« Et ces brillants exploits dignes du diadème;
« Mais l'intérêt d'État décide mon parti.
« Je ne puis balancer entre Auguste et Conti.
« Mon choix est fait. » Ainsi, s'expliquant sans contrainte,
Le héros dédaignait les détours et la feinte
Dont l'habitant des cours aime à s'envelopper.
Jamais l'art d'un héros ne fut l'art de tromper.
Laissant au politique un trop adroit langage,
Sa superbe grandeur se fie à son courage.

Comme il parlait encor, soudain Conti paraît,
Conti, du rang de Pierre ignorant le secret,
Mais instruit que Moscou lui donna la naissance,
Le croit l'ambassadeur de la vaste puissance
Sous qui déja le Nord commence à s'agiter,
Que l'Europe surprise apprend à respecter,
Et dont le Polonais peut recevoir un maître.
Le héros à Conti ne se fait point connaître,
Et lui parle en sujet au nom de son pays.

« Prince, dans ce moment, j'apprenais à Louis
« Quels sont les intérêts, quels sont les vœux de Pierre.
« Le grand Sobieski termine sa carrière :

« Votre front peut orner la couronne des rois,
« Mais les projets du Czar commandent à son choix ;
« Avec votre rival son intérêt conspire :
« Ses vœux sont pour Auguste ainsi que son empire.
« Ce monarque, occupé de ses naissants destins,
« Respecte vos vertus, et combat vos desseins.
« Son bras est contre vous ; son cœur vous rend hommage. »

« L'estime d'un héros doit flatter mon courage,
« Reprend le fier Conti ; mais, pour la maintenir,
« Les armes à la main je dois la soutenir.
« Grace au ciel, le Sarmate, indépendant et brave,
« N'a point sous ce héros courbé son front esclave.
« S'il m'appelle, ce fer peut protéger mes droits.
« La France à l'étranger donna souvent des rois :
« Sous l'astre de Louis ces jours peuvent renaître ;
« Et, malgré les talents de votre auguste maître,
« Rapportez-lui qu'un jour, si le sang de Condé
« Du destin de Louis peut être secondé,
« S'il règne, le vainqueur d'Azof et des Tartares,
« L'heureux triomphateur de cent hordes barbares,
« Pourra dans un Français, sur son trône affermi,
« Trouver peut-être enfin un plus noble ennemi.
« Nous pourrons nous connaître, et le bruit des batailles
« Peut alors de Moscou retentir dans Versailles. »

Tel qu'un lion dormant au creux de son rocher
Dont nul hôte des bois n'ose même approcher,
Si tout à coup le cri du chasseur qui s'élance,
De son repos superbe a troublé le silence,

Se réveille, frémit, bat ses flancs irrités,
Et secoue, en grondant, ses crins ensanglantés.
Il marche en souverain dans sa majesté sombre :
Ses sourds rugissements retentissant dans l'ombre,
Et son œil formidable étincelant d'éclairs,
Vont avertir au loin qu'il est roi des déserts.
Telle, à ces mots altiers, qui frappent son oreille,
Du héros tout à coup, la fierté se réveille :
« Prince, s'écria-t-il, tu pourras donc juger
« Si ce front que tu vois pâlit dans le danger,
« S'il est quelque ennemi qui m'effraie ou m'abatte.
« J'accepte ton défi dans les champs du Sarmate.
« Ce fer est notre arbitre. » Et sur son front guerrier,
En prononçant ces mots, il parut déployer
D'un héros et d'un roi, la majesté suprême.
Loin du trône et des champs, sans cour, sans diadème,
Seul avec sa grandeur, Pierre, à l'œil étonné,
De cent mille soldats semble être environné.
Conti dans ce moment, frappé de sa présence,
Le voit, non sans respect, et l'observe en silence.
Il a connu le Czar. — « Vous ne vous trompez pas,
« Dit Louis, vous voyez le roi de tant d'États,
« Le maître d'Astracan, le héros qui domine
« Des champs de la Pologne aux bornes de la Chine ;
« Qui voulait se cacher, que sa grandeur trahit. »

— « Oui, prince, c'est à moi que le Nord obéit.
« Je l'avoue à tes yeux, je règne ; et ma puissance
« Dans ces lointains climats doit tenir la balance.
« Forcé dans ce moment d'être ton ennemi,

« Mon cœur eût préféré le rang de ton ami ;
« D'un Scythe et d'un guerrier crois la noble franchise :
« L'estime nous unit, l'intérêt nous divise ;
« Mais le sombre avenir cache sa profondeur :
« Poursuis, dispute un rang digne de ta grandeur ;
« Au parti du Saxon je resterai fidèle,
« Je le dois : le destin jugera la querelle ;
« Et, si sa voix t'appelle au rang des Souverains,
« Si le sceptre flottant doit tomber dans tes mains ;
« Si de Sobieski recueillant l'héritage,
« Succédant à son trône ainsi qu'à son courage,
« Le Sarmate à tes pieds fléchit obéissant,
« Alors tu choisiras ou d'un ami puissant,
« Ou d'un ennemi fier, qui, jaloux de sa gloire,
« Jamais n'avilira la paix ni la victoire,
« Qui saura t'honorer même en te combattant. »

Le monarque français l'admire en l'écoutant.
Conti même, malgré l'intérêt qui l'anime,
Applaudit du héros le discours magnanime.
« La fortune du moins remplit un de mes vœux,
« Dit-il, puisque je vois un monarque fameux.
« Si Conti vous brava, prince, sans vous connaître,
« Excusez sa jeunesse, et sa valeur peut-être.
« En daignant m'estimer, vous m'imposez la loi
« De disputer, au moins, ce grand titre de roi ;
« L'honneur de vous combattre est un titre de gloire :
« Il peut à des guerriers tenir lieu de victoire.
« Dans ce brillant dessein, quels que soient mes succès,
« J'attends tout de Louis, j'attends tout des Français;

« Ce sont eux que j'oppose au pouvoir d'un grand homme ;
« Et, si parmi les rois le Sarmate me nomme,
« Plus près de vos regards, apprenant à régner,
« Vos talents m'instruiront dans l'art de gouverner.
« Si le destin jaloux trompe mon espérance,
« Mes yeux accoutumés à l'éclat de la France,
« D'un sceptre passager faiblement éblouis,
« Peuvent se consoler à la cour de Louis.
« On vit des Souverains, abdiquant leur couronne,
« Chercher un noble asyle à l'ombre de son trône.
« Je peux m'enorgueillir de vivre sous ses lois ;
« Et ses premiers sujets valent encor des rois. »

De tous deux à regret le héros se sépare ;
A quitter les Français bientôt il se prépare.

« O peuple fier et doux ! prêt à t'abandonner,
« Par un charme secret je me sens enchaîner.
« Heureux dans tes climats, trop heureux qui put naître !
« Plus fortuné le roi que le sort fit ton maître ! »
Il dit ; et s'éloignant, vers les murs de Paris
Tourne plus d'une fois ses regards attendris.

# CHANT DES MINES.

Cependant le héros cherche une autre contrée.
Il a quitté Berlin et les bords de la Sprée;
Potsdam a disparu dans un obscur lointain,
Postdam désert encor, mais à qui le destin,
Sous le grand Frédéric, réserve un nom célèbre.
Ce nom retentira de la Tamise à l'Èbre;
Et déja, précurseur d'un roi victorieux,
Son belliqueux esprit semble errer dans ces lieux.
Des tonnerres d'airain et d'invisibles armies,
S'y heurtant dans la nuit, répandent les alarmes :
Leurs prophétiques sons annoncent un guerrier:
Pour couvrir son berceau déja croît le laurier.
Il viendra, jeune encor, dans ce riant asyle,
Essayer et la lance et la lyre d'Achille;
La Sprée en ses roseaux répètera ses chants.

Pierre, de Magdebourg a traversé les champs;
Il voit l'Elbe rouler dans ses rives profondes,
L'Elbe qui, vers Hambourg précipitant ses ondes,
Y court impétueux, comme un sujet puissant,
Porter au roi des mers un tribut menaçant.

Goslar découvre enfin ses murs et ses campagnes.

## CHANT DES MINES.

« Non loin, lui dit Le Fort, s'étendent des montagnes
« Dont la chaîne allongée, et le vaste contour
« Serpentant, s'élevant, s'abaissant tour à tour,
« De leurs flancs inégaux couvrent la Germanie :
« Jadis on les connut sous le nom d'Hercinie.
« Là, d'immenses forêts, que respecte le temps,
« Ont vu de ces climats les premiers habitants,
« Ont vu vieillir la terre et les races antiques,
« Ont du Barde guerrier répété les cantiques,
« Quand le Germain, sans or, sans vices et sans lois,
« Mais par sa pauvreté plus puissant que les rois,
« Bravait, échappé seul à la commune chaîne,
« Ce colosse imposant de la grandeur romaine.
« Tout a changé, les temps, les usages, les mœurs;
« Vingt siècles ont poli ces sauvages vainqueurs.
« L'air, la terre, les eaux, par l'art civilisées,
« Sous un astre plus doux semblent apprivoisées :
« La culture a dompté jusques aux éléments.
« Mais, immuables seuls, parmi ces changements,
« Les bois herciniens, de leur sombre vieillesse
« Gardent l'inculte horreur et l'antique rudesse.
« Des troupeaux, des bergers, les peuplent au dehors;
« Mais leurs flancs ténébreux cachent d'autres trésors.
« De ces antres profonds, citoyen volontaire,
« Le Germain y cultive un art héréditaire :
« Les mines sont ses champs; les métaux, ses moissons. »

— « Ah! je veux de cet art lui ravir les leçons,
« S'écria le héros. Ainsi l'audace humaine,
« Loin des rayons du jour étendit son domaine :

« Les cités, les moissons, l'art de dompter les mers ;
« Le mouvement que l'homme imprime à l'univers,
« Tout est sorti du sein de ces gouffres avares.
« Les métaux ont poli les nations barbares ;
« Du sceptre de la terre ils ont armé nos mains,
« Et d'une chaîne d'or rapproché les humains.
« Je veux redemander à l'antique nature
« Les trésors que son sein me doit avec usure.
« Le ciel, de ces présents qu'il verse en cent climats,
« N'a-t-il déshérité que mes vastes États ? »

La nuit enveloppant les forêts d'Hercinie,
De ses ombres alors couvrait la Germanie,
Obscurcissait les champs, les cités et les flots.
Le Czar, impatient, goûte un léger repos ;
Mais son œil inquiet presse le jour d'éclore.
A peine un rayon pâle a fait blanchir l'aurore,
Il s'élance. Le Fort entend déja sa voix.
« Marchons, dit-il, perçons ces rochers et ces bois ;
« De ces monts escarpés interrogeons les cimes ;
« Portons nos pas errants au fond de leurs abymes.
« Demandons par quel art une aride hauteur
« Révèle les métaux à l'œil observateur.
« J'aime d'un sol ingrat l'apparente rudesse,
« Qui, dans un sein fécond, renferme la richesse.
« Peut-être elle m'instruit que, sous d'âpres dehors,
« Le ciel aussi dans moi déposa ses trésors.
« Viens ! » Il marche aussitôt, et Le Fort l'accompagne.
D'un pas sûr et rapide il atteint la montagne ;
Il gravit les rochers, les sentiers tortueux,

Perce dans leurs détours ces bois majestueux
Où l'azur, rembruni des creux épais et sombres,
Redouble encor l'horreur des éternelles ombres;
Infatigable, il marche, et monte par degré.
Sur les sommets plus hauts l'arbre dégénéré
Avait perdu l'orgueil de sa tige robuste :
On ne voit plus les bois lever un front auguste;
Le hêtre, le sapin, désormais sans vigueur,
Par d'informes contours attestent sa langueur;
Et le climat plus froid, sur le mont qui s'élève,
Glace dans les canaux le torrent de la sève.
Pierre avance, il observe; il voit de toutes parts,
Les mousses, les buissons, les arbrisseaux épars
Qui, traînant en ces lieux leurs rampantes racines,
Stériles avortons, y décèlent les mines;
Le sol qu'empreint la rouille ou l'azur des métaux;
Les torrents qui, roulant leurs bondissantes eaux,
Dans le creux des rochers entraînent avec elles
Des souterrains trésors les indices fidèles.
Tout parle à ses regards. Cependant le héros
Voit au sommet des monts d'antiques soupiraux,
Route sombre que l'art et cent mains ont creusée
Dans le sein entr'ouvert de la roche brisée,
Et qui conduit sans cesse à cet affreux séjour
Où jamais le soleil ne fit percer le jour;
Noirs tombeaux des vivants, formidables abymes
Où les antiques lois emprisonnaient les crimes.

Près de l'un de ces bords il distingue un Germain,
Pâle, quoique robuste, une torche à la main;

Dans ses traits recueillis se peignait la sagesse.
Ridé par trente hivers, dans sa jeune vieillesse,
Ses longs cheveux, jadis en ébène flottants,
S'étaient déja blanchis sous les neiges du temps.
Souvent il contemplait le soleil en silence.
Des mineurs l'entouraient, respectaient sa présence :
Il réglait leurs travaux, et leur dictait des lois.
« Ce peuple, lui dit Pierre, obéit à ta voix;
« Tu parais commander dans ces lieux solitaires.
« Je viens d'un art utile y sonder les mystères;
« J'oserai, si par toi mes vœux sont écoutés,
« Pénétrer sans pâlir ces gouffres redoutés.
« Daigne ouvrir sous mes pas cette demeure obscure,
« Sanctuaire éternel qu'habite la nature,
« Où, son pouvoir sacré façonnant les métaux,
« La main sourde du temps seconde ses travaux.
« J'y veux aussi de l'homme admirer l'industrie. »

— « Ce souterrain empire est ma seule patrie;
« J'étais près d'y rentrer, répondit le Germain :
« J'y commande. Ce jour, ce ciel pur et serein,
« Cet astre qui vous luit sur l'immense hémisphère,
« Sont étrangers pour moi. Je vis peu sur la terre.
« Dans la profonde nuit mes jours coulent en paix.
« O qui que vous soyez! vous surtout dont les traits,
« Dont la taille imposante et le regard m'étonne,
« Vous que sans appareil la grandeur environne,
« Je vais guider vos pas. Depuis que dans ces lieux
« J'habite enseveli loin des regards des cieux,
« Nul mortel aussi grand n'a paru dans ces mines.

« Descendons. » Les rochers de ces vastes collines,
De sons religieux soudain retentissants,
Répétèrent au loin ces lugubres accents :
« Dieu, maître de la mort, dans ces gouffres terribles,
« Prête à ces deux mortels tes secours invisibles ;
« Vous, au dieu des tombeaux, qui peut vous protéger,
« Mortels, recommandez ce souffle passager.
« C'est peut-être une tombe où vous allez descendre :
« Sur le sein de la mort un fil va vous suspendre.
« Un seul instant peut-être, et le jour qui vous luit
« Va se changer pour vous en éternelle nuit.
« Dieu, maître de la mort, si leur frêle poussière
« Ne doit plus remonter vers la douce lumière,
« Daigne les recueillir dans ton sein paternel,
« Donne-leur, dieu des morts, le repos éternel. »
*Le repos éternel!* à l'oreille attentive
Trois fois fut répété par la roche plaintive.
L'abyme murmura : *le repos éternel!*

« Quel chant, s'écria Pierre, affreux et solennel!
« Quoi, sur l'homme vivant, déjà les cris funèbres! »
—« Lorsque, lui dit son guide, au sein de ces ténèbres
« Un mortel, quel qu'il soit, est prêt à s'engloutir,
« Ces formidables sons le viennent avertir :
« C'est des siècles passés l'usage héréditaire ;
« C'est l'adieu redoutable au départ de la terre. »

« Ces accents de la mort ne m'épouvantent pas,
« Répondit le héros. Sans eux ne sais-je pas
« Que la vie incertaine est un dépôt fragile,

« Que de nos faibles corps tout peut briser l'argile;
« Que mes jours, agités par le souffle du temps,
« De la vie à la mort sont sans cesse flottants?
« Si ces gouffres ouverts menacent leurs victimes,
« L'air même a ses poisons, la mer a ses abymes,
« Les volcans, leur tonnerre; et les champs des combats
« M'ont présenté la mort errante sur mes pas.
« Faut-il donc aux humains, à soi-même inutile,
« Sous le coup qu'on attend, palpiter immobile?
« Grand Dieu, tranche mes jours, s'il faut vivre à ce prix!
« La vie est un naufrage, amassons ses débris;
« Que cet éclair du moins qui s'allume et qui passe,
« Dans la nuit, après moi, laisse encor quelque trace.
« Un grand dessein m'anime, et fidèle à ce but,
« Que chaque heure, en fuyant, m'apporte son tribut,
« J'aurai vécu du moins avant que la mort frappe:
« Le présent m'appartient, si l'avenir m'échappe. »
Il dit, et s'approcha de ces bords menaçants.
Le fond, inaccessible à ses regards perçants,
Ne présentait au loin que d'effroyables ombres.
Des rameaux appliqués à ces cavernes sombres,
Des restes de vieux troncs, par le fer mutilés,
Sous le pied chancelant des voyageurs troublés
Suspendaient des appuis; et des bords de la cime,
De degrés en degrés s'abaissaient dans l'abyme.

Le Czar saisit d'un pin le débris résineux,
L'allume, et le premier, dans ces gouffres affreux,
Descend à la lueur de la torche embrasée.
Tels, l'invincible Hercule et l'antique Thésée,

Cherchant le noir Cocyte et le peuple des morts,
De l'empire infernal perçaient les sombres bords.
Leurs flambeaux à la main, et Le Fort et son guide
Ne suivent que de loin son audace intrépide.

Déja l'éclat du jour s'enfuit loin de ses yeux;
L'abyme est sous ses pieds, il a perdu les cieux.
Il s'enfonce, il poursuit des routes inconnues,
De ce monde lointain lugubres avenues.
Par leurs noires vapeurs, ces tristes régions,
De la torche fumante émoussent les rayons.
Il entend sous ses pas des pompes frémissantes;
De souterraines eaux, au loin retentissantes,
Inondant sourdement des antres écartés,
Ou qui tombant, roulant, grondant à ses côtés,
De rochers en rochers écument et jaillissent,
Et d'abyme en abyme enfin s'ensevelissent.
Le bruit descend, remonte, et le gouffre en mugit.

A ses regards enfin le gouffre s'élargit;
La voix des travailleurs, de leur prison obscure,
S'élève jusqu'à lui comme un lointain murmure :
Bientôt un faible jour, du sein de ces tombeaux,
S'entremêlant au jour de ces pâles flambeaux,
Au terme de ses vœux l'avertit qu'il arrive.
Tel qu'un navigateur qui voit enfin la rive,
Il achève sa route, il s'élance, il descend;
Déja d'un pied léger il frappe, en bondissant,
Le sol qui des métaux renferme les semences.

« Salut, antres, rochers et cavernes immenses!

« Dit-il ; terre nouvelle et qui n'as point de cieux.
« Nature, ouvre à mon œil ton sein mystérieux :
« Dans ton auguste nuit permets que je m'égare. »
D'un nouvel univers on dirait qu'il s'empare.
Il y marche à grands pas : il voit de tous côtés,
En labyrinthe obscur, fuir de vastes cités ;
De longs enfoncements, de noirâtres portiques,
Les dômes ténébreux de cent voûtes antiques ;
Là, des monceaux de roc sur la terre étendus ;
Là, le front menaçant des rochers suspendus,
Et des forêts de troncs, appuis inébranlables,
Qui soutenaient au loin ces voûtes formidables.
Les chênes, qui jadis s'élançaient dans les airs,
Aujourd'hui descendus aux portes des enfers,
Tels que de vieux géants dans une nuit profonde,
Semblaient, en s'unissant, porter le poids du monde.

Des lampes, à travers la vaste obscurité,
Répandaient une morne et tremblante clarté ;
Astres silencieux dont les rayons funèbres
Rendaient visible à l'œil l'épaisseur des ténèbres.
L'espace, en s'enfonçant de détour en détour,
Paraissait s'éclairer, se noircir tour à tour.

Là, le calme et le bruit inspiraient l'épouvante.
Dans un séjour de mort une cité vivante,
Le cri des longs leviers et des chaînes de fer
Soulevant les fardeaux vers les plaines de l'air ;
Le bruit lugubre et sourd de cent roches frappées ;
Les voix par intervalle au silence échappées ;

Les chocs tumultueux, le roulement des chars,
En étonnant l'oreille, étonnaient les regards,
Et semblaient, de la nuit interrompant les heures,
Du silence éternel agiter les demeures.

Des milliers d'habitants, courbés par les travaux,
Le teint sombre et jauni des vapeurs des métaux,
Fantômes demi-nus, peuplent ce noir empire.
L'un, parmi les poisons du souffle qu'il respire,
Dans l'abyme creusé, creuse un abyme encor;
L'autre enlève à la terre un facile trésor.
Là, d'étage en étage, une troupe est montée
Sur les gradins nombreux de la roche argentée,
Le mineur attentif suit le filon errant,
L'interroge de l'œil; tandis qu'en l'éclairant,
Pétille à ses côtés sa lampe solitaire.
Son œil a reconnu la veine tributaire.
Armé d'un fer aigu, sous le marteau pesant,
Il l'enfonce; le roc crie en se divisant,
Et les coups répétés sous une main active,
Font jaillir en débris la richesse captive.

Un autre avec plus d'art, si le fer émoussé
Rebondit sur le roc, au salpêtre pressé
Creuse un canal étroit. Bientôt la flamme brille;
On fuit: le feu serpente et la mèche pétille,
Le salpêtre s'embrase; un long mugissement
Court d'échos en échos, et le rocher fumant
Vers la voûte, en éclats, vole comme un tonnerre,
De la voûte, à grand bruit, retombe sur la terre.

Le travailleur accourt; et le tranchant ciseau,
Du métal enfermé divise le berceau.

Pierre marche à pas lents dans ces vastes retraites;
Il contemple à loisir leurs merveilles secrètes,
Cette active industrie et ces travaux constants.
Mais attendri du sort des tristes habitants,
« Voilà donc ceux, dit-il, qui font pour les deux mondes
« Jaillir ces fleuves d'or de cent sources fécondes.
« On croirait qu'en ces lieux de magiques accents
« Ont ranimé des morts les spectres pâlissants,
« Qui, privés du trépas qu'un destin leur envie,
« Sans sortir des enfers, recommencent la vie,
« Renaissent aux travaux, mais sans renaître au jour.
« Quel spectacle! quel peuple! et quel affreux séjour!
« Quoi! l'infortune habite aux sources des richesses!
« Quand la terre au mineur prodigue ses largesses,
« Un pain noir, des lambeaux, voilà tout son trésor!
« Il moissonne à la fois et la misère et l'or!
« Quoi! l'or emprisonné dans ces profonds abymes,
« Même avant d'en sortir, fait déjà des victimes!
« Présage malheureux! » — « Parmi le genre humain
« J'ai peu vécu, reprit le tranquille Germain;
« Mais j'en crois les discours et les livres des sages.
« Je me suis quelquefois instruit dans leurs ouvrages.
« Les maux dont tu te plains, respectable étranger,
« La foule des mortels semble les partager.
« En creusant ses sillons, le citoyen champêtre
« Souvent meurt affamé près des blés qu'il fit naître.
« Le matelot, dont l'art joint les deux univers,

« Vend à bas prix ses jours suspendus sur les mers.
« Il fait voyager l'or, et vit dans l'indigence.
« Le soldat, qui des rois exerce la vengeance,
« Esclave conquérant payé pour les combats,
« D'une indigente main affermit les États.
« Tu le sais mieux que moi : sur ce globe où nous sommes,
« Partout le genre humain ne vit que pour peu d'hommes.
« De moins souffrir encore il semble s'étonner,
« Et rend grâce des maux qu'on lui daigne épargner.
« Témoins ces malheureux. Dans ses besoins avides,
« L'État daigne accepter leurs travaux pour subsides.
« Qui le croirait ? ce droit, par un secret orgueil,
« Attache le mineur à son séjour de deuil ;
« Cet art laborieux, que l'État encourage,
« Est du père aux enfants transmis par héritage :
« Ils l'embrassent par choix. L'enfant presque au berceau,
« De ses tremblantes mains soulève le ciseau,
« Et même ne croit pas qu'une loi trop barbare,
« Du doux aspect des cieux pour long-temps le sépare.
« Quand, loin de nous, cinq fois le jour s'est rallumé,
« Et que cinq fois le ciel, d'étoiles d'or semé,
« A remplacé le jour par ses flambeaux nocturnes,
« Le bruit cesse, tout part ; ces antres taciturnes
« Sont déserts ; le marteau repose suspendu.
« Pendant deux jours entiers, à la terre rendu,
« Le fortuné mineur renaît pour la nature ;
« Moi-même alors je goûte une volupté pure :
« Je le vois s'exercer à des jeux innocents,
« Ou suspendre ses fils dans ses bras caressants ;
« Près de sa jeune épouse, errant sur les montagnes,

« Je le vois respirer le parfum des campagnes :
« Le ciel et le repos raniment sa langueur. »

— « Ah ! reprit le héros, tu soulages mon cœur.
« Par des illusions trompant sa destinée,
« Je vois que cette race est moins infortunée ;
« Que de la vie encor quelques faibles rayons,
« De ces gouffres de mort percent les régions :
« Un éclair de bonheur luit sur ces pâles ombres.
« Malgré des jours plus doux mêlés à leurs nuits sombres,
« Quelle dette envers eux contractent les États !
« Oui, les rois trop souvent sont forcés d'être ingrats.
« Malheureux ! pour punir, ils ont trop de puissance.
« Leur pouvoir est borné pour la reconnaissance. »

Du Czar et du Germain tels étaient les discours.
Des métaux cependant Pierre observait le cours ;
Même quand le filon se dérobe à la vue,
Il voit quel art surprend sa richesse imprévue ;
Voit la sonde qui creuse et s'avance à pas lents,
De la roche douteuse interroger les flancs ;
Et de l'aimant actif la sûre intelligence
Trahir le fer caché qui repose en silence.
Dans cette obscure nuit, sous ces rochers affreux,
Que nul astre jamais n'éclaira de ses feux,
Il voit sur son pivot la flottante boussole,
D'un amoureux instinct chercher toujours le pôle,
Et guider dans la mine ainsi qu'au sein des mers.

Tout à coup un bûcher, s'enflammant dans les airs,

Verse un jour éclatant sur ces cavernes sombres;
Une vaste lueur a pénétré les ombres;
Il fait des noirs torrents étinceler les eaux,
Fait jaillir en éclairs les rayons des métaux :
L'air embrasé n'est plus qu'une vapeur aride.
Le monarque surpris interroge son guide.
« Quel spectacle nouveau vient frapper mon regard? »
— « Tu vois, dit le Germain, tu vois un nouvel art
« Pour ravir les métaux à la terre indocile.
« Lorsque l'acier tranchant dans la roche immobile
« Ne peut percer du feu l'invincible élément
« Pénètre dans son sein amolli lentement,
« Le calcine, l'entr'ouvre; et la mine enfermée
« Échappe des prisons de la roche enflammée.
« Pourtant, noble étranger, je ne le cèle pas :
« De renaissants périls assiégent tous nos pas.
« On dirait qu'un génie affreux, mais invisible,
« Maintient tous ces trésors sous sa garde terrible,
« Et défend de troubler, pour ravir leurs dépôts,
« Son silence éternel et son sacré repos. »

Il parlait; et du sein d'un rocher que l'on frappe,
Près de lui, tout à coup un sifflement s'échappe.
Il voit flotter, blanchir (présages effrayants!)
Une vapeur semblable à des fils ondoyants.
Déja sous la vapeur les lampes s'obscurcissent,
Les mineurs sont troublés, leurs visages pâlissent.
Un formidable cri proclame les dangers.
Ces mots remplissent l'air : « Hâtez-vous, étrangers,
« Hâtez-vous; que vos fronts se courbent sur l'arène. »

Pierre hésitait encore, et son guide l'entraîne.
Une vaste terreur suspend tous les travaux.
Cent mains, au même instant, ont éteint les flambeaux.
Dans une obscurité menaçante et tranquille,
A la terre attaché, chacun reste immobile.
On palpite; on attend dans l'horreur de la nuit :
Le silence est affreux.... Un effroyable bruit,
Soudain retentissant de caverne en caverne,
Gronde comme la foudre éclatant dans l'Averne.
Le bruit se perd.... Les fronts sont déja relevés.
« De la mort qui volait nous voilà préservés;
« Elle a passé sur nous. » Et tel qu'après l'orage,
Le pâle matelot échappé du naufrage,
Reprend avec vigueur ses soins interrompus,
Et rejoint les débris de ses câbles rompus;
Tel le mineur sauvé des fatales atteintes,
Court rallumer le feu de ses lampes éteintes,
Et de ses durs travaux ressaisit l'instrument.

Cette terreur, ce bruit, ce vaste mouvement
Étonnent le héros. « Apprends, lui dit son guide,
« Que des soufres cachés la vapeur homicide,
« Du rocher qui s'entr'ouvre échappée en sifflant,
« Porte un trépas certain si le mineur trop lent
« Laisse aux feux de sa lampe allumer ce tonnerre,
« Et de son front courbé ne va toucher la terre.
« A combien d'autres maux ce peuple est condamné!
« Qui le garantira d'un souffle empoisonné?
« Ici chaque élément à le perdre conspire;
« Même en respirant l'air, c'est la mort qu'il respire.

« La flamme quelquefois embrase à longs replis
« Ces chênes, ces sapins, ces troncs noirs et vieillis,
« Des dômes suspendus antiques colonnades.
« Tout s'embrase. Tantôt ces immenses arcades
« S'enfonçant, s'écroulant sous leur horrible poids,
« Écrasent cent mineurs foudroyés à la fois.
« Ainsi que l'Océan, ces lieux ont leur naufrage.
« Vois l'eau de tout côté qui se fraie un passage.
« Sous tes pieds, sur ta tête, à tes côtés errants,
« Entends-tu retentir ces rapides torrents?
« Soit que de l'Océan les sources éternelles,
« Sous leur sable creusé forment des mers nouvelles;
« Soit que, dans le berceau du naissant univers,
« La terre encor fragile ait englouti des mers
« Qui dorment à jamais dans leurs prisons profondes;
« Soit que son sein recèle et des sources fécondes,
« Et des fleuves nombreux des vapeurs émanés,
« Qui roulent sourdement sans jamais être nés,
« Et du globe muet traversant la structure,
« N'ont pas même de nom dans la vaste nature,
« Tanaïs, ou Volga d'un monde souterrain,
« Et frères inconnus du Danube et du Rhin :
« Mais l'art sait les dompter par des travaux sublimes.
« L'Homme, roi sur la terre, est roi dans les abymes.
« La nature est vaincue et cède à son pouvoir. »

Pierre voit, sur les flots d'un vaste réservoir,
Des orbes suspendus qu'un même lit rassemble,
En cercles éternels, marcher, rouler ensemble.
Sur son axe criant, leur docile conteur

Reçoit le mouvement et l'imprime à son tour
A des canaux d'airain, ou d'un hêtre solide,
Que l'air ne peut ronger de son mordant acide.
Abaissé, relevé, leur tube frémissant
Aspire au loin les flots de son souffle puissant.
L'eau qui cherche un asyle et fuit l'air qui l'oppresse,
Dans ces cylindres creux s'élance avec vitesse.
Ainsi l'onde bravant sa propre pesanteur,
Peut des monts, par étage, atteindre la hauteur.
O prodige de l'art et merveilles savantes !
Les flots agitent seuls ces machines mouvantes
Par qui l'Homme combat les flots séditieux.
Tel un roi divisant des sujets factieux,
Pour assurer sa vie et son pouvoir suprême,
Combat ses ennemis par ses ennemis même.

Mais ailleurs, sous le roc, d'infatigables mains
Ont, par de longs efforts, creusé de longs chemins,
Achevés par le temps et des races entières :
La montagne est percée et vomit des rivières.
Pour la première fois, l'éclat du jour reluit
Sur ces fleuves obscurs, citoyens de la nuit,
Qui, sortant en grondant de ces voûtes profondes,
Semblent verser au jour les infernales ondes.
Dans un lit étranger ces fleuves parvenus,
Présentent au désert des hôtes inconnus.

Le héros contemplait ces effrayants ouvrages,
Ces vastes monts ouverts et creusés en rivages,
Travaux où dans l'immense et sombre profondeur,

L'art sut ensevelir son utile grandeur,
Et dont un peuple obscur jouit de race en race;
Monuments à la fois de génie et d'audace,
Qu'un siècle commença, qu'un autre poursuivit,
Que jamais dans son cours l'astre des cieux ne vit,
Que l'enfer étonné, seul, entendit construire
Auprès des noirs confins de son antique empire.

Tout à coup le héros sent un souffle léger.
On dirait qu'un zéphyr, à ces lieux étranger,
Apportant sous la terre une fraîcheur nouvelle,
D'un doux frémissement fait frissonner son aile.

« Ici, dit le Germain, pour rafraîchir son cours,
« L'air a su du feu même emprunter le secours.
« Sur la cime des monts, des flammes allumées,
« Attirant les vapeurs dans la mine enfermées,
« Par un canal étroit qui perce ces prisons,
« De l'air contagieux y pompent les poisons;
« Et par d'autres canaux un souffle salutaire,
« Des cieux précipité dans le sein de la terre,
« Y court, vole, circule et meut rapidement
« L'air immobile et lourd comme un marais dormant.
« Le mineur se réveille à cette haleine pure,
« Il sent avec plaisir flotter sa chevelure;
« Il salue, il bénit ces vents officieux,
« Ces zéphyrs voyageurs, égarés loin des cieux. »

Pierre, de l'industrie observait les miracles.
Il s'étonnait que l'art eût vaincu tant d'obstacles;

Que d'un art éternel le vigilant effort
Sût ranimer la vie aux sources de la mort.
« Quoi donc! l'Homme a, dit-il, affermi son empire
« Au sein des éléments armés pour le détruire! »

Il marchait, il errait dans ce profond séjour,
Des labyrinthes creux perçait chaque détour.
Souvent il rencontrait des mines solitaires
Que du mineur jadis ont habité les pères.
Là, plus de trois cents ans de travaux et d'efforts
Ont enfin épuisé les sources des trésors;
Le silence régnait sous ces voûtes désertes.
Mais, déja méditant de réparer ses pertes,
L'immortelle nature, en ses obscurs travaux,
Recréait lentement les germes des métaux;
Déja l'onde et le feu, ses ministres fidèles,
Coloraient le rocher par des teintes nouvelles,
Et dans la veine creuse, et les filons taris,
Des soufres vagabonds rassemblaient les débris.

Pierre a surpris l'argent dans son enfance obscure.
L'argent, comme une errante et fine chevelure,
Se courbe et se replie en fils entrelacés,
Brille en lame légère, en globes dispersés,
Ou, du lierre qui rampe imitant la souplesse,
Sur les parois du roc serpente avec mollesse.
Ailleurs, rival heureux des naissants arbrisseaux,
Il essaie une tige et de jeunes rameaux.
L'arbre, au lieu d'agiter sa mobile verdure,
Flotte en argent; caprice et jeu de la nature!

Le Fort, dans ce moment, de son maître écarté,
D'un antre plus profond perçait l'obscurité.

Tandis que sur les arts que ce séjour rassemble,
Le monarque et le chef s'entretenaient ensemble,
Un bruit confus s'élève; et des cris redoublés
Font voler la terreur dans ces déserts troublés.
Tous deux d'un pas rapide ils marchent, ils accourent.
En tumulte pressés des mineurs les entourent.
Du sein d'un roc ouvert, dans un antre caché,
Un fleuve, en longs torrents tout à coup épanché,
Avait jailli. Son urne immense, intarissable,
Nourrissant ses progrès, toujours plus redoutable
Il court, se précipite, et ses flots bouillonnants
Roulent avec fracas sous les antres tonnants.
Dans leur cours orageux les ondes rassemblées
Avaient déja couvert de profondes vallées,
Déja formaient un gouffre; et deux infortunés
Que les flots ont surpris, par les flots entraînés,
Se débattaient en vain. Leur force ralentie
Déja ne soutient plus leur tête appesantie,
Et leurs muscles vaincus trahissaient leurs efforts.

Du sommet d'un rocher qui domine ces bords,
Pierre a plongé son œil sur ces tristes abymes.
Il fixe avec terreur l'une des deux victimes;
Il pâlit : « Ciel! ô ciel! est-ce lui que je voi?
« Oui, c'est lui, c'est Le Fort! Le Fort, ranime-toi;
« Je vole à ton secours. » Il s'écrie, il s'élance.
Les éclairs sont moins prompts. On s'effraie en silence;

On admire; chacun fixe un œil étonné.
D'innombrables témoins le bord est couronné.
Tout est calme, muet. Le bruit lointain des ondes,
Sous des rocs éloignés sourdement vagabondes,
Plus près le bruit du gouffre engloutissant les eaux,
Se font entendre seuls. Quelques obscurs flambeaux
Épars sur les rochers en éclairaient la cime,
Et leurs rayons tremblants retombaient sur l'abyme.

Le héros étendu bat les flots irrités;
L'onde noire et profonde écume à ses côtés.
Tantôt frappé du jour, tantôt plongé dans l'ombre,
Son front domine seul sur cet abyme sombre.
Son œil cherche Le Fort, son bras nerveux l'atteint.
Le Fort a ranimé sa vigueur qui s'éteint.
A la voix du héros, sa tête chancelante
Se relève. Le Czar saisit sa main tremblante,
Le guide, le soutient sur les ondes errant.
Il veut sauver aussi le mineur expirant.
Trois fois le mineur fuit sous l'onde qui le frappe;
Trois fois Pierre a saisi son fardeau qui s'échappe.
Pierre craint pour Le Fort, Le Fort, pour le héros..
Il revenait vainqueur luttant contre les flots;
De mille accents confus ces antres retentissent.

Au même instant, les eaux qui s'enflent et grossissent,
D'un rocher sans appui, suspendu par les ans,
Achèvent de miner les frêles fondements.
Le roc roule à grand bruit, tombe et se précipite:
La rive au loin frémit, le gouffre au loin s'agite:

Jusqu'au fond entr'ouverts, vers la voûte élancés,
Les flots vers tous les bords vingt fois sont repoussés,
S'élèvent tour à tour, et tour à tour s'abaissent.
Le héros, le mineur et Le Fort disparaissent;
On les voit s'engloutir : un long gémissement,
Formé de mille voix, naît, meurt dans un moment.
La foule est immobile et reste consternée.
De ce fier inconnu l'on plaint la destinée,
Son noble emportement, sa trop bouillante ardeur :
Par sa taille, ses traits, et sa mâle grandeur,
Ce mortel semblait né pour commander en maître.
Soudain la vague s'ouvre. On le voit reparaître.
Couvert d'onde, d'écume, et d'un bras vigoureux
Domptant les flots émus du gouffre ténébreux,
Semblable au dieu des mers sous la nuit des orages,
Traînant ses compagnons échappés des naufrages,
Vers les bords avec eux il se fraie un chemin,
Il s'avance, il saisit d'une puissante main
La pointe d'une roche; et la foule ravie
Reçoit les malheureux qu'il rendait à la vie.
Le monarque debout, sur la roche élevé,
Embrasse avec transport l'ami qu'il a sauvé.
Le Fort tombe à ses pieds : « O roi d'un vaste empire,
« O mon maître, tu vis, et par toi je respire!
« Ah! je ne serais plus sans toi, sans tes secours. »

— « J'ai servi mon empire en conservant tes jours.
« De tes remercîments épargne-moi l'injure,
« Répliqua le héros. Crois-tu que la nature,
« En soumettant le Nord à ses âpres rigueurs,

« Ainsi que nos rochers, ait endurci nos cœurs?
« Loin de nos cieux glacés le soleil qui s'égare
« Laisse encor des vertus sous un climat barbare.
« Vos rois civilisés peuvent, dans leur orgueil,
« Honorer d'un sourire, ou payer d'un coup d'œil
« Leurs plus zélés sujets, leurs guerriers les plus braves;
« Mais ce lâche contrat des rois et des esclaves,
« Le Fort, n'est pas celui qui nous unit tous deux.
« Nous nous aimons. Ton cœur et libre et généreux
« A daigné me choisir. Qu'importe ma puissance!
« Ma grandeur avec toi, c'est ma reconnaissance.
« Non : le ciel ne m'est point favorable à demi.
« Il me protége en tout : j'ai sauvé mon ami.
« Soyons toujours égaux, l'amitié te l'ordonne;
« Et ne me punis pas d'être né sur un trône.
« Je cesse d'être roi, si les rois sont ingrats. »

Pierre encore une fois le presse dans ses bras.
Pour ce peuple innocent ce spectacle a des charmes,
Et leurs yeux attendris versent de douces larmes.
Leur chef, près du héros, s'empresse à l'honorer;
Les mineurs à genoux sont prêts à l'adorer.
Mais leur humble respect, leur timide langage
Craint de l'offenser, même en lui rendant hommage.
Ils contemplent ses traits, répètent ses discours.

Du fleuve cependant on détournait le cours;
Et par les longs canaux des montagnes creusées,
L'art versait au dehors les ondes épuisées :
Dans la mine bientôt rentre l'ordre et la paix.

Le temps qui fuit partout sans s'arrêter jamais,
Mais qui, roulant obscur dans ces sombres demeures,
Sur le char du soleil n'y marque point les heures,
Et n'avertit pas l'œil de son rapide cours,
Avait, d'un vol égal, fait succéder trois jours
Dans l'uniforme nuit du souterrain empire,
Depuis que le héros y marchait pour s'instruire.
Pour lui les jours, les nuits, n'étaient que des instans,
Et sa pensée active y dévorait le temps.
Mais soumis par ses sens aux lois de la nature,
Deux fois d'un pain grossier, rustique nourriture,
Pour chasser de la faim l'importune langueur,
Il avait, en marchant, soutenu sa vigueur;
Deux fois puisé les flots des sources souterraines,
Pour apaiser la soif errante dans ses veines.
Ses organes lassés demandaient du repos.

Sur un rocher d'argent, dont les riches dépôts
Remplissaient les contours d'un antre solitaire,
Il s'assied loin du bruit et dans l'ombre. La terre
Se courbant sur sa tête en voûte de métal,
Semble d'un dais d'argent couvrir son front royal.
Bientôt le doux sommeil vient fermer sa paupière;
Mais son front brille encor d'une majesté fière,
Grand dans le repos même; et de ce sombre lieu
Le héros endormi paraît être le dieu.

De songes tout à coup un essaim l'environne.
Des plus puissants pavots leur troupe le couronne,
Et retrace à ses yeux, dans un tableau mouvant,

De tout ce qu'il a vu le spectacle vivant.
Effet mystérieux d'un pouvoir qu'il ignore,
Dans ses sens assoupis son ame veille encore.

Soudain autour de lui la caverne trembla.
Jusqu'en ses fondements la terre s'ébranla;
Il crut la voir s'ouvrir. Du gouffre formidable,
O prodige! un Génie antique et vénérable
S'élève, et par degrés montre, en se déployant,
Et la taille, et la forme, et les traits d'un géant.
De la voûte du globe il atteignait le faîte,
Et le globe semblait reposer sur sa tête.
Telle parut jadis la race des Titans.
Son front, contemporain de l'espace et du temps,
Des siècles entassés portait l'empreinte auguste;
Mais les temps respectaient sa vieillesse robuste.
Un pouvoir éternel circulant dans son sein,
Rajeunit sa vigueur sous des siècles sans fin.
Il paraît à la fois tout puissant et tranquille.

Le héros, d'un front calme et d'un œil immobile,
De ce colosse immense observait la hauteur.
« Est-ce un enchantement? est-ce un songe imposteur?
« Parle, s'écria-t-il, dieu, génie ou fantôme.
« Pourquoi m'apparais-tu dans ce sombre royaume?
« Quel es-tu? » — « Je suis roi du monde souterrain,
« Répondit le géant. J'y règne en souverain.
« Du jour où Dieu créa la nature immortelle,
« Je naquis, je vécus, je vieillis avec elle.
« Témoin de ses travaux, je vois les temps rouler,

« Tout naître, tout vieillir, tout se renouveler.
« Oui, de la terre en moi reconnais le Génie.
« Du Dieu qui t'a guidé la puissance infinie
« M'ordonne de t'instruire, et de te révéler
« Les secrets qu'en son sein ma nuit peut recéler.
« Il en est d'éclatants, il en est de terribles.
« Vois dans leurs profondeurs mes antres invisibles.
« Connais tout. » Aussitôt de ce sombre univers,
Dans leur vaste longueur les souterrains ouverts,
Apparurent; partout les bornes s'effacèrent.
La voûte s'éleva, les antres s'abaissèrent,
Tout s'aplanit. Les yeux erraient en liberté.
Le monarque surpris voyait de tout côté
S'étendre et s'allonger l'immensité profonde
De l'axe de la terre aux deux pôles du monde.
« Ton œil, dit le géant, n'a plus rien de mortel.
« Homme, tu vois ici comme l'œil éternel,
« Pour qui l'espace entier se presse et se rassemble,
« Et l'infini n'est qu'un. Vois l'univers ensemble,
« Mais vois-le où nul mortel n'est jamais parvenu,
« Trône de ma puissance, à jamais inconnu,
« Inaccessible à l'œil. Tu vis et tu respires
« Sous l'antique Océan, les îles, les empires,
« Les continents. Un monde est suspendu sur toi;
« Un autre est sous tes pieds. Viens, parcours avec moi
« Les champs de l'étendue à ton regard tracée;
« Comme l'esprit parcourt les champs de la pensée. »

Il dit, et tout à coup le héros étonné,
De spectacles pompeux se vit environné.

C'étaient du globe entier les mines réunies,
D'un renaissant éclat à ses yeux rajeunies.

Sous l'ardent équateur il voit les mines d'or.
Le sol étincelait de ce riche trésor,
Noble enfant du soleil et des plus pures flammes.
Sur les rochers jaunis l'or éclatait en lames ;
Là, des montagnes d'or et des champs d'or entiers ;
Ici, des veines d'or traçant de longs sentiers ;
Des sables brillants d'or ; et l'onde qui les mouille
Roulant, traînant de l'or la flottante dépouille.

Non loin, comme un jour pâle, et ces rayons blanchis
Du nocturne croissant sur l'onde réfléchis,
Sœurs modestes de l'or, les mines argentées
S'avançaient. Par l'argent les roches habitées
Formaient des lits profonds sous les champs africains,
Aux antres du Potose, aux antres mexicains.
Ailleurs, fluide errant, par d'invincibles routes
L'argent coule, s'échappe, et s'arrondit en gouttes.

Des diamants ici l'éblouissant amas
Boit les feux du soleil qui naît dans leurs climats.
Aux rois de l'Orient, destinés en offrandes,
Bientôt ils pareront de superbes guirlandes
Les trônes d'Ispahan, les trônes de Delhi.

Là, le rubis naissant, de ses feux embelli,
Se mêlait aux couleurs de l'opale ondoyante ;
L'émeraude lançait sa flamme verdoyante,

Le saphir azuré, sa céleste splendeur :
Merveille où la nature, avare avec grandeur,
Resserra sa richesse et sa magnificence.
Sous le ciel indien, qui leur donna naissance,
La flamme, élément pur de ces trésors divers,
Semble s'être durcie en solides éclairs.

Vers d'autres régions, sortait du sein de l'ombre
Le fer enveloppé d'un vêtement plus sombre,
Le fer de tous les arts instrument et soutien,
Des races de la terre utile plébeïen,
Artiste, laboureur, belliqueux, pacifique.
Tandis qu'à l'Orient, en reine asiatique,
La nature étalait le luxe du Midi,
Le fer peuplait du Nord le climat refroidi.
Il semblait qu'en ces lieux, plus terrible et plus fière,
La sauvage nature, amazone guerrière,
Se hérissant de fer dans sa mâle beauté,
Des habitants du Nord imitait l'âpreté.
Elle y faisait renaître en mines immortelles,
Pour d'éternels combats, des armes éternelles,
Que les races, les temps ne peuvent épuiser.

Ailleurs, il voit l'airain naître et s'organiser.
L'airain en long amas, sous les bords scandinaves,
Enrichit, au lieu d'or, les enfants des Gustaves.

Pierre a vu les trésors de trente potentats.
« Parcours les souterrains de tes vastes États,
« Dit le géant. Ici s'étend la Tartarie :

« Voilà ton Archangel, voilà ta Sibérie.
« Ici roule sur toi l'impétueux Volga ;
« Là, grondent agités les flots du Ladoga.
« A ravir les métaux si ta puissance aspire,
« Vois le fer et l'airain courir sous ton empire.
« Vois des veines d'argent sillonner tes climats ;
« L'or, non loin du Cathay. Tes rigoureux frimas
« Qui semblent sur le sol glacer la terre oisive,
« Ne peuvent endormir la nature inactive.
« Elle vit, et, partout riche pour les humains,
« Attend depuis mille ans ton génie et tes mains. »
— « Je vous reçois, présents que m'offre la nature,
« S'écria le héros. Je vengerai l'injure
« Qu'ont faite à vos trésors douze siècles d'oubli.
« Stockolm, par ses besoins mon empire avili
« N'enrichira donc plus tes mines étrangères !
« Le Russe est affranchi du tribut de ses pères. »

Il dit ; et plein de joie il étendait ses bras
Vers ces trésors nouveaux qu'il ne connaissait pas.
Il observait leurs lits, leurs couches différentes.

Soudain il voit s'ouvrir des grottes transparentes,
Des palais de cristal dont la vive splendeur,
Des demeures des rois effaçait la grandeur.
Le cristal, distillé dans ces grottes humides,
Montait en colonnade, en hautes pyramides,
En murs de diamants. Du sommet des plafonds
Le cristal suspendu descendait en festons.
Là, le cristal offrait la blancheur la plus pure ;

Ici, sous les pinceaux de la riche nature,
Des plus nobles couleurs s'embellissait encor.
Teint du feu des rubis, de vert, d'azur et d'or,
Il offrait, dans le jeu de ses couleurs flottantes,
De la robe d'Iris les teintes éclatantes.
Pierre doute, aux éclairs réfléchis sur ses yeux,
Si le sein de la terre est le palais des dieux.

Le héros contemplait ces merveilles des âges,
Quand son œil aperçut des lits de coquillages
En immense épaisseur sous cent lieux répandus,
En royaumes entiers sous la terre étendus.
Il retrouvait partout ces dépouilles des ondes,
Dans les plus durs rochers, dans des mines profondes,
Sous les Indes, l'Atlas, les Alpes, le Taurus,
Vastes monts où les flots, à jamais disparus,
Ont laissé de leur cours l'ineffaçable empreinte.
Par couches inclinés dans leur obscure enceinte,
Ici, le héros voit ces débris éclatants
Échappés tout entiers aux ravages du temps;
Là, mutilés par l'âge, ou brisés en poussière;
Par des sucs adoptifs ailleurs durcis en pierre,
Au roc hospitalier qui les reçut jadis,
Ils avaient imprimé leurs contours arrondis.

Le Czar avidement contemplait ces prodiges.
« Quoi donc! partout des mers je trouve les vestiges!
« Il est donc vrai, dit-il, que les mers autrefois
« Peuplaient les profondeurs des antres que je vois?
« Ces colosses, ces monts qui supportent les nues,

« Avaient donc leur berceau sous des mers inconnues,
« Écueils de l'Océan dont ils étaient couverts?
« Quel immense levier, agitant l'univers,
« Dans de nouveaux bassins a fait courir les ondes?
« Sur des mondes détruits a remplacé des mondes?
« Que de temps ont coulé pour ce long changement!
« Ah! l'éclair de la vie et nos jours d'un moment
« Disparaissent devant les jours de la nature,
« Ces siècles éternels, cette vieillesse obscure,
« Impénétrable, où l'œil s'égare avec effroi,
« Et voudrait remonter, en s'éloignant de soi,
« De l'échelle des temps la hauteur infinie. »

— « N'en doute pas, les mers, répliqua le génie,
« Long-temps du globe entier ont couvert les vallons:
« Les mers ont séjourné sur la cime des monts.
« J'étais alors caché dans le sein de la terre;
« J'habitais, jeune encor, mon palais solitaire:
« Là, tranquille et soumis à l'éternelle loi,
« J'entendais dans la nuit rouler autour de moi
« Un Océan profond, immense et sans rivage.
« J'étais enveloppé d'un éternel orage.
« Mais des flots, par degrés, la hauteur s'abaissa,
« Dans les antres creusés l'Océan s'enfonça.
« Je vis percer la cime et le front des montagnes.
« Mes îles, mes rochers, mes vallons, mes campagnes.
« Tout naquit, tout parut. L'Homme vint à son tour.
« Je vis, je saluai, dans son nouveau séjour,
« Les traits majestueux de cet hôte céleste.
« Les siècles ne sont plus, mais leur ouvrage reste.

« Et ces débris des mers, jetés de toutes parts,
« Entassés, dispersés, confusément épars,
« Sous la base des monts ces dépouilles captives,
« De l'antique univers immortelles archives,
« A l'homme d'aujourd'hui, né pour quelques instans,
« Racontent les secrets enfoncés dans les temps.
« Mais vois d'autres témoins. » — Alors, sous cent contrées,
Des marbres éclatants les veines colorées
Vinrent s'offrir en pompe aux regards du héros,
Des rivages du Nil aux antres de Paros.
Les uns jaspés de pourpre, ou du vert des feuillages;
D'autres entrecoupés de l'azur des nuages;
D'autres étoilés d'or. — « Dans ces marbres divers
« Tu contemples aussi les monuments des mers,
« Dit le Génie. Un jour, sous ces dômes immenses,
« Des germes créateurs rassemblant les semences,
« La nature aperçut des forêts de corail,
« La nacre en lits profonds étincelants d'émail,
« Et de vastes cités, d'antiques coquillages,
« Palais alors déserts, que, dans le cours des âges,
« Jadis avaient peuplés les habitants des eaux.
« — Formez, de ces débris, des miracles nouveaux,
« Dit-elle aux éléments. A mes ordres dociles,
« Ondes, mêlez, broyez ces dépouilles fragiles;
« Feu, durcis leur limon par d'utiles chaleurs;
« Métaux, distillez-y vos brillantes couleurs.
« Du temps, pour mes desseins, que la route éternelle
« Marche sans s'arrêter, et ramène avec elle
« Des siècles renaissants. Invisibles ressorts,
« Lois de la pesanteur, unissez tous ces corps. »

Les eaux, les feux, le temps, l'espace, l'écoutèrent,
Tout obéit : alors les marbres existèrent.

Le Czar prêtait l'oreille au discours du géant ;
Il croit voir la nature immortelle et créant,
Sous ses puissantes mains façonner la matière.

Tout à coup, ébloui d'une affreuse lumière,
Il recule. « Quels feux ! quels longs embrasements !
« Est-ce ici la limite, où de ses fondements
« La terre va toucher à l'infernal empire ?
« La flamme est l'élément qu'en ces lieux je respire ;
« Elle y répand au loin un formidable jour.
« Je sens trembler sous moi ce souterrain séjour.
« Pour irriter les feux les eaux se précipitent.
« Où suis-je ? — « C'est ici que les volcans habitent,
« Famille redoutable et ministres de mort,
« Enfants du feu, mêlés même aux glaces du nord :
« Nul mortel avant toi n'a percé leur enceinte ;
« Sous la garde d'un dieu contemple-les sans crainte ;
« Compte-les d'un regard. » —Tout à coup, le héros
Embrassa d'un coup d'œil ces brûlants soupiraux,
Dispersés dans l'Asie, et l'Afrique et l'Europe :
Le Vésuve terrible aux murs de Parthénope ;
L'Etna, sous la Sicile, et tonnant à la fois
Des rives de Catane aux champs du Calabrois ;
Ceux des monts Apennins ; ceux des rivages maures ;
Et ceux qui sous les mers ébranlent les Açores ;
Et ceux que dans ses flancs le Mexique alluma ;
Et ceux qui font pâlir l'habitant de Lima,
Du Cathay, du Japon, et des bords de Surate,

CHANT DES MINES. 285

Ou sur ses rocs tremblants font chanceler Ternate.
Son guide, en même-temps, de ses puissantes mains
Lui traçait le dédale et les obscurs chemins
Par où les vents, les feux, et les eaux se confondent;
Où d'échos en échos les volcans se répondent,
Et font courir au loin de vastes tremblements.

Pierre observait ces monts, embrasés et fumants,
Rangés autour de lui; mais de lointains espaces
Partout de feux éteints lui découvrent les traces.
Il croit voir des tombeaux où les volcans vieillis,
Sous les roches couchés, dormaient ensevelis.
Leurs sombres cavités, par les flammes ouvertes,
Partout offraient à l'œil des fournaises désertes,
Des murs silencieux, et des restes brisés,
Encor noircis du feu des tonnerres usés.

« Ces volcans que tu vois, assoupis par les âges,
« Long-temps ont sur le globe exercé les ravages,
« Long-temps, dit le Génie, ont miné l'univers.
« J'ai connu leur jeunesse. Alors, plus près des mers,
« Un contraire élément enflammait leur furie.
« Je les vis ébranler, la France, la Syrie,
« Le pôle, l'équateur. La terre au loin tonnait;
« L'Océan soulevé dans son lit bouillonnait.
« Les tours se renversaient sur leurs cités brûlantes;
« Les monts, déracinés de leurs bases tremblantes,
« Se fendaient, s'approchaient, se heurtaient dans les airs,
« S'engloutissaient. J'ai vu des abymes ouverts,
« Des abymes comblés. J'ai vu des îles naître,

« Sous les flots tout à coup des îles disparaître ;
« Les cavernes du globe à grand bruit s'enfoncer,
« Les vastes continents sous elles s'affaisser ;
« Et les mers en fureur, précipitant leur onde,
« Reculer l'Amérique aux limites du monde ;
« Mutiler en cent lieux le globe déchiré.
« Au centre de la terre, où j'étais retiré,
« Moi-même j'ai senti ces secousses terribles ;
« J'ai craint plus d'une fois, dans ces moments horribles,
« Sous les convulsions qui troublaient ce grand corps,
« D'entendre, en se brisant, éclater ses ressorts.
« Il résista. D'un Dieu la puissance immortelle
« Liait ses fondements d'une chaîne éternelle. »

— « O Génie, ô témoin des siècles et des temps !
« S'écria le héros ; de ces faits éclatants,
« Dont nul homme jamais n'a transmis la mémoire,
« J'écoute avidement la redoutable histoire.
« Mon esprit, étonné des antiques destins,
« Voyage avec terreur dans ces siècles lointains.
« Oh ! que de fois la terre a dû changer de face !
« Quels bouleversements ont troublé sa surface ! »

« Si tu peux en douter, regarde autour de toi,
« Répondit le géant. » — Le Czar, non sans effroi,
Laissant errer son œil à de longues distances,
Crut voir autour de lui les ruines immenses
De plusieurs univers l'un sur l'autre entassés.
Son œil vit des forêts dont les troncs renversés
Couvraient dix mille arpents sous d'antiques rivages ;

D'autres forêts debout; les livides feuillages
Conservaient aux rameaux leurs ornements flétris;
Des troncs qui, par le fer sillonnés et meurtris,
De la coignée encor portaient les cicatrices,
Des troncs jadis taillés pour de grands édifices,
Des bois brûlants, éteints, et noircis par les feux.

Il vit des profondeurs et des antres affreux,
Tout blanchis d'ossements entassés par collines;
Des dépouilles d'ivoire au fond des vastes mines;
Des amas d'éléphants, sous le pôle nourris;
Des corps plus monstrueux, gigantesques débris
D'animaux inconnus, de races éclipsées,
Et du livre du monde à jamais effacées.

Ici, d'un vieil airain usé dans les combats,
Les tronçons avec bruit venaient heurter ses pas.
D'une armure ignorée il contemplait les formes,
Les larges boucliers et les lances énormes,
Monuments des héros. Ces restes effrayants
Semblaient lui rappeler des combats de géants.
La rouille dévorait ces formidables piques;
La roche s'incrustait dans des casques antiques.
Ailleurs gisaient au loin des dômes écroulés,
Des images d'airain, des marbres mutilés;
Obélisques, palais, colosses, pyramides,
Brisés, rompus, couchés sous des cendres arides;
Sous le gouffre des mers des traces de chemins;
Les dieux des nations, morts comme les humains;
Des milliers de tombeaux, et des urnes funèbres,

Veuves depuis long-temps de morts long-temps célèbres.

Le héros croyait voir les âges rassemblés ;
Il touchait de la main les siècles reculés,
Premiers enfants du monde, aînés de la nature.
« Grand Dieu ! de vastes tours je vois l'architecture :
« Est-ce une illusion qui trompe mes regards ? »
C'étaient plusieurs cités ceintes de leurs remparts,
Sous le globe debout restant ensevelies,
Que vingt siècles encor n'avaient pas démolies.
Pierre approche, aperçoit des portiques ouverts,
Des cirques désolés, des théâtres déserts ;
L'œil y cherchait en vain leurs pompes disparues.
Un silence effrayant seul habitait les rues :
Partout régnait la mort, et sa lugubre paix.
Il osa pénétrer dans le sein des palais,
Sous les enfoncements des voûtes solitaires,
Dans les temples, séjour des antiques mystères.
Les dieux étaient encor debout sur leurs autels,
Et près d'eux les foyers pour l'encens des mortels.
Sous des toits plus obscurs de plus profonds asyles,
Son œil vit des vieillards, des formes immobiles
De femmes et d'enfants qui semblaient respirer.
Les mères sur leurs fils se penchaient pour pleurer.
Dès long-temps, de la vie ils n'avaient plus que l'ombre.
Il crut voir des mortels à l'œil farouche et sombre :
C'étaient des criminels depuis deux mille hivers,
Aux murs de leur prison attachés par des fers.
Le Czar, en frémissant, sort de ces lieux terribles,
De ces mornes remparts, peuplés d'ombres visibles.

Où la destruction qui repose et qui dort
Semble joindre la vie au calme de la mort.


« O spectacle, dit-il, qu'avec effroi j'admire!
« Roi de ce monde obscur, quel formidable empire!
« Ici tout est ruine; et d'un crêpe obscurcis,
« Chacun sur leur tombeau, les siècles sont assis;
« Animaux, végétaux, et l'homme et ses ouvrages.
« Ici, la mer, des temps roule tous les naufrages.
« O de destructions redoutable trésor! »
— « Ce que tu ne vois pas est plus terrible encor,
« Dit le Génie. Ici chaque grain de poussière
« Fut jadis animé. Ces couches de matière,
« Élément insensible et foulé sous tes pas,
« Que ton regard distrait, même n'aperçoit pas,
« Ont vécu comme toi, guerriers, monarques, princes,
« Ou peuples habitant d'innombrables provinces.
« Au moment où la vie éclipse son flambeau,
« Chaque homme sur la terre hérite d'un tombeau;
« Mais les débris de l'homme en ces couches profondes,
« Reposent par climats, par siècles, et par mondes.
« Vois comme, par la mort, chaque rang est pressé.
« Vois-tu ce premier lit sous la terre enfoncé?
« Du premier genre humain sa poussière est la trace.
« La cendre du second occupe cette place;
« Il périt par les feux: englouti par les eaux
« L'autre mêle sa poudre à ces lits de roseaux.
« Vois des monceaux épars de royales poussières :
« Là, des peuples pasteurs; là, des races guerrières.
« Dans leur cendre enfermés vois des peuples savants.

« J'ai vu, même après eux, leurs noms encor vivants,
« Répétés sur la terre au milieu des hommages,
« Se perdre en échos sourds dans le lointain des âges.
« J'ai vu mourir enfin leur immortalité.
« On ne saura jamais s'ils ont jamais été. »

Tout à coup le héros entend des cris funèbres,
De longs gémissements, des fers, dans les ténèbres,
Se roulant, se traînant, l'un sur l'autre heurtés.
Le héros tressaillit. De lugubres clartés
Guident ses pas. Il marche à ces voix douloureuses :
Il croit voir dans la nuit des ombres malheureuses
Pleurant. Elles formaient un innombrable essaim,
Et de longs traits de sang leur sillonnaient le sein.
Il distingue à l'entour des roches éclatantes :
C'étaient des mines d'or, mais de sang dégouttantes.
L'or distillait le sang, l'or distillait les pleurs.

« Où suis-je ? quel spectacle ! et quels cris de douleurs !
« J'aperçois sous ce globe un monde de victimes.
« Est-ce ici le Tartare où l'on punit les crimes ? »

— « Oui ; tu vois un enfer créé par les humains.
« C'est ici, c'est ici que de barbares mains
« Ont plongé les enfants de la vaste Amérique.
« Deux cents peuples, semés sous le double tropique,
« Sont disparus ici sous les coups des tyrans.
« A des peuples de morts succédaient des mourants.
« L'esclavage y tremblait en servant l'avarice :
« Pour hâter la richesse, on hâtait le supplice.

« Sur des tas d'ossements roulait chaque trésor.
« Les habitants d'un monde ont péri pour de l'or.
« Vois leurs mânes plaintifs. Un jour, dans tes contrées,
« Quand l'homme creusera des mines ignorées,
« Ce spectacle sanglant t'avertit d'être humain. »
— « J'en fais, dit le héros, le serment dans ta main. »

Pensif, il parcourait ces funestes royaumes,
Des mondes expirés contemplait les fantômes,
Voyait leur ombre immense, agrandie à son œil,
Errer autour de lui, s'enveloppant de deuil.

« Ah! pour les rois, dit-il, que de leçons sublimes!
« Que les trônes sont bas au fond de ces abymes!
« Dans ces gouffres du moins tout n'est pas englouti.
« Ces restes apparents de l'homme anéanti
« Sont la poudre de l'homme, et non pas l'homme même.
« Je le sens dans mon cœur : une force suprême
« M'attache et me rallie à la divinité.
« Les tombeaux vont s'ouvrir sur l'immortalité.
« L'homme meurt, il renaît; il tombe, il se relève,
« Se relève immortel, et son destin s'achève.
« Le ciel est son séjour, son héritage, un Dieu.
« Il y dit à la terre un éternel adieu,
« Et voit avec dédain ses cendres disparues
« S'agiter sous les vents, rouler sous les charrues.
« Ah! puisque les vertus survivent au trépas,
« Mes bienfaits sur la terre imprimeront mes pas.
« Oui, que mon grand dessein dans le Nord s'exécute,
« Et que je tombe après d'une éternelle chûte,

« J'y consens. » — « Hâte-toi. Le temps vole et s'enfuit.
« L'inexorable temps te presse et te poursuit.
« A peine le soleil aura rempli six lustres,
« Tu viendras te rejoindre à des ombres illustres.
« Je t'attends. » — Le héros s'éveille épouvanté.
Son œil s'ouvre; il revoit Le Fort à son côté,
Le Fort qui veillait seul au repos de son maître.
« C'est toi, dit-il, c'est toi!.. Marchons... je crois renaître. »
Son front était troublé; son regard incertain
Semblait fuir ou chercher un fantôme lointain.
Avec étonnement il reconnaît la pierre,
Et l'antre où le sommeil a fermé sa paupière.
« Sortons, dit-il, quittons cet horrible séjour. »
Il s'avance à grands pas aux lieux d'où naît le jour,
A côté de Le Fort, dans un profond silence,
Remonte, et sur la terre impatient s'élance.

# FRAGMENTS ET VARIANTES

## DU POËME
## SUR LE CZAR PIERRE Iᵉʳ.

### FRAGMENT
#### DU CHANT DE L'ALLEMAGNE.

Lorsque la main du temps eut arrangé les mondes,
Dans le bassin des mers eut soulevé les ondes,
Que le soleil sortit de son brillant berceau,
Que l'astre de la nuit essaya son flambeau,
Et que de cette terre, encor tendre et fragile,
L'éternel architecte eut arrondi l'argile,
Deux pouvoirs immortels, élancés dans les airs,
Vinrent se disputer ce naissant univers.
L'un, principe du bien, le fait naître et l'inspire;
Sur le bonheur du monde il fonda son empire :
L'autre est le dieu du mal; il ravage, il détruit;
Son empire est la mort, son berceau fut la nuit.
C'est lui qui sur les mers fit tonner les tempêtes,
Les volcans sous nos pas, les foudres sur nos têtes;

Mais c'est lui qui, surtout, corrompant nos désirs,
Du poison des chagrins infecta nos plaisirs.

Bienfaiteurs tour à tour et tyrans de la terre,
Ces deux pouvoirs se font une éternelle guerre.
Tous deux furent connus de l'antique Persan :
Sous le nom d'Oromaze et le nom d'Ariman,
Zoroastre jadis les révélait aux mages.
L'adorateur d'Isis leur rendit des hommages.
Le Grec, en méditant aux bords de l'Eurotas,
Crut voir sur l'univers l'empreinte de leurs pas.
Rome tantôt sanglante, et tantôt fortunée,
Vit sous ces deux pouvoirs flotter sa destinée;
L'un lui donna Néron, l'autre, les Antonins.
Leur culte eut des martyrs sous les fiers Constantins;
Mais tout, jusqu'aux bourreaux armés pour le détruire,
De ces dieux ennemis tout attestait l'empire.
Hélas! et qui de nous n'a senti leur pouvoir?
Des vertus vers le crime, et du crime au devoir,
Emportés, ramenés par des forces contraires;
Lâches et courageux, humains et sanguinaires;
En respirant la vie, entourés de la mort;
Toujours près du plaisir rencontrant le remord;
Foulés par les tyrans, consolés par les sages,
Nous flottons incertains dans d'éternels orages.
Le crime quelquefois meurt sur les échafauds;
Plus souvent la vertu tend la gorge aux bourreaux.
Dieu des vertus, ô toi que j'invoque et que j'aime!
Sur mon cœur, sur mes jours, prends un pouvoir suprême;
Ou, si de ton rival je dois subir la loi,

Si son empire affreux s'étend jusque sur moi,
S'il faut être du mal instrument ou victime,
J'accepte la douleur, épargne-moi le crime.

Dans un de ces soleils, ces globes éclatants,
Suspendus loin de nous, dans l'espace flottants,
Dont l'homme avec effroi mesura les distances,
Et qui peuplent des cieux les profondeurs immenses,
Le dieu qui fait le bien a fixé son séjour.
Là, les ombres jamais n'ont obscurci le jour :
Cet astre est son palais, son trône est la lumière ;
Et, si de l'œil humain la débile paupière
Pouvait en soutenir l'éclat étincelant,
Alors ces traits de feu, ce fluide brillant
Qui, dans notre univers animant la nature,
Semble être aux yeux mortels une substance pure ;
Ces torrents échappés en faisceaux de rayons,
Ces feux qu'a divisés le prisme des Newtons,
Du trône du soleil émanés sur la terre,
Seraient un limon vil, une argile grossière.

Près de lui sont rangés tous ses nombreux enfants,
Du Dieu qui les créa ministres bienfaisants.
Par eux, par leurs faveurs, la terre est embellie.
D'abord, à ses côtés, étincelle la vie,
Debout, et l'œil ardent, un flambeau dans la main.
Elle touche l'argile ; et l'argile soudain
S'anime en palpitant, se déploie et s'élance.
On voit le mouvement dont l'active puissance
Meut tout, conserve tout, et qui prescrit ses lois

Aux astres, à l'insecte, à l'habitant des bois.
Là, le feu bienfaisant que l'éclat environne,
En pyramide d'or s'élève aux pieds du trône.
Près du feu créateur est la fécondité :
C'est elle dont le vol parcourt l'immensité
Pour imprimer à tout sa gloire souveraine,
Et des êtres vivants éterniser la chaîne.
Au ravage, à la mort, opposant son bienfait,
Du temps qui détruit tout par elle tout renaît ;
Et son souffle immortel qui rajeunit le monde,
Perce les tombeaux même, et rend la mort féconde.

Ailleurs sont les plaisirs, ces plaisirs innocents,
Trésors de la nature, et charmes de nos sens,
Qui suspendent les maux dont notre âme est flétrie,
Et parsèment de fleurs les sentiers de la vie.
Le toucher délicat, les doux frémissements,
Et vous, plaisirs plus purs, plaisirs de sentiments,
Touchante volupté de deux cœurs qui s'unissent,
Qui se cherchent sans cesse, et sans cesse jouissent,
Et joignent, en goûtant la douceur d'estimer,
Le charme des vertus aux charmes de s'aimer.

Plus loin paraît des arts le sublime génie ;
Sur son front, dans ses yeux où respire la vie,
La flamme en longs rayons jaillit de toutes parts.
Sur le vaste univers il porte ses regards ;
Il change, il embellit, il façonne le monde ;
Il rend la mer docile et la terre féconde ;
La nature étonnée obéit à ses lois.

Sur la tête de l'homme, attentif à sa voix,
Sa main des vérités suspend la chaîne immense.
On voit à ses côtés la pensée en silence,
L'imagination déployant son trésor,
La touchante harmonie avec sa lyre d'or,
Et toi, bienfait d'un dieu, toi, sagesse immortelle,
Que proscrivit Néron, qu'adora Marc-Aurèle,
Odieuse aux tyrans, utile à l'univers,
Tantôt auprès du trône, et tantôt dans les fers.

Enfin, plus près du dieu, sous un voile céleste,
Se dérobe avec grace une beauté modeste.
Un charme inexprimable anime tous ses traits ;
Le temps qui flétrit tout, ajoute à ses attraits ;
Le dieu qui la forma, semble lui rendre hommage.
C'est toi, douce vertu, toi, son plus bel ouvrage,
Toi qu'on peut méconnaître et qu'on ne peut haïr,
Toi qu'on adore encor quand on peut te trahir.
Près d'elle est la pitié, que nos maux attendrissent,
La touchante pitié, que ses pleurs embellissent ;
La justice gravant ses décrets sur l'airain ;
Et l'immortalité, le front calme et serein,
Souveraine des temps, d'un sceptre d'or armée,
Dans des balances d'or pesant la renommée.

Tels sont les habitants de cet heureux séjour.
C'est là, c'est au milieu d'une immortelle cour,
Qu'aux crimes, aux douleurs livrant partout la guerre,
Le dieu protége l'homme et console la terre.
C'est de là qu'il veillait sur le héros du Nord.

Par lui d'un vaste empire il veut changer le sort.
Il avait présidé lui-même à sa naissance ;
Il avait des périls préservé son enfance :
Dès qu'il put se connaître, il versa dans son sein
Ce courage profond qui couve un grand dessein,
Et l'amour de la gloire, instinct d'une grande ame,
Et de l'activité la dévorante flamme,
Un cœur inébranlable, un génie élevé ;
Mais le grand homme encor n'était point achevé.
Il fallait à des lois asservir son courage,
Et polir par degrés cette grandeur sauvage.
Le dieu dans ce moment repose ses regards
Sur le génie heureux qui présidait aux arts,
Et de ce front céleste où la beauté respire :
« O toi, dit-il, appui, charme de mon empire,
« Toi par qui, plus actif, et surtout plus heureux,
« L'homme dompta les mers, apprivoisa les feux,
« Soumit les éléments à sa force puissante ;
« Toi par qui la matière, esclave obéissante,
« Se plie à ses besoins, à ses plaisirs divers,
« Qui fis, par tes bienfaits, le tour de l'univers,
« A qui l'Europe entière aujourd'hui rend hommage,
« De la Tamise au Tibre, et du Rhin jusqu'au Tage,
« Regarde ce héros sorti de ses États ;
« Daigne éclairer son cœur, daigne guider ses pas.
« Enchante sa fierté par ta douce harmonie,
« Au joug des vérités façonne son génie ;
« Montre-lui tous ces arts, tous ces fruits des talents,
« Trésors du genre humain amassés par le temps.
« Déploie à ses regards Londres, Paris et Rome :

« Tu formeras un peuple, en formant un grand homme.
« Va, pars : que ce héros, marchant sous ton appui,
« Naisse pour l'univers, et l'univers, pour lui. »

Il dit, et le dieu vole ; un sillon de lumière
Dans les cieux enflammés a tracé sa carrière.
Déja près de la terre, il contemple les lieux
Qui furent son séjour dans des temps plus heureux :
Il voit l'antique Égypte, et ses savants rivages,
Consacrés par Hermès, visités par les sages ;
La Perse, où Zoroastre avait dicté des lois ;
L'Inde, séjour fameux des philosophes rois :
Il détourne les yeux vers cette heureuse Grèce,
Des graces, des talents, école enchanteresse ;
Où le pinceau d'Apelle animait la beauté,
Où Sapho soupirait, où Sophocle a chanté.
Le barbare Ottoman, sur cette terre ingrate,
Hélas ! foule aujourd'hui la tombe de Socrate ;
Ces arts sont éclipsés, ces beaux lieux sont flétris,
Et l'esclavage en pleurs s'endort sur des débris.
A cet aspect, le dieu se détourne et soupire ;
Il voit enfin l'Europe, il revoit son empire ;
Sur les bords du Danube arrêtant ses regards,
Il abaisse son vol au palais des Césars.

Le Czar, vêtu sans pompe, étendu sans mollesse,
Semblait du jour trop lent accuser la paresse.
Quelquefois le sommeil lui versait ses pavots ;
Mais son génie ardent veillait dans le repos :
Sur son front assoupi son âme était tracée,

Et méditait encor quelque grande pensée.
Trois fois le dieu sur lui secoua son flambeau;
Trois fois il tressaillit. Un sentiment nouveau
Soudain de ses succès lui porta les présages.
Il crut voir devant lui tomber d'épais nuages;
A ses yeux étonnés, de moment en moment,
Un immense horizon s'agrandit et s'étend;
Il voit un nouveau monde; il sent un nouvel être.
L'aurore cependant commençait à paraître.
« Viens, Le Fort, cria-t-il, le jour naît, le temps fuit,
« Et mon empire immense est encor dans la nuit:
« Viens; que chaque soleil, en portant la lumière,
« Me trouve, comme lui, remplissant ma carrière.
« Marchons. » Le Czar s'élance; avide de savoir,
Il veut tout observer, tout connaître, tout voir.
Son œil a des remparts dessiné la structure.
Les usages, les lois, les mœurs, l'architecture,
Rien, sous ce nouveau ciel, n'échappe à ses regards.
Il dévore des yeux les merveilles des arts;
Non ces arts corrupteurs qui s'occupent sans cesse
De créer des besoins à l'oisive richesse;
Mais ceux qui des États sont l'heureux fondement,
Ceux qu'un peuple grossier cultive obscurément,
Que dédaigne l'orgueil, que les sages honorent,
Éternels bienfaiteurs de ceux qui les ignorent.
Le héros de son rang dépose la splendeur,
Et dans les ateliers s'abaisse avec grandeur.
Le dieu qui l'accompagne, et qui lui sert de guide,
Invisible à ses yeux, à tous ses pas préside.
Par l'obstacle jamais son génie arrêté

N'arrache avec effort la lente vérité ;
En un instant il voit, il observe, il s'éclaire.
Tels ces coursiers divins célébrés par Homère,
S'élancent, font trois pas, et, franchissant les airs,
Frappent, en bondissant, où finit l'univers.
Vers Le Fort, tout à coup, le monarque s'avance.
« Le Fort, viens éclairer ma sauvage ignorance ;
« Dans ces nombreux travaux dont mes yeux sont témoins,
« Partout je vois les arts nés des premiers besoins.
« Je vois d'un peuple actif l'industrie exercée ;
« Mais ces arts plus brillants, besoins de la pensée,
« Qui polissent les mœurs, qui façonnent les lois,
« Qui, jusque sur le trône apprivoisant les rois,
« Au frein de la sagesse ont soumis la puissance,
« Mon œil les cherche en vain dans cette ville immense.
« Quoi donc! sur ces travaux, le faste des Césars
« Aurait-il dédaigné d'abaisser ses regards ? »

« Prince, lui dit Le Fort, long-temps la Germanie
« Au seul art des combats exerça son génie.
« Ce peuple, en son berceau, fut terrible aux Romains ;
« Ce peuple dans leur sang trempa souvent ses mains ;
« Et, du sein des forêts bravant l'orgueil du Tibre,
« Dans l'univers esclave osa seul être libre :
« Il osa punir Rome et venger l'univers.
« Lorsque du monde entier il eut brisé les fers,
« Vainqueur et conquérant, mais conquérant sauvage,
« Long-temps des arts encore il ignora l'usage.
« La sanglante anarchie et les droits divisés ;
« La foule des tyrans aux tyrans opposés ;

« Le noble usurpateur, brigand dans sa province,
« Avilissant le peuple, et combattant le prince;
« Les lois, frein impuissant pour la férocité,
« Les Césars sans pouvoir, l'État sans liberté;
« Le carnage éternel renaissant du carnage,
« Et, pour sanctifier le meurtre et le ravage,
« Le sacerdoce altier abusant de ses droits,
« Du pied des saints autels luttant contre les rois;
« Tout, pendant neuf cents ans, étouffa les lumières.
« Partout les arts manquaient aux nations grossières;
« L'Homme, dans le malheur forcé de s'aguerrir,
« Ne savait que chasser, et combattre et mourir.
« Enfin l'excès des maux fit chercher les ressources:
« De tant d'affreux abus la loi tarit les sources.
« L'intérêt du pouvoir tint lieu d'humanité,
« Et du choc des tyrans sortit la liberté.
« Chez les Germains alors les arts pouvaient renaître,
« Mais un autre fléau, plus terrible peut-être,
« Infectant les esprits de son mortel poison,
« Dans ses progrès encore arrêta la raison.
« De la religion les troubles s'allumèrent;
« Alors, au nom de Dieu, tous les peuples s'armèrent.
« Les prêtres, tour à tour et martyrs et bourreaux,
« L'Évangile à la main, marchaient sous des drapeaux;
« Et de meurtres sacrés ensanglantant la terre,
« Allumaient les bûchers aux flammes de la guerre.
« Prince, cent cinquante ans, ces pieuses fureurs
« Ont fait de ces climats un théâtre d'horreurs.
« Les arts veulent un ciel tranquille et sans nuages;
« Les arts ne pouvaient naître au milieu des orages.

« Cependant même alors quelque faible clarté
« De la profonde nuit perça l'obscurité.
« On vit de ces mortels dont les cieux sont avares,
« Utiles inventeurs dans des siècles barbares.
« On vit naître cet art dont les heureux secrets
« Du genre humain trop lent ont hâté les progrès;
« L'art qui, multipliant les ouvrages célèbres,
« Par l'empreinte à jamais les dérobe aux ténèbres.
« D'abord d'un art naissant le grossier inventeur,
« Sur le bois sillonné, gravait avec lenteur;
« Et par l'acier tranchant la parole tracée,
« Après de longs efforts exprimait la pensée.
« Bientôt, sans emprunter les secours du burin,
« On peignit tous les sons par un mobile airain.
« Secret ingénieux, art utile à la terre,
« Qui fait aux préjugés une éternelle guerre,
« Partout donne aux esprits un nouveau mouvement,
« Des antiques erreurs sape le fondement;
« Distribue en cent lieux les trésors du génie,
« Et fait d'un nouveau jour pâlir la tyrannie.

« D'un Germain ignoré ce fut l'ouvrage heureux.
« C'est aussi le Germain qui sut créer ces feux,
« Ce salpêtre enflammé, cette fatale poudre,
« Par qui, dans les combats, l'homme imite la foudre,
« Qui changea l'ancien monde et dompta le nouveau;
« De vingt arts inconnus cet art fut le berceau.
« C'est ici que Képler, créant des lois fécondes,
« A ses hardis calculs assujétit les mondes.
« Précurseur d'un grand homme, et digne de ce nom,

« Il fraya dans les cieux la route de Newton.
« Ici de Copernic la savante industrie,
« Bravant des préjugés l'antique idolâtrie,
« Prouvait à l'univers que cet astre éclatant,
« Qui semble aux yeux trompés, de l'aurore au couchant,
« Promener chaque jour son errante lumière,
« Et tracer dans l'espace une oblique carrière,
« Immobile, repose au sein des vastes cieux;
« Tandis que cette terre, immobile à nos yeux,
« Roule autour du soleil dans un orbite immense.
« Près du trône des rois placé par sa naissance,
« Alors Tycho-Brahé, loin des rois et des cours,
« Des astres en silence étudiait le cours;
« Et citoyen des cieux il oubliait la terre.
« Ainsi dans des climats ravagés par la guerre,
« D'un peuple patient l'instinct laborieux
« A sondé la nature, a mesuré les cieux;
« Mais il a peu connu tous les arts du génie.
« Aujourd'hui même encore on voit la Germanie
« S'illustrer noblement par de sages travaux :
« Nul peuple, à la lueur des chimiques fourneaux,
« Ne sait mieux découvrir ces sels imperceptibles,
« Des êtres composés atomes insensibles;
« Épier la nature et ses premiers ressorts;
« Dans des foyers ardents décomposer les corps;
« Surtout analyser ces minéraux utiles,
« Ces métaux que la flamme a su rendre dociles,
« Qui durcis par les temps, bouillonnent sur les feux.
« Mais ce que le Germain t'offre de plus fameux,
« Ce sont ses légions, ses nombreuses armées,

« Sous des chefs aguerris, à vaincre accoutumées.
« Tu vas connaître ici quel est l'art des combats,
« Art terrible et profond, nouveau pour tes climats.
« Tu verras par des lois calculer le carnage,
« Au frein de la tactique asservir le courage;
« Et la valeur prudente, enchaînant le hasard,
« Combattre avec génie et détruire avec art.
« Ici surtout le ciel a conduit un grand homme :
« Fameux chez le Germain, il l'eût été dans Rome.
« Il est digne de toi, digne de t'éclairer :
« En t'instruisant, lui-même il saura s'honorer. »
Comme au son de l'airain qui frappe son oreille,
Un coursier vigoureux bondit et se réveille,
Tel, à ces derniers mots, le Czar fut animé;
L'éclair étincela dans son œil enflammé :
« Le Fort, guide mes pas. Mon intérêt, ma gloire,
« Mon pays, tout, un jour, m'appelle à la victoire.
« Partout, partout la guerre investit mes États;
« Et pour mes grands desseins, je vois de grands combats.
« Le Tartare indomptable assiége la Crimée,
« Contre le Russe altier la Pologne est armée;
« Sur les bords de l'Euxin le Turc, en frémissant,
« M'a vu des murs d'Azof abattre le croissant;
« Sa fureur peut encor méditer les ravages :
« La Perse, d'Astracan menace les rivages;
« Et le fier Suédois, dans sa haine affermi,
« De mon empire immense éternel ennemi,
« Ravisseur des États usurpés sur mes pères,
« Du Baltique océan m'a fermé les barrières;
« Ma main doit les rouvrir. Peut-être, en ces climats,

« Le Moscovite, un jour, guidé par les combats,
« Peut jusqu'aux bords du Rhin déployer sa puissance;
« Son bras peut de l'Europe affermir la balance.
« Viens, cherchons ce guerrier fameux par ses travaux :
« Que j'apprenne de lui les secrets des héros. »

Des rives du Danube aux rives de la Seine,
La Renommée alors vantait le nom d'Eugène;
Ce guerrier, du Germain guidant les étendards,
Enchaînait la victoire au trône des Césars.
Louis, souvent trompé par quarante ans d'ivresse,
Louis, avec orgueil, dédaigna sa jeunesse :
Il ne crut voir en lui qu'une indiscrète ardeur,
Et d'un héros naissant méconnut la grandeur.
Un sujet dédaigné fut terrible à son maître :
Eugène méconnu devint plus grand peut-être;
Et son roi, sur un trône entouré de débris,
Se repentit quinze ans d'un instant de mépris.

Politique, guerrier, ministre, capitaine,
Les dons les plus heureux s'unissaient dans Eugène :
Terrible dans l'attaque, et ferme à résister,
Sage pour concevoir, prompt pour exécuter,
On admirait en lui, dans un jour de carnage,
Ce calme redouté, ce tranquille courage,
Ces secrets du génie et ces grands mouvements,
Cet art qu'ont les héros de saisir des moments,
Ce coup d'œil étendu qui mesure en silence,
Et va fixer au loin le destin qui balance.
Grand parmi les périls, et grand dans le repos,

Joignant le goût des arts aux talents des héros,
La fortune, à son choix, eût fait de ce grand homme,
Ou Colbert à Paris, ou Scipion dans Rome.

Alors il descendait des rochers du Piémont,
Où d'un double laurier il avait ceint son front;
Mais jusqu'en ses loisirs redoutable à Versailles,
Tranquille, il méditait l'art profond des batailles;
Animait par sa voix Londres, Vienne, Turin;
Et du Tage à l'Escaut, des Alpes jusqu'au Rhin,
De vingt peuples ligués maintenant l'harmonie,
Formait ces vastes plans créés par son génie;
Ces plans qui de l'Europe unissaient les exploits,
Et devaient sur le trône épouvanter deux rois.

Le Czar va le trouver sans cette pompe vaine,
Objet de ses dédains, et du mépris d'Eugène;
Il se présente seul, précédé par son nom.
Tel un Scythe, peut-être, aux champs de Marathon,
Sorti de ses déserts pour contempler la Grèce,
Du chef qui la fit vaincre admirant la noblesse,
Et, son arc à la main, baissait un front altier;
Ou tel, des bords du Gange, un sauvage guerrier,
Dans les plaines d'Arbelle ou sur des murs en cendre,
Interrogeait les rois, compagnons d'Alexandre.

Eugène fut surpris; cependant le héros
L'envisage, l'observe, et lui parle en ces mots :
« Es-tu l'heureux guerrier qui fit trembler Byzance,
« Ce guerrier qui naquit pour abaisser la France,

« Pour borner ce torrent dans sa course agrandi,
« Pour semer la terreur sur les champs du Midi?
« Si tu l'es, à tes pieds, je viens te rendre hommage;
« Je le rends au génie et le dois au courage.
« Le ciel qui t'a formé, te fit plus grand que moi;
« Tu naquis un héros, et je ne suis qu'un roi.
« Né monarque, du moins, je veux apprendre à l'être;
« Et je viens en ces lieux interroger mon maître.
« Un roi peut d'un coup d'œil armer cent mille bras:
« Le grand homme peut seul les guider aux combats.
« Instruis-moi dans cet art terrible et nécessaire.
« J'osai combattre aussi l'orgueilleux janissaire;
« Mais que fut un triomphe, ouvrage du hasard?
« J'ai vaincu sans génie et combattu sans art.
« Je veux qu'enfin un jour ma gloire m'appartienne;
« Et cette ame peut-être est digne de la tienne.
« Donne des défenseurs à mes vastes États,
« Des rivaux à la Suède, un chef à mes soldats:
« Puissé-je dans le Nord obtenir quelque gloire!
« Puisse, si mon destin me force à la victoire,
« De Stockholm à Byzance un jour semant l'effroi,
« Le bruit de mes succès retentir jusqu'à toi! »

« De si grandes leçons, prince, reprit Eugène,
« Demanderaient Condé, Luxembourg ou Turenne.
« Pour instruire un grand homme il faudrait un héros;
« Tant d'honneur convient mal à mes faibles travaux.
« Jeune, et presque en naissant plein d'une ardeur guerrière,
« J'ai vu tous ces héros au bout de leur carrière;
« De leurs travaux guerriers j'ai contemplé la fin,

« J'ai touché quelquefois leur triomphante main ;
« Et par eux aux exploits mon ame accoutumée
« Osa chercher peut-être un peu de renommée :
« Mais les suivant de loin dans leur noble sentier,
« Je suis de leur grand nom le moins digne héritier.
« La France, dont leur bras fit l'éternelle gloire,
« La France, à qui trente ans obéit la victoire,
« Dans sa faiblesse encore a des guerriers fameux ;
« Je m'instruisis moi-même en combattant contre eux.
« Si tu portes tes pas au sein de l'Angleterre,
« Là, tu verras Churchill, c'est le dieu de la guerre :
« C'est lui qui de l'Europe est l'auguste soutien.
« Son génie éclairé souvent guide le mien :
« Au conseil, au combat, de l'art que je médite,
« Sans cesse à mes regards il étend la limite.
« Ma gloire est de le suivre et de le seconder ;
« Eugène en l'imitant apprend à commander. »

— « Eugène en s'abaissant devient plus grand encore.
« Mais pourquoi t'abaisser quand l'univers t'honore?
« Ton nom, dit le héros, remplit toutes les cours ;
« Je crois ta renommée, et non pas tes discours ;
« Le succès t'a jugé sur les champs de batailles.
« L'Ottoman dans Byzance, et Louis dans Versailles,
« Depuis que tu combats, déchus de leur splendeur,
« Par leur abaissement attestent ta grandeur.
« Connu de l'univers, peux-tu te méconnaître?
« Chez tes peuples polis le grand homme peut-être,
« De peur d'effaroucher de jaloux courtisans,
« Doit oublier sa gloire et voiler ses talents ;

« Il craint d'humilier l'orgueilleuse faiblesse.
« Mais moi, qui de vos mœurs connais peu la souplesse,
« Moi nourri, moi formé dans de sauvages lieux,
« Tu peux impunément être grand à mes yeux.
« Mon front ne pâlit point à l'aspect du mérite.
« Instruis donc un soldat, daigne éclairer un Scythe;
« Et songe, en oubliant tes modestes refus,
« Qu'un grand homme pour moi n'est qu'un ami de plus.
. . . . . . . . . . . . . . . . . . . . . . . .
. . . . . . . . . . . . . . . . . . . . . . . .
. . . . . . . . . . . . . . . . . . . . . . . .

La guerre était alors au centre de l'empire.
Tallard avec Marsin, pour chercher les combats,
Avaient sous leurs drapeaux uni cent mille bras.
Le Français dans l'Autriche exerçait ses ravages,
Du Danube, à grands flots, inondait les rivages.
A la voix des Césars, quittant les bords du Rhin,
Marlborough s'avançait, le tonnerre à la main;
Et cependant Eugène avec impatience,
Eugène, comme lui, la terreur de la France,
Joignant l'aigle d'Autriche aux altiers léopards,
Courait de ce grand jour partager les hasards.
C'est là que le monarque est conduit par Eugène.
En arrivant, il voit, dans une immense plaine,
Il voit cent bataillons rangés sous leurs drapeaux;
Une armée en silence attendait le héros.
Pour le guerrier du Nord ce spectacle a des charmes;
Son œil admire au loin l'éclat brillant des armes,
Les étendards flottants, la pompe des coursiers,
Le spectacle imposant de cent mille guerriers,

Qui, fiers sous leurs drapeaux, dans leur rang immobiles,
Paraissaient à la fois menaçants et tranquilles ;
De la grandeur des rois redoutable instrument.
Soudain ces vastes corps sont mis en mouvement ;
Ils s'ébranlent ; leurs pieds frappent au loin la terre.
Pour offrir au héros l'image de la guerre,
On les voit tour à tour s'étendre, se serrer,
Avancer, reculer, s'unir, se séparer ;
Leur fière obéissance, et leur instinct rapide
Marche, vole, et s'arrête à la voix qui les guide.
Tous n'ont qu'un mouvement, n'ont qu'un ressort commun,
Et cent mille guerriers semblent n'en former qu'un.
De l'acier cependant la lueur effrayante
Étincelait au loin sur la plaine ondoyante,
Et l'airain frémissant éclatait dans les airs.
« Eugène, dit le Czar, ces belliqueux concerts,
« Ce spectacle, ces camps, cette armée invincible,
« Cette majesté fière et cet éclat terrible,
« A mes sens étonnés impriment le respect,
« Et mon cœur, malgré moi, s'enflamme à cet aspect.
« Génie européen, à qui je rends hommage,
« Ton art, par sa grandeur, ennoblit le carnage. »

Comme il disait ces mots, aussi prompt que les vents,
Un guerrier tout à coup vole à travers les rangs.
Sous sa main bondissait un coursier intrépide ;
Le monarque sur lui jette un regard avide :
C'était Churchill, Churchill fameux par cent combats.
Son front semblait porter le destin des États :
Sur ce front belliqueux, que la gloire environne,

Respirait la grandeur que la liberté donne.
Tels dans Rome marchaient ces altiers conquérants,
Vainqueurs des nations, ennemis des tyrans;
Le tonnerre à la main, donnant les diadêmes;
Dans leurs libres foyers rois du monde et d'eux-mêmes.

« Prince, reçois, dit-il, l'hommage d'un Anglais
« Qui combat, sert les rois, ne les flatte jamais.
« Si tu n'étais qu'un prince, un despote ordinaire,
« Des humains avilis oppresseur arbitraire,
« Dans le fond d'un sérail, tyran voluptueux,
« D'un vain faste au dehors importunant nos yeux,
« Quand tu réunirais dans ta vaste puissance,
« Au trône de Moscou le trône de Byzance,
« Ton sceptre et tes grandeurs ne m'éblouiraient pas :
« Mais, pour mieux gouverner, tu quittes tes États;
« Tu veux sur tes sujets, régner par ton génie;
« Monarque et tout puissant, tu hais la tyrannie.
« Je vois le despotisme, en tes heureuses mains,
« Étonné de servir au bonheur des humains,
« Soi-même se bornant par d'utiles entraves,
« A la dignité d'homme élever tes esclaves :
« Voilà pour moi ta gloire, et ton titre et ton rang.
« Le hasard te fit roi, tes vertus t'ont fait grand.
« Du nom de Souverain que l'univers te nomme,
« Je te respecte plus, je t'appelle un grand homme.
« On dit que, dans ces camps, tu viens voir de plus près
« De l'art européen les terribles secrets :
« Ton génie a des droits à l'art de la victoire.
« Eugène et Marlborough vont disputer la gloire

« De combattre et de vaincre aux regards d'un héros. »

Ainsi parla Churchill. En achevant ces mots,
Sa triomphante main toucha la main d'Eugène :
Tel autrefois Condé sut honorer Turenne ;
Tels ils offraient tous deux, combattant sous Louis,
Deux rivaux sans faiblesse et deux héros unis.

Précédé par sa gloire et par sa renommée,
Le monarque du Nord a parcouru l'armée :
Chefs, officiers, soldats, sur lui, de toutes parts,
Viennent avidement confondre leurs regards.
Avec respect, de loin, la foule l'environne.
L'un cherche sur son front la majesté du trône ;
L'autre admire ses traits, sa belliqueuse ardeur,
Et d'un œil étonné mesure sa grandeur.
Tel, dans les temps sacrés des fabuleux mensonges,
Dans ces temps que la Grèce embellit de ses songes,
Le Thrace belliqueux, au milieu des hasards,
Sur les bords du Strymon croyait voir le dieu Mars.
Son regard, d'un coup d'œil, embrassait une armée ;
L'éclair étincelait sur sa lance enflammée ;
Son casque d'or au loin répandait la terreur ;
Sa présence inspirait une divine horreur.
Les combattants surpris l'adoraient en silence ;
Et l'œil était frappé de sa hauteur immense.
Tel le Czar paraissait à l'œil intimidé.

De l'aigle des Césars le héros précédé,
Du camp autrichien a franchi la barrière :

Il contemple, il parcourt cette cité guerrière,
Séjour tumultueux d'un peuple de soldats,
Où cent mille habitants veillent pour les combats.
Là repose la paix au milieu des alarmes,
Et la sévère loi sait commander aux armes.
Là, non loin des débris, du ravage et des morts,
La tranquille abondance épanche ses trésors.
Eugène et Marlborough tour à tour le conduisent;
Sur les lieux, à l'envi, tour à tour ils l'instruisent.
Dans ces grands entretiens, école des héros,
Ils forment un grand'homme à d'illustres travaux.
Tantôt il apprend d'eux par quelle expérience
L'art peut d'un vaste camp assurer la défense;
Soit que des bois touffus ombragent ses contours,
Qu'un fleuve, en serpentant, l'embrasse dans son cours,
Qu'une cité voisine en protége l'enceinte;
Soit que, pour écarter le danger et la crainte,
Des coteaux ou des monts, par un heureux hasard,
De leurs flancs escarpés présentent le rempart.
Souvent les deux héros dans de savantes veilles,
D'un art plus grand encor déployant les merveilles,
Expliquent à ses yeux par quels secrets ressorts,
D'un puissant ennemi l'art trompe les efforts,
L'art de veiller toujours sans se laisser surprendre;
L'art d'agir, de marcher, d'attaquer, de défendre,
Quelquefois l'art profond d'éviter ces combats,
Ces chocs dont la secousse ébranle les États;
De savoir, s'il le faut, se priver de sa gloire,
Et de laisser mûrir l'instant de la victoire.
Ils lui montraient surtout que l'art industrieux,

Au fer des combattants joint la force des lieux;
Que l'art peut asservir un terrain indocile:
Tout est pour le grand homme un instrument utile.
Les éléments, les lieux, tout sert à ses exploits,
La nature muette obéit à ses lois;
Garant de ses succès, veille pour sa défense,
Et souvent avec lui combat d'intelligence.
. . . . . . . . . . . . . . . . . . . . . .
. . . . . . . . . . . . . . . . . . . . . .
Cependant approchait le moment du carnage.
Du Danube troublé cotoyant le rivage,
Français, Autrichiens, Anglais et Bavarois,
Dans les plaines d'Hochstet descendent à la fois.
Eugène et Marlborough, dans ces plaines sanglantes,
Viennent pour assurer, de leurs mains triomphantes,
A leur camp affamé le tribut des moissons.
L'orgueilleux Bavarois vient venger ses affronts.
Le Français, enflammé par quarante ans de gloire,
Croit encor que son nom commande à la victoire,
Et, tout prêt du combat à tenter les hasards,
Se souvient qu'en ces lieux il vainquit sous Villars.
Ainsi, sous quatre chefs s'avancent quatre armées.
Leur marche trouble au loin vingt villes alarmées;
Les champs de toute part sont couverts de drapeaux;
Le Danube guerrier, du fond de ses roseaux,
Entend les bataillons retentir sur sa rive.
A ces grands mouvements l'Europe est attentive;
Et les Césars, tremblants, de leur sort incertains,
Attendent le vainqueur marqué par les destins.
Enfin le lieu, le jour, l'heure est déterminée.

Et le ciel amena la fatale journée.
« Tout est prêt, dit Eugène, et demain, dans Hoschtet,
« Le fer décidera de ce grand intérêt.
« Czar, sur ces mêmes lieux, dans la plaine où nous sommes,
« Cent mille hommes demain heurteront cent mille hommes.»
Le héros tressaillit. Les chefs en même temps
Disposent à ses yeux du sort des combattants ;
Dans une redoutable et sublime harmonie,
Il voit ces deux guerriers unissant leur génie,
D'une commune voix tracer, pour le soldat,
Tout le plan du carnage et l'ordre du combat.
Tel qu'un homme, au sommet d'une haute montagne,
D'où l'œil domine au loin les mers et la campagne,
Découvrant tout à coup un spectacle imprévu,
Aperçoit l'Océan qu'il n'avait jamais vu ;
Immobile, étonné, son œil errant embrasse
Cet abyme des mers, cet effroyable espace,
Ces flots tumultueux roulant avec grandeur,
Et du vaste horizon l'immense profondeur :
Ce spectacle à la fois lui plaît et l'épouvante.
C'est alors qu'il admire et l'audace savante,
Et l'art de ces mortels qui, portés sur les eaux,
Ont su, par leur génie apprivoiser les flots,
Et dompter l'Océan qui gronde et qui s'irrite.
Tel auprès des deux chefs le héros moscovite
Contemple avidement ces apprêts des combats,
Ces profondeurs d'un art qu'il ne connaissait pas :
Tel, en voyant par eux les batailles tracées,
Il suit leurs grands desseins et leurs vastes pensées.
Le Czar voyait Eugène et le vainqueur du Rhin

Interroger les lieux, mesurer le terrain,
De tous les mouvements assurer l'harmonie,
Enchaîner les hasards à force de génie ;
Selon les temps, les lieux, distribuer les corps,
Combiner à la fois d'innombrables ressorts ;
Et d'un danger prévu tirant un avantage,
A de hardis calculs soumettre le carnage.

Dans les camps opposés, Marsin, avec Tallard,
Montraient la même audace, et non pas le même art,
Et tous deux de concert méditaient la victoire.
Marsin, qui sut long-temps obéir avec gloire,
Qui servit les héros, qui sut les seconder,
Mais qui, dans ce grand jour, s'essaie à commander ;
Tallard enorgueilli d'avoir aux champs de Spire,
De ses brillants succès épouvanté l'empire ;
Ardent, impétueux, respirant la grandeur ;
Mais il manquait un frein à sa bouillante ardeur.

Tout était préparé. La nuit sur ce rivage
Vint encor quelque temps différer le carnage ;
La nuit enveloppa ces apprêts menaçants,
Et de son ombre immense obscurcit les deux camps.
Les malheureux mortels, oubliant leurs alarmes,
D'un repos passager goûtent du moins les charmes.
Ces guerriers que la mort doit frapper au réveil,
Pour la dernière fois se livrent au sommeil :
Tout repose, tout dort. Le Czar seul, sous sa tente,
A peine à contenir son ame impatiente :
La nuit sur tous les yeux verse enfin ses pavots.

Prêt à voir ces combats, ces luttes des héros,
Ce choc des nations, il s'agite, il s'enflamme;
Tous ces grands intérêts ont passé dans son ame.
Mais la nuit dans les cieux précipite son tour;
Le Danube a rougi des premiers feux du jour :
L'heure approche; le Czar a volé vers Eugène.
Il mesure avec lui cette fatale plaine.
Maître de son esprit et maître de ses sens,
Eugène commençait ces vastes mouvements.
Churchill le secondait. L'Autriche et l'Angleterre,
De leurs fiers bataillons déjà couvrent la terre.
Des deux camps opposés s'avancent à la fois
L'impétueux Français et l'altier Bavarois.
Déja les quatre chefs rangent les quatre armées.
Des vallons d'alentour les nymphes alarmées,
A pas précipités ont fui ce lieu sanglant.
L'air réfléchit au loin l'acier étincelant;
Les champs sont embrasés : partout s'offre à la vue,
De fers, de bataillons, une immense étendue.
Le soldat immobile, et non pas sans terreur,
S'étonne d'éprouver une secrète horreur;
Et le Destin voilé, dans un profond silence,
A sur les champs d'Hochstet suspendu la balance.

. . . . . . . . . . . . . . . . . . . . . . . .

# SECOND FRAGMENT.

## VARIANTES
#### DU CHANT DE L'ALLEMAGNE.

Lorsque de cette terre encor tendre et fragile
L'éternel artisan eut arrondi l'argile,
Et qu'au sortir des mains qui venaient de l'orner,
Sur ses pôles naissants elle apprit à tourner,
Deux êtres immortels, élancés sur la terre,
Vinrent au même instant s'y déclarer la guerre.
Tous deux fiers ennemis et rivaux éternels,
Y règlent tour à tour le destin des mortels.

L'un, descendu des cieux, sourit à la nature :
C'est lui qui donne aux fleurs leur brillante parure ;
Il fait mûrir les fruits, fait jaunir les moissons,
Verse l'or et l'azur sur le char des saisons ;
Il créa le plaisir, les arts, trésor du sage,
Mais la douce vertu fut son plus bel ouvrage.

L'autre préside au mal; il ravage, il détruit :
Son empire est la mort, son berceau fut la nuit,

La crainte en fit un dieu. Chez cent peuples sauvages,
Sous cent noms différents, il reçut des hommages.
Dans tous les grands périls, des mortels révéré,
Plus il fut oppresseur, plus il fut adoré.

Au centre de la terre, et sous des voûtes sombres
Où l'antique nature a relégué les ombres,
Loin de l'éclat des cieux et des rayons du jour,
Ce tyran des mortels a fixé son séjour.
C'est là qu'il fait à l'homme une éternelle guerre;
Là, pesant des deux mains sur l'axe de la terre,
Il balance à son gré le globe chancelant,
Et fait voler l'effroi sur l'univers tremblant :
Là germent à sa voix le fer, l'or et les crimes;
Là sous les pieds de l'homme, il creuse les abymes;
Pour les meurtres secrets il pétrit les poisons;
Il attise les feux dans d'immenses prisons,
Allume des torrents de bitume et de soufres,
Et sous trente cités étend de vastes gouffres.

Veut-il dans ses fureurs créer des maux plus grands;
Il s'occupe à former les ames des tyrans;
Il y met la hauteur, la soif du sang, la rage,
Surtout le vil besoin du plus vil esclavage,
Et l'insolent mépris de l'homme et de ses droits,
Et l'horreur des beaux arts, des talents et des lois.
Alors l'humble vertu gémit dans la poussière;
On réprime l'essor de la pensée altière;
Les esprits ont perdu leur mâle liberté,
Et le fer des bourreaux combat la vérité.

Le tyran méditait dans un profond silence :
Tranquille, il jouissait de sa vaste puissance ;
Il contemplait surtout au nord de l'univers,
Le Russe enseveli dans d'arides déserts,
Héritier des forêts et des mœurs du Tartare,
Stupide avec orgueil et fier d'être barbare.
Soudain il aperçoit, sur des bords éloignés,
Pierre fixant les yeux des peuples étonnés.
Il entend retentir sous sa main souveraine
La hache qui façonne et qui courbe le chêne.
Les mers vont sous ses lois se couvrir de vaisseaux,
Les déserts, s'embellir par d'utiles travaux :
De son empire immense il veut être le père.
Le dieu frémit de honte et rugit de colère ;
Il convoque aussitôt ses terribles enfants,
Les fléaux qu'il créa, dès le berceau des temps,
Pour persécuter l'homme et désoler le monde.
Sa redoutable voix remplit la nuit profonde.
Soudain on voit rouler, avec un bruit affreux,
Les inondations, les tonnerres, les feux,
Les longs embrasements à flammes ondoyantes,
Et des airs agités les tempêtes bruyantes ;
La famine, la guerre aux bras ensanglantés ;
La mort, sous mille aspects, marchant à leurs côtés ;
La vengeance aiguisant ses poignards homicides ;
Le faux zèle escorté par les saints parricides ;
La haine, avec fureur, distillant son venin ;
Et l'affreux désespoir se déchirant le sein,
Et l'amour teint de sang, et les crimes célèbres
Qui planent par milliers sous ces voûtes funèbres.

Ils environnent tous leur redoutable dieu.
Le monstre était assis sur un volcan en feu :
Sa tête antique et fière inspirait l'épouvante;
Le mal étincelait dans sa prunelle ardente;
Le mal profondément sillonnait tous ses traits,
Et se courbait en arc sous ses sourcils épais.
« Ministres de mes lois, soutiens de ma puissance,
« Dit-il, je vous créai pour servir ma vengeance;
« Vous n'avez pas trompé ma jalouse fureur:
« Sur ce globe par vous j'ai répandu l'horreur;
« Par vous, réunissant la douleur et le crime,
« La terre est mon empire, et l'homme est ma victime;
« Par vous, bouleversant l'air, la terre et les flots,
« Ma voix du globe entier fit un vaste chaos,
« Où la mer en cent lieux usurpa les campagnes,
« Où les rochers aigus hérissent les montagnes,
« Où les feux dévorants se mêlent aux frimas,
« Où l'homme épouvanté ne voit, en cent climats,
« Qu'une nature morte, aride, inanimée,
« Pour lui glacée au nord, au midi consumée.
« Que dis-je ? un jour j'espère, au gré de mes souhaits,
« Détruire, anéantir ce globe que je hais.
« Mais que ce temps encore est loin pour ma vengeance!
« Mon rival cependant insulte à ma puissance,
« Il oppose sans cesse, en luttant contre moi,
« Les bienfaits au ravage, et l'amour à l'effroi.
« Il a surtout, il a, dans sa bonté funeste,
« Créé l'essaim des arts, les arts que je déteste.
« Je les ai poursuivis de climats en climats.
« Déluge, embrasements, exils, assassinats,

« Et les feux des bûchers, et les feux de la guerre,
« Et les tyrans sacrés, oppresseurs de la terre,
« J'ai tout armé contre eux; enfin, grace à vos coups,
« J'ai proscrit en cent lieux ces ennemis jaloux.
« Le Musulman entier les craint et les abhorre;
« Dans ses sables brûlants l'Afrique les ignore;
« L'Orient, enchaîné sous les pieds des visirs,
« Languit dans l'ignorance et dort dans les plaisirs.
« Soumis à des tyrans, l'Américain sauvage
« Pleure encor dans ses bois deux cents ans de carnage;
« Chez lui la foudre et l'or ont affermi le mal,
« Je règne, et règne seul sur l'univers austral;
« De ce monde ignoré, sous des cieux solitaires,
« J'ordonne à l'Océan de garder les barrières.
« Les arts après mille ans, sortis de leur tombeau,
« Ont chez l'Européen rallumé leur flambeau;
« Leur éclat me poursuit de Londre au Capitole.
« Mais je régnais, du moins, aux lieux voisins du pôle :
« Là, ce jour abhorré n'était point parvenu;
« Et voici qu'un mortel, un Tartare inconnu,
« Despote bienfaisant dans ses États immenses,
« De ces arts que je hais, veut porter les semences.
« C'en est fait! dans le Nord mon empire est détruit,
« Et le jour va percer quinze cents ans de nuit.

« Armez-vous, prévenez, ou vengez mon injure;
« Et, pour perdre un seul homme, ébranlez la nature.
« Que partout les périls renaissent sur ses pas;
« Que la contagion dépeuple ses États,
« Que la guerre sanglante y porte les ravages;

« Que les flots débordés inondent ses ouvrages ;
« Que la rébellion combatte ses projets,
« Que l'ardent fanatisme enivre ses sujets ;
« Que l'amour, s'il se peut, flétrisse son courage ;
« Que son cœur soit battu d'un éternel orage ;
« Qu'entouré de malheurs, assiégé de forfaits,
« Il trouve son tourment dans ses propres bienfaits. »

Il dit : en longs échos les voûtes retentirent ;
A ces affreux accents les monstres répondirent.
Soudain parmi les feux, le bruit et les éclairs,
Leur épais bataillon s'élance dans les airs,
Et loin de l'antre obscur que leur tyran habite,
Sur le globe ébranlé vole et se précipite.

. . . . . . . . . . . . . . . . . . . . .

# TROISIÈME FRAGMENT.

## VARIANTES
#### DU CHANT DE L'ANGLETERRE.

Des rives du Texel, le Czar voguait alors
Vers l'île où la Tamise offre ses heureux bords.
Les cieux étaient sereins, la mer, calme et tranquille;
Un vent léger ridait sa surface mobile.
Le vaisseau, secondé de l'art des matelots,
Fendait paisiblement le vaste azur des flots.
Dans les cieux, tout à coup, le démon des orages
Paraît, faible d'abord, et couvert de nuages;
Bientôt grand et terrible, il s'élève, fend l'air,
Et de son vol immense il ombrage la mer.
Un frémissement sourd l'annonce à la nature;
La rive, en écumant, répète un long murmure.
L'astre du jour se voile, et l'ombre s'épaissit.
Il touche d'une main les cieux qu'il obscurcit,
De l'autre bouleverse et frappe au loin les ondes;
Les vents sont déchaînés sous leurs voûtes profondes;
L'air retentit au loin d'horribles sifflements;

La foudre leur répond par ses mugissements ;
Les vagues en fureur bouillonnent et s'agitent ;
Sur les flots entassés les flots se précipitent ;
L'Océan, attiré de ses gouffres profonds,
Gronde, s'élève, tombe et roule en vastes monts ;
Il roule ; et de ces mers la masse balancée,
Du midi vers le nord est vingt fois repoussée.
Tout tremble ; de Calais la rive au loin gémit ;
Pour ses bords ébranlés la Hollande frémit :
Sur ses rochers émus l'Anglais qui s'épouvante,
Craint d'être enseveli sous son île tremblante.

Le vaisseau cependant qui porte le héros,
Battu par la tempête, erre à travers les flots.
Dans les vagues plongé, suspendu sur leur cime,
Il va toucher les cieux, il roule sous l'abyme.
Son gouvernail tremblant se rompt, vole en éclats ;
Sa voile a disparu, le vent brise ses mats ;
Emporté tour à tour, ramené vers la terre,
Il s'éloigne, il revient, cherche et fuit l'Angleterre.

Le dieu de la tempête, au milieu de l'horreur,
Planant sur le navire, augmentait la terreur.
Ainsi le noir vautour, avec son cri sauvage,
Plane du haut des airs sur un champ de carnage.
Le soldat sur sa tête, avant que d'expirer,
Entend frémir l'oiseau qui le doit dévorer.

Le Czar, parmi les vents, les flots, la nuit obscure,
Dans un silence fier observait la nature.

« Jamais, dit-il, jamais si terrible ouragan
« N'a du nord, à mes yeux, agité l'Océan.
« Faut-il qu'un roi ne puisse, entouré des naufrages,
« Ainsi qu'à ses sujets, commander aux orages ! »
— Un dieu, lui dit Le Fort, un dieu veut t'éprouver :
« Plus le péril est grand, plus tu dois le braver.
« Ailleurs tout t'obéit; on tremble à ton passage;
« Mais ta seule grandeur, ici, c'est ton courage. »
— « Va; j'appris à Sardam l'art de dompter les mers,
« Et j'appris en naissant, à dompter les revers.
« Je brave la tempête et j'ose la combattre;
« Et le danger m'irrite et ne saurait m'abattre. »
Il commande : sa main règle les mouvements.
Tantôt avec adresse il élude les vents;
Tantôt par les vents même il résiste à l'orage.
Des ais demi-rompus on répare l'outrage;
On redresse les mats, et le bruit des marteaux
Se mêle au bruit des vents, des foudres et des eaux.

Le dieu, plus irrité, frémit ; sa main terrible
A poussé le navire avec un bruit horrible;
Le matelot pâlit, le pilote est troublé;
Jusqu'en ses fondements l'édifice ébranlé
Heurte contre un écueil, crie, éclate et s'entr'ouvre.
L'art ne peut le sauver : la vague qui le couvre
Pénètre à flots pressés dans ses flancs entr'ouverts.
Soudain un tourbillon le rend aux vastes mers;
A peine il se soutient sur l'onde qu'il divise.
La foudre au même instant retentit et le brise.
C'en est fait ! nul espoir ne reste aux malheureux;

Tout submage. La foule, avec des cris affreux,
Tombe, lutte un moment, disparaît et s'enfonce.
Sous des traits effrayants partout la mort s'annonce.
Le Czar seul, sans secours, erre de tout côté,
Il surmonte la vague, il en est surmonté;
Sous lui la mer mugit; sur lui la foudre tonne :
La tempête l'assiége et la mort l'environne.
Mais tandis qu'il combat les vagues et la mort,
Aux lueurs de l'éclair il distingue Le Fort,
Le Fort prêt à périr et luttant sur l'abyme.
Il s'écrie, il l'appelle, et sa voix le ranime.
« Attends, Le Fort, attends, je cours me joindre à toi :
« Le Fort, que je périsse, ou te sauve avec moi! »
Il s'élance, il l'atteint, et d'une main puissante
Le saisit; l'autre fend la vague frémissante.

Parmi de longs écueils, et sur ces bords déserts,
Un énorme rocher s'avançait dans les mers.
Les cieux semblaient de loin appuyés sur sa tête :
A ses pieds, en grondant, l'onde écume et s'arrête;
Là, de plus d'un naufrage antiques monuments,
Flottaient de vieux débris, de pâles ossements;
Et des ombres, la nuit, errantes sur ces rives,
Semblaient au bruit des flots mêler leurs voix plaintives.
C'est là que le héros dirige ses efforts.
Déja ses bras nerveux l'ont approché des bords;
Mais le dieu menaçant, qui fait gronder l'orage,
Plus terrible et plus fier, l'attend sur le rivage.
Un trident à la main, debout sur le rocher,
Le dieu de toutes parts lui défend d'approcher;

Sa voix se fait entendre et se mêle au tonnerre;
Trois fois le Czar s'avance et veut saisir la terre,
Trois fois d'un bras d'airain le dieu l'a repoussé :
Le Czar au sein des flots, à demi-renversé,
Se relève et bondit sur la vague écumante.
Il revient, il combat le dieu qui le tourmente;
Il dresse avec vigueur sa tête dans les airs ;
Et d'un rapide effort s'élançant hors des mers,
Monte et gravit enfin sur la roche escarpée.
Le monstre frémissant voit sa fureur trompée,
Il fuit; et le héros sur la cime élevé,
Embrasse avec transport l'ami qu'il a sauvé.

# QUATRIÈME FRAGMENT.

Le héros s'instruisait à l'école du temps ;
Tout à coup, à son œil, des rayons éclatants
Sur des colonnes d'or, de jaspe et de porphyre,
Offrent des noms gravés ; il s'empresse à les lire.
C'étaient les noms fameux des mortels créateurs,
Pontifes, citoyens, rois ou législateurs,
Maîtres de leurs égaux par les droits du génie,
Qui des États naissants ont réglé l'harmonie.
Semés sur l'univers, dans les siècles épars,
Ici vus d'un coup d'œil. Là, s'offraient aux regards
Zerdust, chez les Persans, législateur des mages ;
Minos, qui de la Crète illustrant les rivages,
Vivant, créa des lois, mort, jugea pour les dieux ;
Brama, qui pour l'Indus fut l'envoyé des cieux ;
Fohi, qui des forêts dans des plaines fécondes
Rassembla du Chinois les hordes vagabondes,
D'un empire éternel jeta les fondements ;
Hermès, au bord du Nil, sur de saints monuments,
Gravant des arts, des lois, les préceptes sublimes,
Et bannissant l'erreur pour mieux bannir les crimes ;
Et l'antique Oanès qui vint du sein des mers,
Des champs de Babylone embellir les déserts ;

Manco, qui dans un monde échappé du naufrage,
De l'homme apprivoisa l'enfance encor sauvage ;
Triptolème au Pérou, créant pour ces mortels
La navette et le soc, le trône et les autels ;
Et Lycurgue et Solon, oracles de la Grèce,
L'un donnant aux esprits une molle souplesse,
Et défendant aux lois d'effaroucher les mœurs ;
L'autre faisant chérir d'effrayantes rigueurs,
Formant le citoyen en dénaturant l'homme ;
Numa, pour adoucir le fier instinct de Rome,
Divinisant les lois aux yeux des conquérants.
Là, près des deux Brutus, destructeurs des tyrans,
Paraissait ce Nassau, vengeur de sa patrie,
Domptant le fanatisme, et l'or, et l'Ibérie ;
Là, Tell, sur ses rochers créant la liberté,
Plaçait près des héros sa fière obscurité.

Ailleurs s'offraient ces rois, présents encor trop rares,
Qui, mêlant leur splendeur à des siècles barbares,
Des beaux arts presque éteints, mais ranimés par eux,
Ont fait briller au moins quelques rayons douteux ;
De la vaste ignorance ont percé les ténèbres.
Plus haut, en rayons d'or, brillaient ces noms célèbres,
Réunis par les arts, par le temps divisés,
Que quatre âges fameux ont immortalisés :
Léon, Louis, Auguste, et ce jeune Alexandre,
Que les arts couronnaient sur des trônes en cendre,
Dont les arts expiaient la coupable grandeur.

Le héros, de ces noms observait la splendeur ;

Leurs rayons sur sa tête inclinaient leur lumière.
« Oh! guidez-moi, dit-il, dans ma vaste carrière!
« Soutenez, secondez mon généreux effort.
« Échappé des forêts et des antres du Nord,
« Un Scythe ose espérer de marcher sur vos traces. »
— « Pour les siècles futurs il est encor des places,
« Dit le dieu; vois la tienne, et mérite ton rang. »

# CINQUIÈME FRAGMENT.

## VARIANTES

DU CHANT TROISIÈME DE LA FRANCE.

Le Fort, à ses côtés, était alors présent.
« Qu'ai-je ouï? qu'ai-je vu? quel spectacle imposant!
« En merveilles des arts que la France est féconde!
« C'est par les arts que l'homme est le maître du monde.
« Siècle heureux! peuple illustre! ah! les rois, en tout temps,
« N'ont su que soudoyer de hardis combattants,
« Des corps disciplinés d'assassins mercenaires,
« Du pouvoir qui les paie esclaves sanguinaires,
« Dont la fureur vénale est prête aux attentats,
« Autant qu'aux ennemis est terrible aux États.
« La France, plus heureuse, à ses troupes guerrières
« Joint des corps immortels, héritiers des lumières,
« Des sciences, des arts, assidus conquérants.
« Vous combattez, heureux, le crime et les tyrans;
« Beaux-arts, que peut sans vous la majesté royale?
« Louis, de tes Français quel immense intervalle

« Au Moscovite errant dans mes grossiers climats! »

— « De ton peuple et de toi ne désespère pas,
« Dit Le Fort, j'attends tout des arts et de toi-même.
« N'as-tu pas dans tes mains une force suprême?
« Ne réunis-tu pas la souveraineté
« Des beaux arts, du génie et de l'autorité?
« Cette ligue inconnue au vain peuple des princes,
« Ira changer l'esprit de tes vastes provinces,
« Et des vieux préjugés anéantir la voix.
« Songe que le barbare ignorant et sans lois
« Est plus près des vertus, dans sa mâle rudesse,
« Qu'un peuple qui corrompt les arts par la mollesse;
« Qui, trop civilisé, s'énerve de langueur,
« Et des grands crimes même a perdu la vigueur.
« Du barbare, du moins, la sève est plus puissante.
« Une fois averti de sa force naissante,
« Vers un but généreux il s'avance à grands pas.
« On s'élève à la gloire, on n'y remonte pas.
« L'homme dégénéré n'est plus qu'un vil esclave.
« Que dis-je? le Breton, le Germain, le Batave,
« Et ce noble Français qui charme tes regards,
« Long-temps, comme ton peuple, ont méconnu les arts.
« Il fallut que le ciel, par des milliers d'années,
« Mûrit avec lenteur leurs grandes destinées,
« Et fécondât pour eux le germe des talents.
« Toi, recueille en un jour les fruits de trois mille ans;
« Et des siècles ingrats cours réparer l'injure.
« Ainsi, dans ton empire, enchaînant la nature,
« L'hiver durcit neuf mois tes fleuves et tes mers,

« D'immobiles frimas hérisse tes déserts,
« Et dans ce long sommeil de la terre et de l'onde,
« Semble d'un vaste deuil envelopper le monde.
« Mais d'un été tardif à peine ont lui les feux,
« Tout s'éveille, tout vit, l'eau, la terre et les cieux.
« Les fleurs, de tes torrents parfument les rivages ;
« Le front noir des forêts rit sous les verts ombrages.
« Les cieux sont embrasés, et la même saison
« Voit semer, voit éclore et jaunir la moisson.
« Sois l'astre heureux de l'homme en tes vastes contrées.
« Va ; sous mille ans d'hiver les cieux hyperborées
« En vain ont engourdi tes pâles citoyens ;
« Le climat a ses droits, le grand homme a les siens.
« Les arts, les lois, les mœurs naissent de la culture.
« Oppose ton génie aux maux de la nature ;
« Et, du trop lent destin changeant l'ordre commun,
« Que dix siècles pressés viennent s'unir en un. »

# ODES.

# ODE
## SUR LE TEMPS.

Le compas d'Uranie a mesuré l'espace.
O Temps! être inconnu, que l'ame seule embrasse;
Invisible torrent des siècles et des jours,
Tandis que ton pouvoir m'entraîne dans la tombe,
   J'ose, avant que j'y tombe,
M'arrêter un moment pour contempler ton cours.

Qui me dévoilera l'instant qui t'a vu naître?
Quel œil peut remonter aux sources de ton être?
Sans doute, ton berceau touche à l'éternité.
Quand rien n'était encore; enseveli dans l'ombre
   De cet abyme sombre,
Ton germe y reposait, mais sans activité.

Du chaos, tout à coup, les portes s'ébranlèrent;
Des soleils allumés les feux étincelèrent:
Tu naquis; l'Éternel te prescrivit ta loi.
Il dit au mouvement: du Temps sois la mesure.
   Il dit à la nature:
Le Temps sera pour vous, l'éternité, pour moi.

Dieu, telle est ton essence. Oui, l'océan des âges
Roule au-dessous de toi, sur tes frêles ouvrages,
Mais il n'approche pas de ton trône immortel.
Des millions de jours, qui l'un l'autre s'effacent,
      Des siècles qui s'entassent
Sont comme le néant, aux yeux de l'Éternel.

Mais moi, sur cet amas de fange et de poussière,
En vain contre le Temps je cherche une barrière ;
Son vol impétueux me presse et me poursuit.
Je n'occupe qu'un point de la vaste étendue ;
      Et mon ame éperdue,
Sous mes pas chancelants, voit ce point qui s'enfuit.

De la destruction tout m'offre des images ;
Mon œil épouvanté ne voit que des nuages ;
Ici, de vieux tombeaux que la mousse a couverts ;
Là, des murs abattus, des colonnes brisées,
      Des villes embrasées ;
Partout, les pas du Temps empreints sur l'univers.

Cieux, terres, éléments, tout est sous sa puissance ;
Mais, tandis que sa main, dans la nuit du silence,
Du fragile univers sappe les fondements,
Sur des ailes de feu, loin du monde élancée,
      Mon active pensée
Plane sur les débris entassés par le Temps.

Siècles qui n'êtes plus, et vous qui devez naître,
J'ose vous appeler ; hâtez-vous de paraître :

Au moment où je suis venez vous réunir.
Je parcours tous les points de l'immense durée,
      D'une marche assurée;
J'enchaîne le présent, je vis dans l'avenir.


Le soleil, épuisé dans sa brûlante course,
De ses feux, par degrés, verra tarir la source;
Et des mondes vieillis les ressorts s'useront.
Ainsi que les rochers, qui, du haut des montagnes,
      Roulent dans les campagnes,
Les astres, l'un sur l'autre, un jour s'écrouleront.


Là, de l'éternité commencera l'empire;
Et dans cet océan, où tout va se détruire,
Le Temps s'engloutira, comme un faible ruisseau.
Mais mon ame immortelle, aux siècles échappée,
      Ne sera point frappée,
Et des mondes brisés foulera le tombeau.


Des vastes mers, grand Dieu, tu fixas les limites :
C'est ainsi que des temps les bornes sont prescrites.
Quel sera ce moment de l'éternelle nuit?
Toi seul, tu le connais; tu lui diras d'éclore :
      Mais l'univers l'ignore;
Ce n'est qu'en périssant qu'il en doit être instruit.


Quand l'airain frémissant autour de vos demeures,
Mortels, vous avertit de la fuite des heures,
Que ce signe rapide épouvante vos sens :

A ce bruit tout à coup mon ame se réveille,
   Elle prête l'oreille,
Et croit de la mort même entendre les accents.

Trop aveugles humains, quelle erreur vous enivre !
Vous n'avez qu'un instant pour penser et pour vivre,
Et cet instant qui fuit est pour vous un fardeau !
Avare de ses biens, prodigue de son être,
   Dès qu'il peut se connaître,
L'homme appelle la mort, et creuse son tombeau.

L'un, courbé sous cent ans, est mort dès sa naissance ;
L'autre engage, à prix d'or, sa vénale existence ;
Celui-ci la tourmente à de pénibles jeux.
Le riche se délivre, au prix de sa fortune,
   Du Temps qui l'importune ;
C'est en ne vivant pas, que l'on croit vivre heureux.

Abjurez, ô mortels, cette erreur insensée.
L'homme vit par son ame, et l'ame est la pensée :
C'est elle qui, pour vous, doit mesurer le Temps.
Cultivez la sagesse ; apprenez l'art suprême
   De vivre avec soi-même ;
Vous pourrez sans effroi compter tous vos instants.

Si je devais, un jour, pour de viles richesses,
Vendre ma liberté, descendre à des bassesses ;
Si mon cœur, par mes sens, devait être amolli,
O Temps ! je te dirais : Préviens ma dernière heure ;
   Hâte-toi, que je meure ;
J'aime mieux n'être pas, que de vivre avili.

Mais, si de la vertu les généreuses flammes
Peuvent, de mes écrits, passer dans quelques ames;
Si je puis d'un ami soulager les douleurs;
S'il est des malheureux dont l'obscure innocence
   Languisse sans défense,
Et dont ma faible main doive essuyer les pleurs;


O Temps! suspends ton vol, respecte ma jeunesse;
Que ma mère, long-temps témoin de ma tendresse,
Reçoive mes tributs de respect et d'amour.
Et vous, Gloire, Vertu, déesses immortelles,
   Que vos brillantes ailes,
Sur mes cheveux blanchis se reposent un jour.

# ODE

## A M. HÉRAULT DE SECHELLES,

MINISTRE D'ÉTAT, ET CONTRÔLEUR-GÉNÉRAL DES FINANCES.

Ainsi, lorsque ce mont, dont la masse brûlante
Fait gémir sous son poids les géants écrasés,
A long-temps retenu la flamme dévorante,
Qui couvait sourdement dans ses flancs embrasés;

Soudain, en bouillonnant, le salpêtre s'allume,
La terre éprouve, au loin, d'horribles tremblements;
La montagne en mugit; le feu qui la consume
S'échappe, avec fureur, de ses noirs fondements.

Tel, pénétré d'un dieu, dont la vive lumière
Excite dans mon ame une sainte fureur,
Mon esprit enflammé brise enfin la barrière
Qui captivait l'essor de sa bouillante ardeur.

Sechelles, tes vertus échauffant mon génie,
De mes sens agités raniment les transports;
Puissé-je, secondé du dieu de l'harmonie,
Éterniser ton nom par d'illustres accords!

Ne crains pas qu'emporté d'un zèle téméraire,
Le mensonge flatteur profane mes accents;
Jamais, de la grandeur courtisan mercenaire,
L'intérêt, dans mes mains, n'infecta mon encens.

La vertu, dans les grands, a seule mon hommage :
Leur éclat séducteur n'éblouit point mes yeux;
Et de la Vérité le sublime langage
Est le premier tribut qu'on doit aux demi-dieux.

Toi donc, Vérité sainte, arbitre des grands hommes,
Qui graves sur l'airain tes décrets éternels,
Toi, dont l'œil pénétrant nous voit tels que nous sommes,
Descends, apporte-moi tes crayons immortels.

Je veux peindre un héros qu'on admire et qu'on aime;
Courtisan, philosophe, et ministre éclairé,
Grand par ses dignités, mais plus grand par lui-même,
Estimé de son roi, par le peuple adoré.

De Thémis, autrefois, soutenant la balance,
Assis au rang des dieux qui jugent les humains,
Dans un conseil auguste, oracle de la France,
Il pesait des mortels les fragiles destins.

O probité sacrée! ô vertu que j'adore!
Tes honneurs sont éteints, ton culte est aboli :
Les coupables mortels, que l'intérêt dévore,
Plongent tes saintes lois dans un honteux oubli.

Mais des profanateurs, dont la foule t'outrage,
Tu distinguas toujours cet illustre mortel :
Dans ses traits respectés tu peignis ton image ;
Sa voix est ton organe, et son cœur, ton autel.


Vous en fûtes témoins, provinces fortunées,
Que l'Escaut orgueilleux arrose dans son cours !
Sa noble intégrité, réglant vos destinées,
D'Astrée et de Thémis vous ramena les jours.


O Flandre malheureuse ! ô déplorable terre !
Théâtre alors sanglant de discorde et d'horreur !
De meurtres affamé, le démon de la guerre,
Dans tes champs désolés, exerçait sa fureur.


Ce ministre zélé, réparant tes injures,
De ton destin affreux adoucissait le poids :
De tes flancs déchirés les sanglantes blessures
Soudain se refermaient à sa puissante voix.


Lorsque de flots de sang tes campagnes fumantes
N'offraient de toutes parts, que lugubres cyprès ;
Dans le sein fortuné des villes florissantes,
Les maisons regorgeaient des trésors de Cérès.


Sous un ciel ennemi, toujours couvert d'orages,
Les paisibles Flamands, heureux par ses bienfaits,
Voyaient, parmi les feux, le fer et les ravages,
Fleurir, dans leurs cités, l'olive de la paix.

## ODES.

Qu'un citoyen est grand, lorsqu'il sert sa patrie !
Muses, ceignez son front des plus nobles lauriers.
Séchelles, ce fut toi, dont l'heureuse industrie
Fit régner l'abondance au camp de nos guerriers.

Ces favoris de Mars, ces fiers vengeurs du trône,
T'adoraient comme un dieu qui guérit les humains ;
Et ces mains, qui lançaient les foudres de Bellone,
Touchaient, avec respect, tes bienfaisantes mains.

D'un monarque éclairé la sagesse suprême
A, par un choix auguste, honoré tes vertus.
Ce n'est point la faveur, c'est Pallas elle-même
Qui remit dans tes mains le sceptre de Plutus.

Pénétrée, à ton nom, de joie et de tendresse,
Au fond de ses roseaux, la Seine en tressaillit :
Le démon de l'envie en frémit de tristesse ;
Des feux les plus brillants l'Olympe s'embellit.

Jusqu'aux lieux fortunés, séjour des grandes ombres,
La déesse aux cent voix porta ces bruits flatteurs :
Colbert prêta l'oreille, et, des royaumes sombres,
Applaudit, en ces mots, à tes nouveaux honneurs :

« Ministre vertueux, que le ciel a fait naître
« Pour honorer ton siècle et marcher mon égal,
« Remplis tes grands destins ; sers la France et ton maître,
« Ose suivre mes pas, et deviens mon rival.

« Que ton puissant génie enrichisse la France;
« Favori de ton roi, sois toujours citoyen :
« Fais marcher sur tes pas les arts et l'abondance;
« Richelieu fut mon guide, et je serai le tien.

« Ce peuple généreux, qui bénit ma mémoire,
« Par des honneurs tardifs a payé mes bienfaits;
« Plus fortuné que moi, tu jouis de ta gloire;
« L'amour grave ton nom dans le cœur des Français.

« Cependant, si jamais la sombre jalousie
« Versait avec fureur son poison sur tes pas,
« Imite mon exemple, et pardonne à l'envie :
« Fais toujours des heureux, dussent-ils être ingrats. »

Sa bouche, en prononçant ces leçons immortelles,
Allumait dans ton sein une invisible ardeur;
D'un feu noble et divin les vives étincelles
Embrasaient ton génie, et pénétraient ton cœur.

Tu parles, et soudain de cent sources fécondes,
La France voit jaillir d'immenses fleuves d'or,
Qui, réglant par tes lois leurs courses vagabondes,
Vont tous, au pied du trône, épancher leur trésor.

Ce n'est point un tribut que la pâle indigence
Arrache à ses besoins, en poussant des soupirs :
Dans le sein des trésors, la superbe opulence,
Pour donner à l'État, retranche à ses plaisirs.

O ministre, l'amour et l'exemple du monde!
L'univers applaudit à tes nobles projets :
Par des ressorts nouveaux, ta sagesse profonde
Sait enrichir les rois, sans charger les sujets.

Achève; et, poursuivant ta brillante carrière,
Du dieu qui te conduit, suis le sacré flambeau :
Que les arts, échauffés du feu de ta lumière,
Sortent, par tes bienfaits, de la nuit du tombeau.

De ses destins jaloux, pour fléchir l'injustice,
La mère des beaux arts et la fille des rois
Invoque, dans ce jour, ta bonté protectrice;
Jusqu'aux pieds de Louis daigne porter sa voix.

Louis, nouveau Titus, délices de la France,
Sur son trône, avec lui, fait asseoir l'équité;
Dans son cœur, né sensible, habite la clémence :
Sur son front généreux, la tendre humanité.

Dans l'âge où tout mortel s'ignore encor lui-même,
Il connaissait déjà tout le prix des talents;
Et le premier essai de son pouvoir suprême,
Est d'enrichir les arts par des dons éclatants.

Ah! puisque les rayons de sa naissante aurore,
D'un jour si lumineux ont éclairé les arts,
Combien seront brillants les jours qui vont éclore,
Sur nous, dans son midi, s'il tourne ses regards!

Jusqu'aux sables brûlants de l'aride Libye,
L'avide commerçant cherche de nouveaux biens :
Du servile artisan la vénale industrie
Trafique des besoins de ses concitoyens.

Pour nous qui, consacrés aux travaux littéraires,
A la cour d'Apollon avons fixé nos pas,
Nous n'avilissons point, par des arts mercenaires,
La main qui doit tenir la lyre et le compas.

Mais, tandis qu'oubliant une utile richesse,
Et formant des neuf sœurs les tendres nourrissons,
Nous cultivons en paix, sur les bords du Permesse,
De Thémis et de Mars les nobles rejetons ;

Le luxe impérieux, ce fier tyran des villes,
Par des soins importuns trouble de si beaux soins ;
Et, nous asservissant à des arts inutiles,
Fait naître l'indigence en créant des besoins.

O toi ! qui des Colbert suis la brillante trace,
Qui cours, par leurs sentiers, à l'immortalité,
Du laurier desséché sur l'aride Parnasse,
Que ton souffle fécond ranime la beauté.

C'est en vain que l'orgueil, dans le siècle où nous sommes,
D'un mépris insolent a flétri les beaux arts :
Leur siècle fut toujours le siècle des grands hommes,
Et l'âge de Virgile est celui des Césars.

# ODE

## SUR LES DEVOIRS DE LA SOCIÉTÉ.

Réveille-toi, mortel, deviens utile au monde;
Sors de l'indifférence où languissent tes jours.
Le temps fuit, hâte-toi : demain la nuit profonde
    T'engloutit pour toujours.

Quoi! tu prétends penser, et ta folle sagesse,
Dans un lâche repos s'avilit et s'endort!
L'homme est né pour agir; ramper dans la paresse,
    C'est être déja mort.

Regarde autour de toi, contemple tout l'espace;
Par quel divin accord le monde est gouverné!
Nul être n'est oisif : tout occupe sa place,
    Et tout est enchaîné.

Les vents épurent l'air, l'air balance les ondes;
Pour la fertilité, l'eau circule en tout lieu;
Les germes sont féconds; le feu nourrit les mondes,
    Et tout nourrit le feu.

Et toi, qui te connais, dont l'ame est immortelle,
Sur ce globe, au hasard, tu te croirais jeté!
Toi seul, indépendant de la chaîne éternelle,
  Es sans activité!

Les hommes t'ont servi, même avant ta naissance :
Ils t'ont créé des lois et bâti des remparts.
De vingt siècles unis la lente expérience
  T'a préparé les arts.

La maison qui te couvre et qui te sert d'asyle,
Le pain qui te nourrit, tes plaisirs, tes besoins,
Tout impose à ton cœur le devoir d'être utile,
  Tout réclame tes soins.

Réponds-moi; qu'as-tu fait pour servir ta patrie?
Que ce nom, dans ton ame, excite le remord!
Quoi! faudra-t-il, un jour, qu'elle pleure ta vie,
  Loin de pleurer ta mort?

O honte de l'Europe, et du siècle où nous sommes!
Devoir du citoyen, vous êtes méconnu :
Titre cher et sacré, qui fîtes les grands hommes,
  Qu'êtes-vous devenu?

Ta patrie, aux vertus, a formé ton enfance;
Les ministres des lois te font des jours heureux :
Les guerriers teints de sang, meurent pour ta défense,
  Et que fais-tu pour eux?

Les noms, ces tendres noms et de fils et de père,
O homme! seraient-ils étrangers à ton cœur?
Le sauvage Huron, dans son sanglant repaire,
    En connaît la douceur.


Vois l'objet de ses feux sourire à sa tendresse;
Son père, à ses côtés, repose en cheveux blancs;
A son cou suspendu, son jeune fils le presse
    De ses bras innocents.


Et toi, dans la nature égaré, solitaire,
Ton être, à l'univers, ne tient par aucuns nœuds.
Dans ton ame glacée et tristement austère,
    Tu sens un vide affreux.


Si, du moins, l'amitié réchauffait de sa flamme
Ces stoïques langueurs d'un sage inanimé!
Mourras-tu sans goûter ce doux plaisir de l'ame,
    Ce plaisir d'être aimé?


Apprends que l'amitié veut des ames actives :
Dans l'ombre du désert l'amitié ne vit plus;
Son repos est un crime; et les vertus oisives
    Ne sont pas des vertus.


L'homme se doit à l'homme, en tout rang, à tout âge.
Sur le riche orgueilleux, l'indigent a ses droits;
Le faible, sur le fort, l'imprudent, sur le sage,
    Les sujets, sur les rois.

Tu dors, et les mortels autour de toi gémissent!
La terre ensanglantée est en proie au malheur!
Tu dors, et nous pleurons! et partout retentissent
  Les cris de la douleur!


Que d'orphelins plaintifs, de mères expirantes!
De vieillards vertueux consumés par la faim!
D'innocents dans les fers, de familles errantes,
  Qui demandent du pain!


Ah! crains d'entendre un jour leurs ombres irritées
Venir, en frémissant, te reprocher leur mort :
Crains cet effroi vengeur des ames tourmentées
  Par les cris du remord.


« Qui, moi, pour des ingrats, que je me sacrifie!
« Zélés par intérêt, perfides avec art,
« Au sein du bienfaiteur qui leur donne la vie,
  « Ils plongent le poignard.


« Tout est, chez les humains, ou tyran, ou victime;
« Sous le coupable heureux le juste est abattu :
« L'or étouffe l'honneur, et les succès du crime
  » Fatiguent ma vertu.


« Laisse-moi donc mourir dans mon obscur asyle.... »
Ainsi tu crains le vice, et fuis les cœurs pervers!
Mais quoi! loin des humains si la vertu s'exile,
  Que sera l'univers?

Doit-elle se cacher dans une nuit profonde,
Tandis qu'on voit régner le vice fastueux?
Ah! le plus grand objet qui puisse orner le monde,
    C'est l'homme vertueux.

Ces antiques héros, ces sages qu'on renomme,
Servaient le genre humain et ne l'estimaient pas.
Plutôt que de manquer à servir un seul homme,
    Rends heureux mille ingrats.

Qu'importent les tributs de la reconnaissance!
N'as-tu pas Dieu pour toi, tes vertus et ton cœur?
Ta gloire en est plus pure, et l'ingrat qui t'offense
    Ajoute à ta grandeur.

L'homme, par ses forfaits, irritant le tonnerre,
Du Dieu qui l'a créé semble insulter l'amour;
Et Dieu prodigue à l'homme, et les fruits de la terre,
    Et les rayons du jour.

# TRADUCTION

DE LA SATIRE DIXIÈME

DE JUVÉNAL,

SUR LES VOEUX DES HOMMES.

# TRADUCTION

## DE LA SATIRE DIXIÈME

## DE JUVÉNAL,

SUR LES VOEUX DES HOMMES.

Des rives de Gadès aux indiens rivages,
Combien peu de mortels, dignes du nom de sages,
Savent, sans s'égarer dans des jugements faux,
Distinguer les vrais biens, distinguer les vrais maux !
Qui de nous à propos sait désirer ou craindre ?
De ses vœux impuissants qui n'eut point à se plaindre ?
Nos plus sages desseins, nos plus heureux efforts,
Nous coûtent des regrets et souvent des remords.
Des dieux, pour nos désirs, la cruelle indulgence
Même dans leurs bienfaits imprima la vengeance ;
Et la paix et la guerre ont leurs vœux indiscrets.
Trop souvent l'orateur, en aiguisant ses traits,
Périt assassiné par sa propre éloquence.
Dans ses muscles nerveux l'un mit sa confiance,
Et ses muscles nerveux le livrent à la mort.

Là, le riche égorgé meurt sur son coffre-fort.
Ces colosses pompeux des fortunes romaines,
Cet or amoncelé, ces immenses domaines
Qu'ont légués à leurs fils des aïeux conquérants,
Contre leurs possesseurs ont armé les tyrans.
C'est alors que Néron sait inventer des crimes;
Longin, Latéranus deviennent ses victimes.
Le despotisme avare a tendu ses filets;
La mort court investir de superbes palais,
Et ces vastes jardins qu'orna dans sa vieillesse,
De Sénèque enrichi l'opulente sagesse.
Le pauvre en son grenier ne craint pas le poignard.
Quelques vases d'argent et travaillés sans art,
La nuit, dans un voyage, accompagnent ta route;
Dès lors, point de dangers que ta peur ne redoute,
Couteau, glaive, massue; et les roseaux mouvants,
La feuille qui frissonne à l'haleine des vents,
Te font pâlir d'effroi : le pauvre sans bagage
Voit le voleur; il chante et poursuit son voyage.

Le vœu le plus commun, le vœu dont les mortels,
En échos répétés, fatiguent les autels,
C'est l'or; c'est qu'ajoutant richesse sur richesse,
De nos trésors grossis l'amas renfle sans cesse.
Mais jamais dans l'argile on n'a bu le poison.
Crains-le, lorsqu'un vain luxe égarant ta raison,
Le rubis ornera ta coupe étincelante;
Crains-le, quand d'un vin cher la mousse pétillante
Ira jaillir pour toi dans l'agate et dans l'or.

Oh! qu'il était sensé! que je révère encor

Ce couple philosophe et connu dans la Grèce,
Dont l'un riait toujours, l'autre pleurait sans cesse,
Parmi leurs citoyens, dès qu'ils faisaient un pas !
Mais j'admire ces pleurs qui ne tarissaient pas ;
Quelle source féconde y pouvait donc suffire ?
De la sottise humaine il est plus doux de rire ;
De ce rire éternel Démocrite agité,
Pourtant n'avait pas vu dans son humble cité
Nos usages, nos mœurs, notre luxe frivole.
Et, s'il avait pu voir au pied du Capitole,
Superbe et revêtu des ornements des dieux,
Un préteur, exhaussé sur un char radieux,
Du cirque dominer la flottante poussière,
Étaler aux regards, sur son épaule altière,
Les plis majestueux et les riches tableaux
De sa pourpre où l'aiguille imita les pinceaux ;
Et, pour surcroît de pompe et d'auguste démence,
D'une couronne d'or porter le cercle immense,
Qui d'un robuste athlète écraserait le front ;
Mais la loi lui permet un salutaire affront,
Près du triomphateur place un esclave même :
Cet esclave soutient son vaste diadême,
Et, de ses bras tendus, l'appuie en gémissant.
Ajoutez des clairons le bruit retentissant ;
Ajoutez l'aigle d'or sur son sceptre d'ivoire,
La foule des Romains qui, rehaussant sa gloire,
D'un vaste et long cortége enorgueillit ses yeux,
Et roule autour du char ses flots officieux ;
Tous ses tendres amis, tous, signalant leur zèle,
Dans l'espoir des deniers que sa bourse recèle.

Mais ta caustique humeur, que rien ne peut lasser,
Sans ces plaisants objets, sut encor s'exercer,
Célèbre Abdéritain, dont l'exquise prudence
Prouve qu'un ciel épais et sa lourde influence,
Et d'un peuple hébété la stupide langueur,
Ne peuvent du génie émousser la vigueur;
Que même chez des sots, un grand homme peut naître.
Et nos tristes plaisirs, et nos larmes peut-être,
Nos soins, nos passions n'excitaient pas nos ris;
Tandis que pour toi-même, avec un froid mépris,
Tu bravais la fortune, et ta burlesque audace
Souvent d'un doigt moqueur insultait sa menace.

Ainsi l'homme, des dieux humble et dévot client,
Allume à leurs genoux son cierge suppliant.
Pour des dons superflus et trop long-temps funestes,
Crains de solliciter les puissances célestes.
Vois Séjan, vois la haine attachée aux grandeurs,
D'un abyme, à ses pieds, ouvrir les profondeurs.
Ses titres éclatants renflaient de longues pages;
C'est un arrêt de mort; il tombe, et ses images,
Ces monuments si fiers, avec lui condamnés,
Roulent, par les bourreaux honteusement traînés.
Vois les Romains en foule expier leur bassesse.
Entends-tu retentir la hache vengeresse,
Et les chevaux d'airain mutilés par le fer?
Sous les soufflets bruyants entends-tu siffler l'air?
La forge, en frémissant, s'allume; le feu brille;
Ce Séjan colossal dans les fourneaux pétille.
Déja coule à torrents le bronze révéré;

Déja ce front superbe et d'un peuple adoré,
Ce front qui fut jadis le second de la terre,
Et disputait l'encens aux maîtres du tonnerre,
Devient vase, trépied, plat, cuvette, bassin.

Va, cours, que des lauriers, suspendus par ta main,
De tes toits couronnés embellissent le faîte;
Immole une victime et prépare une fête;
Ce jour, pour les Romains, est un jour fortuné;
Séjan, le fier Séjan au supplice est traîné.
Quel spectacle! on s'étonne, on célèbre sa chute;
Enfin, à ses fureurs je ne suis plus en butte;
Je ne l'aimai jamais. Quels dédains! quel orgueil!
Comme il laissait tomber un insolent coup d'œil!
De quoi l'accuse-t-on? qu'a-t-il osé commettre?
Où sont les délateurs, les témoins? — Une lettre
Des roches de Caprée est venue au sénat.
Sa prolixe longueur est un secret d'État. —
J'entends, et ne veux pas en savoir davantage.
— Mais le peuple! Le peuple? il suit l'antique usage.
Quand on est condamné, peut-on être innocent?
Il hait le malheureux, adore le puissant.
Si le sort à Séjan n'eût pas été contraire,
Du lion endormi dans son triste repaire
Si l'imprudent sommeil avait été surpris;
Dans ce même moment, tout ce peuple à grands cris,
Saluerait empereur ce Séjan qu'il outrage.
Depuis que le Romain ne vend plus son suffrage,
Il dédaigne les soins et les nobles travaux;
Et celui qui donnait la pourpre, les faisceaux,

Les légions, le monde à nos braves ancêtres,
Tranquille et prosterné, ne demande à ses maîtres
Que deux choses. — Eh quoi? — Des spectacles, du pain.
On dit que nous verrons périr plus d'un Romain. —
Je le crois; le feu couve; il est prêt à s'étendre;
Brutidius me quitte, et je viens de l'entendre.
D'une demi-pâleur j'ai vu blanchir son front.
Je crains, dit-il, qu'Ajax ne venge son affront,
Et ne reproche aux Grecs leur amitié tardive;
Hâtons-nous. Le cadavre est encor sur la rive,
Courons, foulons aux pieds l'ennemi des Césars,
Surtout que l'on nous voie; épions les regards.
De peur qu'on ne le nie, et qu'un esclave traître
N'ose, devant le juge, et dès ce jour peut-être,
Traîner, la hart au cou, son maître épouvanté.
Tels étaient les discours de ce peuple agité;
Sa joie et sa terreur murmuraient à voix basse.
Eh bien, Séjan n'est plus; veux-tu prendre sa place?
Veux-tu sous tes lambris voir de nombreux clients,
Voir rouler à tes pieds des flots de suppliants,
Regorger de trésors et dispenser les graces?
Parmi les courtisans qui rampent sur tes traces,
Nommer l'un, magistrat, un autre, général;
Passer pour le tuteur, l'ami, presque l'égal
Du prince, qui, caché sous ses roches sauvages,
De ses devins tremblants calcule les présages?
Au conseil, au sénat, c'est peu de présider;
Aux fiers prétoriens tu voudrais commander,
Diriger de leurs dards la pointe obéissante.
Que coûte un vœu de plus? Si le sang t'épouvante,

Le verser est un droit qu'on est flatté d'avoir;
Qui ne veut pas tuer, veut encor le pouvoir.
Voilà donc les honneurs entassés sur ta tête.
Encor quelques moments et ta chute s'apprête.
Tu vas, tu vas payer sous la main des bourreaux,
L'excès de ton bonheur par l'excès de tes maux.
Ah! loin, loin de briguer un éclat si funeste,
Sois plutôt, sois édile à Gabie, à Préneste.
Magistrat ignoré sous ton grossier manteau,
Pour signaler tes droits, juge si le boisseau
Aux règles du tarif est conforme ou rebelle;
Brise, de plein pouvoir, la mesure infidèle.
Séjan contre lui-même a donc formé des vœux!
Sa main ambitieuse, en étages nombreux,
D'une tour menaçante exhaussait l'édifice
Pour tomber de plus haut; et de ce précipice,
Par sa chute éclatante épouvanter les yeux.

Et Crassus et Pompée, et ce chef plus grand qu'eux,
Qui, frappant les Romains du fouet de sa fortune,
Sut courber à son char leur hauteur importune;
Qui les perdit tous trois? L'orgueil du premier rang,
Leur grandeur achetée à prix d'or et de sang,
Et la rigueur des dieux exauçant leur prière.
Peu de tyrans, en paix, ont fini leur carrière;
Et marqués du poignard qui leur perça les flancs,
Pluton les voit chez lui descendre tout sanglants.

Déesse des beaux arts, et de Rome et d'Athènes,
Au rang des Cicérons, au rang des Démosthènes,

Daigne placer mon nom, dit tout jeune écolier
Qui, par des vœux naissants, commence à supplier
La Minerve d'argile, hochet de son enfance;
Qui va chez un rhéteur acheter l'éloquence,
Et qu'un esclave enfant, né sous le même toit,
Suit, modeste gardien d'un portefeuille étroit.
Mais ces deux orateurs, qui n'en connaît l'histoire!
Tous deux ils ont péri victimes de leur gloire;
C'est leur vaste éloquence épandue à grands flots,
Leur génie immortel qui creusa leurs tombeaux.
Sur la tribune en deuil le génie a, dans Rome,
Mis la tête sanglante et la main d'un grand homme.
Jamais mince avocat n'eut un si triste honneur.
Oh! que n'a-t-il toujours chanté pour son bonheur:

   O Rome fortunée,
   Sous mon consulat née!

Ce ton qui des tyrans trouble peu les desseins,
Put armer les rieurs, et non les assassins.
Oui, j'aime mieux ses vers et sa muse innocente,
Que cette philippique altière et menaçante,
Où d'un style vengeur son génie irrité
Court dénoncer Antoine à la postérité.
Même sort t'attendait, éloquent Démosthènes,
Quand du peuple assemblé ta voix guidait les rênes,
Et que, pour ranimer son courage expirant,
Ton style impétueux roulait à long torrent.
Infortuné, quel astre éclaira ta naissance!
Qu'avais-tu fait aux dieux, pour que, dans ton enfance,
Ton père, tout noirci du feu de ses métaux,

A ta débile main fit laisser les marteaux,
Le charbon enfumé, la tenaille mordante,
Et l'enclume où du fer brillait la masse ardente,
Pour aller d'un rhéteur entendre les leçons?
Un autre, de lauriers veut cueillir des moissons.
Un chêne revêtu de dépouilles guerrières,
Les cuirasses, les dards, les lances meurtrières,
Et les casques brisés suspendus aux rameaux,
Et les débris des chars, et l'airain des vaisseaux,
Et les fleuves captifs sur leur urne troublée,
Et des vaincus en pleurs l'image désolée,
Voilà pour les mortels le suprême bonheur!
Grec, Romain, étranger, aspire à cet honneur;
Pour lui l'on brave tout, les travaux, la mort même;
Ce n'est pas la vertu, c'est la gloire qu'on aime;
Otez la récompense et la vertu n'est rien;
Que de crimes commis pour ce fragile bien,
Cette gloire, un vain nom, attachés à la pierre
Qui couvre de la cendre et garde une poussière!
Encor ces titres vains seront-ils effacés,
Et pour faire éclater les marbres dispersés
Que faut-il? d'un figuier les rampantes racines.
Les tombeaux sont mortels, tout meurt jusqu'aux ruines.

Approche, et descendons dans ces vieux monuments.
Mon œil cherche Annibal. Eh quoi! ces ossements,
Cette poudre, c'est lui! que sa cendre est légère!
Jadis il fut trop grand pour que l'Afrique entière
Le contînt. Il s'élance hors de ces régions.
A des peuples noircis par de brûlants rayons,

Sa soif de conquérir ajoute encor l'Ibère,
Des monts Pyrénéens il franchit la barrière;
Les Alpes ont paru; leurs sommets hérissés
N'offrent que précipice et des remparts glacés.
Les frimas sont foulés sous sa marche rapide;
Les rochers sont dissous par un mordant acide.
Aux champs ausoniens le voilà descendu :
Il y règne; c'est peu. Vers le Tibre éperdu
Il court. Je n'ai rien fait, dit-il, si mes cohortes,
Rome, la hache en main, ne vont briser tes portes;
Je veux au Capitole arborer mes drapeaux;
Artiste, prends la toile et saisis tes pinceaux;
A travers des débris ensevelis sous l'herbe,
Peins-nous, privé d'un œil, cet Africain superbe,
Pressant les flancs tardifs d'un énorme éléphant.
Mais, ô gloire, ô faiblesse! il était triomphant;
Il est vaincu, chassé de royaume en royaume;
Il fuit, et d'un grand nom promenant le fantôme,
D'un roi de Bithynie il va grossir la cour,
Et veillant à sa porte, attendre qu'il soit jour;
L'effroi de l'univers implore une audience.
D'un beau trépas du moins, s'il avait l'espérance!
Celui qui fit pâlir cent peuples alarmés,
Tombe-t-il, sous l'effort des bataillons armés?
Est-ce le fer, le feu qui termine sa vie?
Il ébranla l'Europe, et l'Afrique et l'Asie;
Un anneau met un terme à de si grands destins!
Anneau vengeur de Canne et vengeur des Latins;
Il expie, en un jour, le sang de vingt années.
Va donc, cours, et franchis les Alpes étonnées

Pour charmer des enfants et d'apprentis rhéteurs,
Sur tes exploits usés, bruyants déclamateurs.


Et ce jeune insensé, conquérant de la terre,
Sur les rochers aigus d'une île solitaire,
Comme si par le sort il était confiné,
Dans les bornes du monde il est emprisonné ;
Pleurant d'être arrêté dans sa course infinie,
Cet étroit univers fatigue son génie.
Babylone l'attend. Là, malgré son orgueil,
Il tiendra tout entier sous les ais d'un cercueil.
Homme ! tu veux en vain agrandir ta nature ;
Mets tes pieds dans la tombe, et connais ta mesure.
D'innombrables vaisseaux formant un vaste pont,
Jadis ont vu des chars rouler sur l'Hellespont.
La rame a de l'Athos sillonné les montagnes ;
Un dîner des Persans affamait les campagnes :
Dans leurs lits étonnés les fleuves tarissaient,
Sous la grêle des dards, les cieux s'obscurcissaient ;
Mensonges éloquents qu'a débités la Grèce,
Et que chantait Sostrate en sa pompeuse ivresse.
Mais ce roi qui se crut le maître des destins,
Qui fit, d'un fouet vengeur, battre les vents mutins,
Dans les prisons d'Éole exempts d'un tel supplice,
Qui, des flots peu soumis pour dompter le caprice,
Osa bien enchaîner le souverain des mers ;
Heureux encor ce dieu de n'avoir que des fers !
Et quel fut le retour de l'insensé monarque ?
De ses mille vaisseaux, il lui reste une barque ;
Seul, il fait voir sa honte à l'Océan surpris,

Et sur les flots sanglants, couverts de ses débris,
Les cadavres pressés retardaient son passage.
De sa vaste grandeur un jour vit le naufrage.
Ainsi la gloire trompe et punit ses amants.

Oh! que puisse le ciel m'accorder de vieux ans!
C'est ton vœu, c'est surtout la prière secrète
Que, pâle et dans un lit, ta faiblesse répète;
Mais quoi! pour les mortels à vieillir condamnés,
Quelle foule de maux l'un à l'autre enchaînés!
Des traits défigurés vois d'abord le ravage,
En un masque hideux vois changer ton visage,
Et sa jaune pâleur et ses sillons flottants :
Tels, des bois africains difformes habitants,
Ces animaux, de l'homme image avilissante,
Creusent à longs replis leur laideur grimaçante.
Au printemps de nos jours tout diffère entre nous,
L'un a plus de vigueur; l'autre, des traits plus doux;
Ceux-ci, plus de beauté : les vieillards se ressemblent,
Une voix qui s'éteint sur des lèvres qui tremblent,
Le poids qui courbe un corps jadis souple et nerveux,
Le déshonneur d'un front dépouillé de cheveux,
Et des pieds chancelants, et des bras sans défense,
Le dégoûtant aspect de sa nouvelle enfance;
Pour briser l'aliment qu'il broie avec effort,
Sa bouche désarmée a perdu son ressort.
Malheureux! mais du moins a-t-il quelqu'un qui l'aime?
Non;.... à charge à ses fils, à sa femme, à lui-même,
Tout, jusqu'au vil flatteur qui croit en hériter,
Vaincu par les dégoûts, est prêt à déserter.

Que de pertes encore! en lui tout se dégrade.
Les mets ne flattent plus son appétit malade,
Et d'un jus pétillant, dans sa coupe versé,
La sève se dérobe à son goût émoussé.
Dès long-temps plus d'amour; vaine ombre qui respire,
Peut-il des voluptés connaître encor l'empire?
La main froide du temps flétrit ses sens glacés,
En vain, pour rajeunir des organes lassés,
Le ciel épuiserait les charmes de Pandore;
Le vieux Tithon languit dans les bras de l'Aurore;
C'est Tantale, altéré sur le bord des plaisirs,
Qui, pour dernier tourment, conserve des désirs.
Charmes des doux concerts! touchante mélodie!
Pour lui vous n'êtes plus; à sa fibre engourdie
Vous portez un bruit sourd et des sons expirants.
Dans les jeux du théâtre, assis aux premiers rangs,
Qu'importe à son plaisir? il peut entendre à peine
Le belliqueux airain qui frémit sur la scène.
Du valet qui le sert, veut-il savoir un nom,
Savoir l'heure du jour; il faut que chaque son
Aille de cris aigus ébranler son oreille;
Ce qui nous assourdit, à peine le réveille.
La fièvre seule, hélas! de ses poisons brûlants,
Réchauffe un sang glacé qui circule à pas lents.
Je vois fondre sur lui l'essaim des maladies;
Qui pourrait les compter? plutôt mes mains hardies
Calculeraient combien de maris sont trompés,
De testaments surpris et de biens usurpés,
De trésors engloutis par des Phrynés habiles;
Combien l'adroit Hirrus a fraudé de pupilles,

De combien de trépas le docteur Thémisson,
Dans le cours d'un automne enrichissait Pluton;
Que de fois, en un jour, Damon vendit sa femme,
Ou combien Amillus, dans son école infame,
Du vice, à la jeunesse, a donné de leçons;
Je compterais plutôt tes parcs et tes maisons,
Toi, dont ma main jadis paya la main agile,
Quand la noire épaisseur de ma barbe indocile,
De ton rasoir tranchant faisait frémir l'acier.
L'un est perclus d'un bras; l'autre, du corps entier;
L'un traîne le fardeau d'une jambe débile;
L'autre accuse des reins la roideur immobile;
Et l'aveugle, attaché sur son morne fauteuil,
Hélas! il porte envie à qui n'a plus qu'un œil.
L'autre, avec des doigts morts, sur sa lèvre flétrie
Ne peut porter le pain nécessaire à sa vie;
Son œil, de la pitié sollicite les soins,
Et sa bouche béante annonce ses besoins.
Ainsi, faible et tremblant (image trop fidèle!),
Le fruit à peine éclos de la jeune hirondelle
Ouvre un bec affamé; la mère, encore à jeun,
Calme du tendre oiseau l'appétit importun.
Il est, il est des maux plus à plaindre peut-être;
Sa raison s'obscurcit: il ne peut reconnaître
Ses esclaves, le nom, les traits de ses amis,
Ceux même qu'à sa table il vit hier admis;
Méconnaît ses enfants, dont les douces caresses,
Dans des jours plus heureux, réveillaient ses tendresses.
Un testament cruel leur ravit tous leurs droits;
Laïs est l'héritier dont un père a fait choix,

Laïs qui, dans un lieu d'opprobre et de scandale,
Dix ans offrit sa honte et sa beauté vénale;
Circé trop dangereuse! il a bu son poison.
Mais je veux que le temps respecte sa raison,
Qu'il n'ait point le malheur de survivre à lui-même;
Il faut voir le bûcher d'une épouse qu'on aime,
Il faut, environné de lugubres flambeaux,
Escorter ses enfants au séjour des tombeaux,
Voir périr ses amis, voir expirer ses frères,
Voir ses sœurs remplissant les urnes funéraires.
Sans cesse à ses côtés frappant de nouveaux coups,
La mort par un trépas les renouvelle tous.
Ah! l'homme est trop puni de sa longue carrière!
Errant sur les débris de sa famille entière,
Il promène ses pleurs de cercueil en cercueil,
Sèche dans l'amertume, et vieillit sous le deuil.

Peu s'en faut que Nestor, si l'on en croit Homère,
Des longs jours du corbeau n'égalât la chimère :
Il vit autour de lui les races s'écouler,
Sur ses cheveux blanchis vit les siècles rouler;
Il semblait que le Temps, à ses ordres docile,
Suspendît et sa faux et son aile immobile.
Sans doute il fut heureux; mais entendez ses cris,
Quand les feux du bûcher vont consumer son fils;
Il accuse et le sort et la parque ennemie,
Qui roule à longs fuseaux ses malheurs et sa vie.
Il demande à la Grèce, à ses amis en pleurs,
Pourquoi, jusqu'à ce jour, il vit pour les douleurs;
Quel crime il a commis pour un si long supplice.

Ainsi le vieux Laërte a pleuré sur Ulysse,
Sa voix redemandait Ulysse aux vastes mers;
Et l'époux de Thétis, dans ses palais déserts,
De ses yeux expirants pleura le jeune Achille.

Priam, heureux encor dans sa cité tranquille,
Aurait de son trépas dû rendre grace aux dieux,
Son ombre avec honneur eût rejoint ses aïeux.
Courbés avec respect, Hector et tous ses frères,
En pompe, auraient porté des dépouilles si chères.
Des Vierges, des Troyens, les gémissantes voix
L'eussent accompagné vers la tombe des rois.
A leur tête eût paru Polyxène et Cassandre,
L'encens religieux eût consolé sa cendre.
Trop heureux que la mort lui donne un successeur,
Avant que de Pâris le vaisseau ravisseur
Rapportât dans son sein Hélène et le carnage!
Il vécut, il vieillit pour voir son héritage,
Troie, et l'Asie en cendre, et ses palais brûlants;
Lui, d'un fer inutile armant ses bras tremblants,
Tombe aux pieds d'un autel; comme le bœuf antique,
Dédaigné par le soc et le timon rustique,
Tend la gorge à son maître; et percé par son bras,
Verse un reste de sang sous des couteaux ingrats.

Du moins Priam mourut; mais Hécube captive
En de longs hurlements changea sa voix plaintive.
J'omets et Mithridate et le nom de vingt rois,
Et Crésus qu'avertit une éloquente voix,

Pour juger le bonheur, d'attendre au dernier âge.
Si Marius connut l'exil et l'esclavage,
Si l'ombre des roseaux cacha ce fier Romain,
Si sa main conquérante a mendié du pain,
La cause en est la même; il vécut trop d'années.
Ah! nous envierions tous ses belles destinées;
Et quel bonheur jamais eût égalé le sien,
Si le jour où, sauvé par ce grand citoyen,
Le Tibre enorgueilli contemplait sur sa rive
Des Cimbres, des Teutons, la dépouille captive,
Il eût aux yeux de Rome, encor ceint de laurier,
Exhalé sa grande ame et ce souffle guerrier,
De son char triomphal lorsqu'il voulut descendre?


La fièvre officieuse a daigné te surprendre;
Rends-lui grace, Pompée, et tremble de guérir.
On te dispute, hélas! ce bonheur de mourir;
Partout fume l'encens, et la terre est sauvée;
Vis pour être vaincu. Victime réservée
Aux affronts de Pharsale, aux poignards d'un enfant,
Le fer abat ce front tant de fois triomphant,
Et d'un tronc sans honneur ta tête est séparée.
De nos grands criminels, cette peine ignorée,
Ne déshonora point le corps de Lentulus;
Le sort te l'épargna, perfide Céthégus!
Et ce Catilina, le flambeau de la guerre,
De son cadavre entier couvrit du moins la terre.


Une mère aperçoit le temple de Vénus;

A Vénus aussitôt ses désirs ingénus
Demandent la beauté pour sa jeune famille,
Pour son fils à voix basse, et plus haut pour sa fille.
Tout son cœur se complaît dans ce vœu maternel.
Eh quoi ! la blâmez-vous ? Au séjour éternel
La beauté de Diane enorgueillit sa mère.
Mais Lucrèce expiant un crime involontaire,
Défend ce vœu fatal, ce vœu pour la beauté ;
Mais mourant dans les bras d'un père ensanglanté,
Virginie envia la laideur de Rutile.
Pour elle, de l'honneur, le tombeau fut l'asyle.
Malheureux les parents dont le fils, jeune encor,
Obtint de la beauté le dangereux trésor !
Les mœurs et la beauté s'accordent mal ensemble.
Exemples et leçons, en vain tout se ressemble.
Des paternelles mœurs l'antique majesté
Lui transmit vainement sa sainte austérité,
L'endurcit aux vertus de nos mâles ancêtres ;
La nature puissante, et le premier des maîtres,
En vain a tempéré son innocente ardeur,
Et fait, avec son sang, circuler la pudeur.
Dans nos siècles pervers, est-il permis d'être homme ?
Que n'ose point le vice ! Il osera, dans Rome,
Tenter, la bourse en main, la vertu des parents,
Et dans les bras du père acheter les enfants.
L'or, l'or aplanit tout. Jamais le fer impie
Ne priva la laideur des sources de la vie,
Pour plaire à des tyrans dont les désirs honteux,
En mutilant un sexe en déshonoraient deux.
Jamais l'affreux Néron n'a fait ravir de force

Le jeune homme impotent, Thersite à jambe torse,
Ou dont la molle épine, inégale en son cours,
Fit égarer la taille en difformes contours.
Admire de ton fils la noblesse et la grace;
Mais tremble du danger qui bientôt le menace.
Adultère bientôt, dans la ville cité,
Il arme des maris tout l'essaim irrité;
Que de piéges vengeurs, de filets on va tendre!
Mars, tout dieu qu'il était, Mars se laissa surprendre:
Sera-t-il plus heureux? et l'honneur outragé,
L'honneur, plus que les lois, trop souvent s'est vengé;
Là, le fer assassin, là, des douleurs plus lentes
Prolongent le trépas sous les verges sanglantes,
Et l'art ingénieux créa plus d'un tourment.
Ton bel Endymion sera d'abord amant;
Bientôt on le verra, trafiquant de ses vices,
Des beautés, pour de l'or, assouvir les caprices,
Et, pour mieux irriter une lubrique ardeur,
Des chastes vêtements dédaigner la pudeur,
Proposer le tarif d'un vénal adultère,
Et mettre effrontément sa vigueur à l'enchère.

Mais ton fils unira les mœurs et la beauté.
Qu'a-t-il à craindre?—Tout. L'austère chasteté
Du fier Bellérophon releva le mérite,
Illustre encor le nom du fameux Hippolyte;
A quoi leur ont servi leurs stériles vertus?
La fille de Minos, l'épouse de Prétus,
Jurèrent, en tramant une intrigue funeste,
De punir par la mort le refus d'un inceste:

La femme qu'on dédaigne est un tigre en fureur.

Que fera Silius, rival de l'empereur,
Mais rival innocent, coupable involontaire?
Donne-lui, si tu peux, un conseil salutaire :
Messaline l'a vu. Dieux! quel funeste sort!
Ce regard meurtrier le condamne à la mort;
Elle veut l'épouser. Graces, vertus, jeunesse,
Il a tout, et son sang atteste sa noblesse;
Le ciel, pour son malheur, le combla de ses dons.
On l'entraîne, on l'attend; tout est prêt, les festons
Et le voile sacré. La pourpre impériale
Revêt avec éclat la couche nuptiale;
On doit compter la dot : des témoins signeront.
La victime à l'autel déja courbe son front.
Surtout point de mystère. Il est indigne d'elle;
Elle veut d'un hymen la pompe solennelle.
Que faire? Il faut choisir; fidèle aux lois, aux mœurs,
Oses-tu refuser? avant la nuit tu meurs;
Accepter? le trépas suspendu sur ta tête
T'accorde un court délai, jusqu'à l'heure où la fête
Et le crime, et l'hymen, d'un peuple entier connus,
Au prince, par degrés, soient enfin parvenus.
Il saura le dernier (l'usage ainsi l'ordonne)
La honte de son lit et la honte du trône.
Toi, si tu mets du prix à vivre un jour de plus,
Suis, pour mourir demain, des ordres absolus;
Mais que ton cœur résiste ou cède à ton amante,
Il faut tendre au bourreau cette tête charmante.

L'homme ne pourra donc jamais former de vœux!

Laisse tes intérêts entre les mains des dieux,
Crois-moi, reposons-nous sur leur bonté suprême;
L'homme est plus cher aux dieux qu'il ne l'est à lui-même;
Nous cherchons ce qui plaît, eux pèsent nos besoins.
Dévoré de désirs, et tourmenté de soins,
Tu voudrais une femme, un fécond hymenée;
Mais le regard des dieux lit dans ta destinée;
Il voit ce que seront ton épouse et tes fils.
Si pourtant, si tu veux, dans leur sacré parvis,
Ardent solliciteur d'une grace nouvelle,
Une offrande à la main, aborder leur chapelle,
Demande un esprit sain dans un corps vigoureux,
Une ame à qui la mort soit un bienfait des dieux,
Sachant dompter la crainte et dompter la colère,
Qui ne désire rien, supporte tout, préfère
Les longs travaux d'Hercule et ses âpres combats,
Aux jeux, aux voluptés, aux festins délicats,
Au duvet où les rois endorment leur mollesse.
La route du bonheur, crois-moi, c'est la sagesse.
De ton propre destin, c'est à toi d'ordonner;
Je te montre des biens que tu peux te donner.
Qu'as-tu besoin des dieux, si ta raison t'éclaire?
Fortune! des humains fantôme tutélaire!
Nos vices t'ont placée au rang des immortels;
Que l'homme ait des vertus, tu seras sans autels.

FIN DU TOME V.

# TABLE

### DES MATIÈRES DU TOME V.

---

JUMONVILLE, poème............................Page 1
   Préface du poème de Jumonville............... 3
   Chant I$^{er}$............................................. 13
   Chant II............................................... 25
   Chant III.............................................. 35
   Chant IV.............................................. 43
   Notes................................................... 52

LE CZAR PIERRE I$^{er}$, poème........................ 53
   Plan du poème....................................... 55
   Chant de la Hollande............................... 57
   Chant de l'Angleterre............................... 90
   Chant I$^{er}$ de la France............................ 128
   Chant II............................................... 160
   Chant III.............................................. 199
   Chant des Mines..................................... 252

   Fragments et Variantes............................. 293
      Fragment du chant de l'Allemagne............. *Ib.*
      Second fragment. Variantes du chant de l'Allemagne................................................ 319

Troisième fragment. Variantes du chant de l'Angleterre................................... 325

Quatrième fragment...................... 330

Cinquième fragment. Variantes du chant troisième
de la France............................. 333

ODES ......................................... 337

Ode sur le Temps......................... 339

Ode à M. Hérault de Sechelles, ministre d'état, et
contrôleur-général des finances.............. 344

Ode sur les Devoirs de la société............ 351

Traduction de la satire X<sup>e</sup> de Juvénal, sur les Vœux
des hommes................................ 357

FIN DE LA TABLE.

www.ingramcontent.com/pod-product-compliance
Lightning Source LLC
Chambersburg PA
CBHW060610170426
43201CB00009B/972